NINTENDO
GAMECUBE

NINTENDO GAMECUBE PERFECT CATALOGUE 퍼펙트 카탈로그

samho MEDIA

머리말

벌써 9번째 권인 퍼펙트 카탈로그 시리즈의 이번 테마는, 21세기의 게임기인 '닌텐도 게임큐브'로 결정했다. '어린이용'임을 고집한 나머지 여러 의미로 개성이 강해졌던 닌텐도 64를 '반성'하는 데에서 기획이 시작된 게임기인 만큼, 첫 출시 후 딱 20년이 지난 지금의 관점에서 돌아보면 다양한 측면에서 시사하는 바가 있는 매우 재미있는 기기다.

게임큐브의 일본 발매일은 저 끔찍했던 미국 9.11 테러가 발발한 지 불과 사흘 뒤로서, 전 세계가 공포에 떨던 시기였다 보니 사회에 자숙하는 분위기가 팽배했기에, 화려한 광고나 선전을 자제하고 조용히 판매를 시작했다. 그렇게 조심하며 출시했음에도 불구하고 안타깝게도 플레이스테이션 2의 아성을 무너뜨리지는 못해, 결과적으로 당시 일본 시장 점유율 2위에 머무를 수밖에 없었다.

하지만, 게임큐브 발매 당시에 닌텐도가 새로이 잡은 방향성은 후일의 닌텐도 콘솔 비즈니스에서 커다란 전환점이 되었기에, 과장을 약간 보태자면 "게임큐브가 있었기에 지금의 닌텐도가 있다"라고 표현할 수 있지 않을까 하고, 나는 생각한다.

이에 관해서는 본문에서 자세히 설명하겠으나, 패미컴 이래로 ROM 카트리지 매체를 일관되게 고집해왔던 과거를 과감히 탈피하여, 광디스크를 매체로 채용하기까지 하며 '후퇴는 없다'라고 외치는 듯 뛰어들었던 당시 닌텐도의 결기를, 이 책에서라도 부디 느껴주시기를 바라며 집필하였다.

물론, 그런 뒷이야기보다는 '어린 시절 게임큐브를 즐겼던 당시의 추억에 빠져보고' 싶어 이 책을 구입하신 분들도 대환영한다. 당시의 소프트는 물론, 하드웨어 역시 레어한 한정 모델에 이르기까지 다수 수록해 두었으니, 이를 사진으로 감상하며 즐겨주시는 독법도 좋다.

끝으로 한 마디 더. 이 책 내에서 게임큐브를 해설하는 과정에서, 기기의 개발 컨셉부터가 '닌텐도 64의 반성'에서 출발했었다 보니, 부득이하게 '닌텐도 64를 상대적으로 낮추는' 표현을 사용하지 않을 수 없었다. 닌텐도 64의 팬들께 먼저 사과드리며, 부디 이러한 사정을 이해하시고 넓은 아량을 베풀어 읽어주시기를 바란다.

2020년 3월, 마에다 히로유키

NINTENDO GAMECUBE
NINTENDO GAMECUBE PERFECT CATALOGUE 퍼펙트 카탈로그
CONTENTS

CHAPTER 1
닌텐도 게임큐브 하드웨어 대연구

CHAPTER 2
닌텐도 게임큐브 일본 소프트 올 카탈로그

CHAPTER 3
닌텐도 게임큐브 서양 소프트 카탈로그

CHAPTER 4
한국의 닌텐도 게임큐브 이야기

- 이 책 안에서 다루는 게임기, 소프트, 기타 각 상품은 ™ 및 ©, ® 표기를 생략했으나, 각종 권리는 해당 회사의 소유이며, 각 회사의 상표 또는 등록상표입니다.

- 이 책 안에서 다루는 게임기, 소프트, 기타 각 상품은 일부를 제외하고 현재 판매 종료되었습니다. 문의처가 게재되어 있는 상품을 제외하고, 이 책의 정보를 근거로 각 회사에 직접 문의하시는 것은 삼가 주십시오.

- 이 책에 실린 사진은 저자가 촬영한 것을 제외하고는 모두 당시의 카탈로그, 위키미디어 공용의 사진을 사용하였습니다. http://commons.wikimedia.org/wiki/Main_Page

- 회사명 및 상품명은 발매 당시 기준입니다. 또한, 일부 회사명 및 상품명이 정확한 표기가 아닌 경우가 있습니다만, 가독성을 위해 조정한 것이며 오독·오해 유발 목적이 아닙니다.

- 회사명 표기 시에는 '주식회사' 등의 표기를 생략했습니다. 또한 개인 이름의 경칭은 생략했습니다.

- 가격 표시는 원칙적으로 일본의 소비세 제외 가격 기준이지만, 당시 표기를 따라 소비세가 포함되어 표기된 경우가 일부 있습니다.

- 한국어판의 추가 페이지는 모두 한국어판 감수자가 집필하였습니다.

GAME CUBE PERFECT CATALOG by Hiroyuki Maeda
Copyright ⓒ G-WALK PUBLISHING.co., ltd. 2020 CHEERSOL Inc.
All rights reserved.
Original Japanese edition published by G-WALK publishing.co., ltd.
Korean translation copyright ⓒ 2021 by Samho Media
This Korean edition published by arrangement with G-WALK publishing.co., ltd., Tokyo,
through HonnoKizuna, Inc., Tokyo, and Botong Agency

이 책의 한국어판 저작권은 Botong Agency를 통한 저작권자와의 독점 계약으로 삼호미디어가 소유합니다.
신 저작권법에 의하여 한국 내에서 보호를 받는 저작물이므로 무단전재와 무단복제를 금합니다.

Special Thanks To

게임샵 트레더
꿀딴지곰	고전게임 컬럼니스트, 유튜브 채널 '꿀딴지곰의 게임탐정사무소' 운영
권생	목표는 '죽기 전에 모아둔 게임 다 하기'인 컬렉터
오영욱	게임잡지의 DB를 꿈꾸는 게임개발자
이승준	'레트로장터' 행사 주최자
정세윤	http://blog.naver.com/plaire0
타잔	레트로 게임 컬렉터, 네이버 카페 '추억의 게임 여행' 운영자
홍성보	월간 GAMER'Z 수석기자

CHAPTER 1

닌텐도 게임큐브 하드웨어 대연구

GAMECUBE HARDWARE GUIDE

NINTENDO
GAMECUBE

NINTENDO GAMECUBE PERFECT CATALOGUE 퍼펙트 카탈로그

해설 | 모든 것은 닌텐도 64의 실패로부터 출발했다
COMMENTARY OF NINTENDO GAMECUBE #1

이상은 높았으나 결국 패권을 쥐지 못했던 닌텐도 64

닌텐도 입장에서, 닌텐도 64 당시는 그야말로 혹독한 겨울이나 다름없었다. 같은 세대의 타사 게임기에 비해 2 년 이상 늦어진 발매시기의 영향이 당초 닌텐도의 예상보다 훨씬 컸던 데다 소프트 개발사도 유지도 대거 잃고 말았기에, 이전까지는 업계의 제왕으로 군림해왔던 닌텐도가 신흥 회사인 소니컴퓨터엔터테인먼트(현 소니인터랙티브엔터테인먼트)와 오랜 세월동안 라이벌 관계였던 세가 엔터프라이지스(현세가)보다도 뒷줄로 밀려난 시기였기 때문이다.

패미컴의 발매(1983년)로부터 20여 년이 지나자 당시 게임을 즐겼던 일본의 아이들은 어느덧 성인이 되었는데, 소니·세가가 이 연령층을 주요 타깃으로 삼았던 데 반해 닌텐도는 완고하리만치 '아동용'을 고집했다. 물론 '제품을 제작할 때 어린이를 최우선시한다'라는 닌텐도의 철학 자체는 상찬받아 마땅하다. 허나 당시 일본 게임시장

에서 가장 파이가 컸던 10대 후반부터 20대까지의 청년층을 경시했던 점이, 닌텐도 64의 최대 패인이었다 하겠다.

또한, 패미컴과 슈퍼 패미컴의 성공 사례까지 가지 않더라도 일본인의 게임 취향 상 RPG와 시뮬레이션 게임은 절대 무시해서는 안 될 장르였건만, 닌텐도 64에는 이 장르의 비중이 지나칠 만큼 빈약했다. 닌텐도가 본래 수요층으로 잡았던 초등학생~중학생 전후 세대에 강한 인상을 남기는 데에는 성공했으나, 이것도 면밀하게 노리고 진행한 계획적인 성공이 아니라, 결국 '포켓몬'의 우발적 히트에 적극 편승했던 횡재 마케팅이었다 아니할 수 없다.

게다가, 이 시기는 소프트 개발사들 입장에서도 게임이 복잡화·대용량화되어 타이틀 당 개발비가 막대하게 상승했기에, 리스크 분산을 위해 여러 게임기에 동일 소프트를 발매하는 '멀티플랫폼' 전략을 택하는 회사가 많아졌다. 하지만 비교적 개발자원 공유

가 용이했던 플레이스테이션·세가새턴과는 달리, 닌텐도 64는 아키텍처가 크게 달랐던 데다 CD-ROM이 아닌 ROM 카트리지였으므로 매체·용량의 차이가 현저했다. 그 결과 닌텐도 64는 개발사들의 멀티플랫폼 선택지에 끼지 못해, 인지도가 높은 인기 타이틀이 닌텐도 64로는 아예 이식되지도 않는 등, 소프트 라인업 면에서도 불리한 상황이 날로 강해져갔다.

애초에 닌텐도 64는 소프트 개발이 지나치게 어려운데다 개발 툴과 개발 노하우·경험도 제대로 확충되지 않는 등, 개발자들을 고생시키는 하드웨어였다. 아날로그 스틱을 과감히 채용한 조작계 등 게임의 새로운 기준을 널리 전파시킨 공이 큰 게임기이긴 하였으나, 많은 기대와 주목을 받으며 출시되었음에도 불구하고 정작 본고장인 일본 시장에서 패권을 쥐지 못했으니, 당시의 상황은 그야말로 씁쓸한 기억이 아닐 수 없었으리라.

'수치 제일주의'·'스펙 제일주의'와 결별하다

과거부터 현재까지 발매된 모든 닌텐도 게임기의 설계사상에서 공통되는 점 중 하나가, 닌텐도는 자사 게임기의 핵심을 GPU(그래픽 프로세서)에 두고 있다는 것이다. 첫 세대기인 패미컴부터도 게임기의 핵심 칩에 기성품의 사용을 일체 고려치 않고서 패미컴 전용의 신규 프로세서를 리코 사와 공동 개발하여 채택해, 압도적인 성능과 가격경쟁력을 확보함으로써 게임기 시장에 군림해왔다. 당연히 닌텐도 게임큐브(이하 게임큐브) 역시 가장 먼저 설계에 착수한 칩이 GPU였으니, 이때

'어떤 프로세서를 만들 것인지'가 최종 완성될 게임기가 나아갈 방향성을 결정했다고 해도 과언이 아닐 터이다.

닌텐도가 닌텐도 64의 후계기 프로젝트를 구체적으로 입안한 시기는, 닌텐도 64의 발매 다음해인 1997년 이었다. 미국 실리콘 그래픽스 사에서 닌텐도 64의 GPU 설계에 관여했던 엔지니어 20명이 ArtX 사를 설립하여, 닌텐도와의 계약에 따라 차세대 가정용 게임기의 시스템 로직 및 GPU 개발에 착수했다. 그 성과는 'Project Dolphin'이란 코드명 하에

1999년 5월의 기자회견에서 정식 발표되었는데, 이것이 닌텐도 64를 잇는 후속기에 관한 최초 보도였다. 이후 ArtX 사는 2000년 4월 'Radeon'으로 유명한 캐나다의 유력 그래픽칩 제조사인 ATI 사에 흡수되지만, Dolphin용 GPU의 설계는 이미 거의 완성되었기에 프로젝트 및 팀이 그대로 ATI 산하로 유지되었다. 여담이지만 ATI는 후일의 Wii와 Wii U에 이르기까지, 3세대에 걸쳐 닌텐도의 핵심 프로세서 공급사가 되어 밀월관계를 유지하게 된다.

닌텐도는 닌텐도 64의 문제점을 철저하게 분석하여, 도출된 문제점을 남김없이 제거하는 데 주력했다. 닌텐도 64의 GPU를 놓고 닌텐도가 내린 결론은 '닌텐도 64의 그래픽 성능을 제대로 뽑아낸 개발사는 극소수에 불과했다'는 점이었다. 아무리 수치적인 최대성능이 높다 한들 그 단계까지 도달할 수 있는 개발사가 거의 없다면 실질적으로는 무의미할 뿐이니, 너무 예리해 다루기 힘든 면도날과 비슷한 칩이었던 것이다.

그리하여, 닌텐도가 차세대기를 개발하며 내건 슬로건이 '수치 제일주의·스펙 제일주의와의 결별'이었다.

하이스펙의 추구를 포기하겠다는 것이 아니라, 성능 최대치라는 선전용 수치를 나열하기보다는 현실적으로 게임에서 활용되는 실효 스펙을 중시하겠다는 의미다. 비유하자면 'F1 머신'이 아니라 '고성능의 대중 승용차' 쪽이, 게임큐브가 목표로 삼았던 과제였다고 할 수 있다.

참고로, ArtX 사와 GPU 개발을 진행하는 과정에서 CPU 공급사로 IBM을 선정하고, 애플의 Mac 등 당시의 여러 기기가 채용한 바 있는 PowerPC 750 기반의 아키텍처를 택한 것도, GPU와 마찬가지로 실효 스펙을 중요시했기 때문이다.

▲ 닌텐도 64의 사진와 게임큐브(아래 사진)의 GPU

닌텐도 64의 성공과 실패를 철저하게 반영시킨 게임큐브

게임큐브의 개발 과정에서, 닌텐도 64를 통해 얻은 경험과 교훈은 다방면으로 활용되었다.

소프트의 생산 단가와 리드 타임(발주 후 납품까지의 소요시간), 용량 등의 문제를 해결하려면 역시 광디스크 채택은 필수 요건이었다. 하지만 어린이가 다룰 기계이다 보니 파손 등의 염려가 있었고, ROM 카트리지에 비해 액세스 속도가 압도적으로 떨어지는 등, 광디스크의 단점도 엄연했다. 따라서 이를 채용하려면 광디스크 특유의 결점을 최대한 보완해야 했다. 그리하여 닌텐도는 데이터 탐색 속도를 최소화하기 위해 8cm 지름의 소형 광디스크를 골랐고, 액세스 속도 면에서 유리한 CAV 방식을 채용했다. 게임큐브용 광디스크를 공동 개발한 마쓰시타 전기산업은 마침 자사의 DVD를 응용한 게임기를 연구 개발 중이었기에, 닌텐도의 제안을 받자 상호이해가 일치하여 제휴가 성립되었다고 한다.

닌텐도 64는 설계 단계에서는 본체의 컬러 바리에이션 전개를 상정하지 않았으나, 토이저러스 한정 컬러모델을 내놓아보니 호평이 많아 이후 다수의 컬러 모델 발매로 이어진 바가 있었다. 그래서 게임큐브는 처음부터 컬러 바리에이션 전개를 염두에 두고 디자인했으며, 같은 시기에 발매될 게임보이 어드밴스와의 어울림도 고려하여, 디자인에 맞는 본체 색상을 신중하게 검토했다. 이후 본체 디자인을 처음 발표한 'NINTENDO 스페이스 월드 2000' 행사에서, 바이올렛·오렌지·실버·블랙·핑크의 5종으로 본체 색상을 발표하였다(다만 핑크는 미발매). 또한 출시 후에도 여러 컬러 바리에이션을 발매했다. 상세한 내용은 15p에서 소개하였으니 이쪽을 참조하도록 하자.

컨트롤러의 경우, '4명까지 동시 플레이 가능한 컨트롤러 단자'와 '아날로그 입력식 3D 스틱'이라는 닌텐도 64의 특징은 그대로 유지하면서도, 컨트롤러가 무거워지고 접촉 불량의 원인이 되기도 했던 컨트롤러 팩 구조를 없애고 본체에 메모리 카드 슬롯을 추가하는 방향으로 단점을 해결하여, 더욱 세련된 컨트롤러로 만들었다.

또한, 통신 케이블을 중심으로 진화해갔던 게임보이의 전례를 교훈 삼아, 게임보이 어드밴스를 추가 컨트롤러로 활용케 해주는 'GBA 케이블', 장래에 나올 확장 주변기기의 지원을 위해 신설한 '하이스피드 포트', 온라인 게임과 다운로드 서비스의 지원을 염두에 두고 넣은 '시리얼 포트', 480p 고품질 영상출력을 즐길 수 있는 '디지털 AV 단자' 등, 역대 닌텐도 게임기 중에서는 가장 많은 추가 인터페이스를 마련해, 미래에 있을 게임의 진화에도 유연하게 대처할 수 있는 하드웨어를 목표로 하여 설계했다.

지금까지의 해설에서도 수차례 강조하였거니와, 이후의 지면에서도 게임큐브의 각부를 언급하면서 '닌텐도 64에서 이렇게 바뀌었다'라는 식의 표현이 계속 등장할 것이다. 이는 게임큐브가 결국 '철저하게 닌텐도 64에서 체득한 교훈에 기반한 하드웨어'임을 증명하는 것이자, 닌텐도가 게임큐브라는 하드웨어를 설계하면서 '게임기에 진정으로 필요한 요소'가 무엇인지를 진지하게 고민한 끝에 내린 선택이기 때문이라 하겠다.

게임큐브는 최종적으로 전 세계 판매대수 2,174만 대를 기록했고, 일본에서는 404만 대를 판매하였다. 숫자만 놓고 보면 전 세계에 1억 5,000만 대를 판매한 플레이스테이션 2에 한참 못 미쳐 보이겠으나, 다음 세대기인 Wii에서는 플레이스테이션 3를 밀어내고 점유율 1위 자리를 탈환하게 된다. 게임큐브는 그런 의미에서, Wii가 이룩하는 영광의 토대가 된 게임기라 해야 하지 않을까.

HARDWARE
2001'S SOFT
2002'S SOFT
2003'S SOFT
2004'S SOFT
2005'S SOFT
2006'S SOFT
OVERSEA SOFT
SOFT INDEX

HARDWARE

2001'S SOFT
2002'S SOFT
2003'S SOFT
2004'S SOFT
2005'S SOFT
2006'S SOFT
OVERSEA SOFT
SOFT INDEX

'이름'이 곧 '모습'인, 정육면체형의 귀여운 가정용 게임기

닌텐도 게임큐브

닌텐도　2001년 9월 14일(바이올렛)　25,000엔

■ 닌텐도 최초의
광미디어 탑재기

닌텐도 게임큐브(이하 게임큐브)는 닌텐도가 2001년 첫 발매한 거치형 가정용 게임기다. 닌텐도는 이전까지는 타사 게임기와 달리 줄곧 광디스크 매체를 부정하고 ROM 카트리지를 고집해왔지만, 이 기기에서부터 드디어 지름 8cm형 광디스크 탑재를 결정했다. 광디스크 드라이브 탑재를 전제한 디자인을 모색하고 과정에서 본체의 풋프린트(접지면적)가 가능한 한 작아지도록 고심한 결과, '드라이브·기판 등의 필수 구성요소들을 세로로 차곡차곡 쌓아 올린다'라는 발상에 도달해 현재의 큐브 형태로 수렴되었다.

불필요한 장식을 배제한 게임큐브의 정육면체 디자인은 돌기·곡면 투성이가 되기 십상인 일반적인 게임기 디자인과 정면으로 대비되어 유저들에게 상당한 충격이었으며, 상품명과 외장 디자인을 완전히 일치시켜 강렬하고 독특한 인상을 주었다. 다만, 사실 전후좌우 4면이 완전한 평면까지

닌텐도 게임큐브의 사양

형식번호	DOL-001(JPN)
CPU	IBM PowerPC "Gekko" 485MHz
메모리	메인 메모리 "Splash" 24MB(1T-SRAM), A-메모리 16MB(81MHz DRAM)
GPU	시스템 LSI "Flipper" 162MHz · 혼재 프레임 버퍼 2MB(1T-SRAM) · 혼재 텍스처 캐시 1MB(1T-SRAM)
그래픽	화면 해상도: 최대 720×480픽셀(480i) 플리커 프리 인터레이스 컬러 : 24비트 RGB 컬러 버퍼 + 24비트 Z버퍼 (16,777,216색) 영상 표시처리 기능: 포그, 서브픽셀 안티에일리어싱, 하드웨어 광원 연산×8, 알파 블렌딩, 버추얼 텍스처 설계, 본격적인 텍스처 매핑(멀티 텍스처·트라이리니어·범프 맵·밉맵·텍스처, 환경 매핑, 퍼스펙티브 보정 등)
사운드	전용 16비트 DSP 81MHz ("Flipper"에 내장) ADPCM : 64채널 샘플링 주파수: 48kHz
전원 / 소비전력	전용 AC 어댑터(DC 12V 3.25A) / 39W
외형 치수	150(가로)×161(세로)×110(높이)mm (돌출부 제외)
본체 중량	약 1,400g

게임큐브의 외장 패키지. 박스 오른쪽 위 구석엔 공동개발사인 IBM의 로고가 있다.

TOP VIEW

BOTTOM VIEW

FRONT VIEW

REAR VIEW

LEFT SIDE VIEW

RIGHT SIDE VIEW

HARDWARE

2001'S SOFT

2002'S SOFT

2003'S SOFT

2004'S SOFT

2005'S SOFT

2006'S SOFT

OVERSEA SOFT

SOFT INDEX

는 아니며, 흡·배기구 내지는 케이블 연결용 여유공간 확보 목적 등으로 어느 정도의 돌출부를 배치해 두었다. 그 중에서도 본체 뒷면의 '손잡이'는 운반하기에 편리하여 기능성이 뛰어난데다, 디자인 면에서도 게임큐브의 커다란 매력 포인트가 되었다.

게임큐브의 정육면체 형상은 설계 과정의 우연성에서 태어나긴 하였으나, 충격에 강하고 견고한 구조이기도 하여, 어린이가 다루는 '게임기'라는 상품의 특성과도 잘 맞는 매우 합리적인 디자인이라 할 수 있다.

게임큐브의 기본 컬러로는 같은 세대의 자사 휴대용 게임기인 게임보이 어드밴스(이하 GBA)와 동일한 '바이올렛'을 선정해, GBA와의 연동을 염두에 둔 이미지 전략을 펼쳤다. 또한 본체 색상의 컬러 바리에이션 전개도 처음부터 기획했었기에, 본체가 어떤 색이더라도 위화감이 없어야 한다는 것 역시 게임큐브의 디자인 과정에서 중요시한 점이었다고 한다.

■ 어린이 유저를 최우선적으로 배려

게임큐브의 '얼굴'과도 같은 부분이 바로 윗면으로서, 드라이브 개폐부를 비롯해 파워 램프와 전원·리셋 버튼 등 유저가 수시로 접하게 될 필수 요소들을 모조리 윗면에 집약시켰다. 디자인 초기에는 디스크 구동 상황을 확인할 수 있게끔 페이스플레이트 부분을 투명 플라스틱으로 만드는 방안도 유력했었고, 최초 발표 단계에서 공개된 시제품도 그러한 구조였으나, 1등급 레이저를 사용하는 광학기기인지라 이를 사용할 아이들에게 만에 하나 있을지 모를 영향을 고려하여, 최종적으로는 검은색 불투명 플라스틱으로 확정됐다. 컨트롤러 역시 과거 닌텐도 64 당시 어린이 손엔 너무 큰 형태였던 것을 교훈삼아, 남녀노소 누구라도 쉽게 잡을 수 있는 자유도를 유지하면서도 조작하기 쉬운 형태를 추구했다 하니, 디테일까지 세심하게 배려하는 닌텐도다운 에피소드가 아닐 수 없다.

HARDWARE

2001'S SOFT
2002'S SOFT
2003'S SOFT
2004'S SOFT
2005'S SOFT
2006'S SOFT
OVERSEA SOFT
SOFT INDEX

조그만 본체에 수많은 기능이 가득

게임큐브는 조그만 본체만 보면 얼핏 상상조차 되지 않을 만큼, 다양한 기능이 꽉꽉 들어차 있는 기기다. 광디스크를 빼내기 쉽도록 드라이브 중앙부분에 설치한 푸시 버튼, 윗면부 디자인을 자유롭게 커스터마이즈할 수 있도록 탈착 가능한 구조로 만든 페이스플레이트에, 심지어 바닥면에는 시리얼 포트 2개와 하이스피드 포트 1개까지 내장했다. 이전까지의 닌텐도 게임기들과는 비교도 안 될 만큼 수많은

부품으로 구성된 게임기라, 같은 세대의 타사 게임기에 비해 생산단가 면에서 상당히 불리하지 않았을까 여겨질 정도였다. 뒤집어 말하면, 닌텐도가 게임큐브라는 하드웨어에 들인 정성이 그만큼 상당하다는 의미도 된다.

게임큐브는 최초 출시 후 여러 차례 가격이 인하되었는데, 이 과정에서 페이스플레이트와 시리얼 포트 2가 단가절감 목적으로 결국 삭제되었다. 특히 페이스플레이트는, 만약 게임큐브의 판매가 원활했더라면 유력 게임 개발사와의 콜라보레이션이나 인기 게임의 예약특전, 게임잡지 부록 등

으로 다양하게 활용되리라고 상정하여 마련해둔 장치가 아니었을까 추측된다. 하지만 실제로는 「메탈기어 솔리드 : 더 트윈 스네이크스」와 「동물의 숲 e+」 등 일부 타이틀이 이러한 콜라보레이션을 실현해낸 정도로서, 그 외에는 클럽 닌텐도(역주 ※)의 경품 정도로나 활용되는 데 그치는 매우 아쉬운 결과로 끝나버렸다.

▲ 유저를 꼼꼼하게 배려한 푸시 버튼. 이런 기능이 있다는 걸 몰랐던 유저도 꽤나 많을 듯하다.

▲ 페이스플레이트는 재미있는 구조의 소품이지만, 정작 이것을 교체해본 유저는 얼마나 있었을까?

▲ 슈퍼 패미컴 이래의 전통이라 할만한 본체 바닥면의 확장 단자. 이 단자를 가장 잘 활용한 사례는 역시 게임보이 플레이어이리라.

CATALOGUE

(역주 ※) 닌텐도가 일본 한정으로 2003년 10월 1일부터 12년간 운영했던 웹 기반 회원제 포인트 서비스. 닌텐도 게임기 및 소프트를 구입하여 포인트 번호를 입력하거나 앙케트에 회답하는 등으로 포인트를 적립하면, 클럽 닌텐도 한정 굿즈와 오리지널 소프트 증정 등의 각종 특전을 제공했다. 2015년 9월 30일, 운영을 종료했다.

GAMECUBE HARDWARE GUIDE

HARDWARE

2001'S SOFT

2002'S SOFT

2003'S SOFT

2004'S SOFT

2005'S SOFT

2006'S SOFT

OVERSEA SOFT

SOFT INDEX

전원 ON 시의 로고 데모

▲ 작은 큐브가 위에서 툭 떨어지더니, 알파벳 'G' 모양을 그리며 굴러다닌다. 끝으로 화면 중앙에 상쾌하게 꽂히며 게임큐브 로고가 완성된다.

로고 데모에서 시스템 화면으로

▲ 게임큐브의 'G' 마크가 옆으로 쭉 늘어나면서 회전하더니, 투명한 막대 형태를 거쳐 메인 메뉴의 큐브 형태로 변화해, 시스템 화면이 완성된다.

닌텐도 최초의 '메인 메뉴' 도입

게임큐브는, 본체 설정과 세이브 데이터 관리 등을 위한 본격적인 메인 메뉴 기능을 닌텐도 게임기로는 처음으로 도입했다(주변기기로 넓히면 64DD 등의 전례가 있다). 메인 메뉴의 UI 디자인 역시 본체와 마찬가지로 '큐브'를 이미지화하였고, 컨트롤 스틱을 상하좌우로 입력하면 큐브가 해당 방향으로 회전하며 총 4가지 메뉴를 선택하게 된다.

이 메뉴는 각 기능을 세부 구동하기 위한 일종의 런처이므로, 현대의 게임기처럼 게임을 중단하고 메인 메뉴로 되돌아오는 등의 조작은 불가능하다(이땐 리셋 버튼을 사용해야 한다).

게임 플레이

본체에 디스크가 이미 들어가 있을 경우, 디스크의 내용을 보여준다. START/PAUSE 버튼을 누르면 게임이 시작된다.

캘린더

캘린더에서는 본체의 내장 시계를 이용해 현재 시각을 표시한다. A 버튼을 눌러 일시를 재설정할 수 있다.

옵션

옵션 화면에서는 사운드 출력의 스테레오/모노럴 설정과, 화면 가로 위치의 좌우 각각 32단계 조정이 가능하다.

메모리 카드

본체의 슬롯 A·B에 삽입된 메모리 카드의 데이터 일람이 표시되며, 저장된 데이터의 복사·삭제 등이 가능하다.

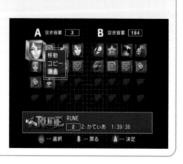

HARDWARE

2001'S SOFT
2002'S SOFT
2003'S SOFT
2004'S SOFT
2005'S SOFT
2006'S SOFT
OVERSEA SOFT
SOFT INDEX

전기형과 후기형, 2종류가 존재한다!?

게임큐브는 당시 경쟁하던 타사 가정용 게임기와의 가격경쟁을 위해 여러 차례 가격인하를 실시했다. 출시 당초의 소비자가격은 25,000엔이었지만, 후기에는 게임보이 플레이어를 동봉한 '엔조이 플러스 팩'조차도 초기 가격을 밑도는 19,800엔(소비세 포함)으로 발매했다. 패키지 포장을 간소화하는 등 기업 차원의 깨알 같은 단가 절감 노력도 있었으나, 기기 차원에서의 가장 큰 변화라면 역시 전기형(DOL-001)과 후기형(DOL-101)의 구분일 것이다.

꼭 게임큐브뿐만이 아니라, '게임기'라는 상품은 장기간 판매되는 과정에서 제품 개량 혹은 단가절감 목적으로 내부 설계가 계속 바뀌게 마련이다. 게임큐브의 경우, 2004년 중순부터 출하한 후기형 모델부터 별도 형식번호를 부여하고 내부사양을 크게 변경했다. 구체적으로는 '디지털 AV 출력 단자의 삭제', '시리얼 포트 2의 삭제', '페이스플레이트 교체 기능 삭제' 등, 활용빈도가 낮은 부품·기능의 삭제를 단행하였다.

시리얼 포트 2는 지원 주변기기가 단 하나도 없는지라 삭제해도 아무 문제가 없으나, 디지털 AV 출력 단자와 페이스플레이트는 실제로 활용하는 유저 입장에서는 없으면 곤란한 기능

이다. 특히 현대에 게임큐브를 사용하려는 유저라면 대화면 TV에서 고화질 영상으로 게임을 즐기고 싶을 터이니, 디지털 AV 출력 단자가 삭제된 후기형은 솔직히 '개악'으로 느껴질 수밖

에 없다. 다행히 후기형 본체는 출하량 자체가 적었기에 일부러 찾지 않는 한 입수가 쉽지 않긴 하나, 지금 중고 게임큐브를 구하려 하는 사람은 주의하도록 하자.

닌텐도 게임큐브의 가격인하 역사

2001년 9월 14일	바이올렛 컬러 본체를 25,000엔으로 발매
2001년 11월 21일	오렌지 및 블랙 컬러 본체를 25,000엔으로 발매
2002년 6월 3일	가격을 19,800엔으로 인하
2002년 12월 1일	실버 컬러 본체를 19,800엔으로 발매
2003년 6월 21일	게임큐브와 게임보이 플레이어를 동봉한 '엔조이 플러스 팩'을 19,800엔으로 발매 기본 4색 라인업을 모두 엔조이 플러스 팩으로만 판매 개시
2003년 8월 8일	「파이널 판타지 크리스탈 크로니클」을 동봉한 '엔조이 플러스 팩 크리스탈 화이트 에디션'을 출시. 잡지 기획용 독자 경품으로, 일반 시판되지 않음
2003년 8월 29일	「테일즈 오브 심포니아」를 동봉한 '엔조이 플러스 팩 심포닉 그린 에디션'을 28,000엔으로 발매
2003년 9월 16일	2003년 한신 타이거즈 우승 기념상품인 '엔조이 플러스 팩 한신 타이거즈 2003년 우승 기념 모델'을 27,700엔으로 발매
2003년 10월 10일	엔조이 플러스 팩에 메모리 카드 251을 동봉해 발매. 가격은 19,800엔으로 동일
2003년 10월 17일	게임큐브 기본색 4색 모델의 단독발매 재개. 가격은 14,000엔으로 인하
2003년 11월 27일	「기동전사 건담 : 전사들의 궤적」 스페셜 디스크와 MOBILE SUIT IN ACTION!! 샤아 전용 자쿠(루움 전역 버전), 게임보이 플레이어를 동봉한 '샤아 전용 BOX'를 21,000엔으로 한정발매
2004년 3월 11일	「메탈기어 솔리드 : 더 트윈 스네이크스」, 「메탈기어」(패미컴판), 특전 소책자를 동봉한 '메탈기어 솔리드 : 더 트윈 스네이크스 프리미엄 패키지'를 공식 웹·스토어에서 21,000엔으로 한정발매. 본체 컬러는 실버+오리지널 페이스플레이트 사양
2004년 3월 22일	게임큐브를 14,000엔(세금 포함), 엔조이 플러스 팩을 19,800엔(세금 포함)으로 인하
2004년 7월 15일	스타라이트 골드 컬러 본체를 토이저러스에서 한정발매. 가격은 13,799엔
2004년 7월 21일	「피크민 2」와 에메랄드 블루 컨트롤러, 피크민 인형을 동봉한 '게임큐브+피크민 2 스타터 세트'를 19,800엔으로 발매
2004년 7월 22일	엔조이 플러스 팩에 클리어 컨트롤러를 동봉한 '엔조이 플러스 팩 플러스'를 한정발매. 본체 컬러는 실버뿐이며, 가격은 19,800엔(세금 포함)
2005년 10월 27일	본체 가격을 오픈 프라이스로 변경

※ 표의 내용은 모두 일본 시장 기준

▲ 가격 인하 후의 외장 패키지.　▲ '엔조이 플러스 팩'의 외장 패키지.　▲ '엔조이 플러스 팩 플러스'의 외장 패키지.

전기형 모델(DOL-001)

후기형 모델(DOL-101)

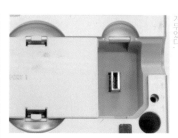

▲가장 문제였던 변화가 디지털 AV 출력 단자 삭제. 후면부 색상도 변경되었다.

▲시리얼 포트 2는 후기형에서 삭제됐지만, 어 패션저 단자 뚜껑은 남

▲드라이브 커버 안쪽에 주목하자. 페이스플레이트 탈착용의 걸고리 구조가 없어졌다.

컬러 바리에이션을 다양하게 전개

앞서 서술한 대로, 일본 시장에서의 게임큐브는 닌텐도 64에 이어 다양한 컬러 바리에이션 모델을 전개했다. 다만 본체 내부에 전자파 차폐용 실드 처리가 있는데다 광학 레이저도 사용하는 기기였기 때문인지 클리어 컬러(투명색) 모델은 나오지 않았고, 전반적으로 매트한 질감을 살린 컬러링

에 머물렀다. 또한 기본 컬러인 4색 모델은 모두 게임보이 어드밴스로도 출시된 바 있는 컬러로서, 유저가 보유한 GBA에 맞춰 게임큐브 본체의 컬러를 선택할 수 있도록 했다(게임보이 플레이어 역시, 같은 이유로 동일한 4색의 기본 모델을 제공했다).

본 지면에서는 기본 4색을 비롯해 일본 시장에서 발매된 각종 게임큐브 모델들을, 한정색 포함으로 소개하고자 한다.

바이올렛
2001년 9월 14일   25,000엔

최초로 발매된 게임큐브. 주변기기 역시 바이올렛 컬러 기준이라, 이 색깔이 게임큐브의 이미지색이라 하겠다.

오렌지
2001년 11월 21일   25,000엔

바이올렛보다 2개월 늦게 발매된, 첫 컬러 바리에이션 모델. 부속품 등은 바이올렛과 모두 동일하다.

블랙
2001년 11월 21일   25,000엔

오렌지와 같은 날 발매된 기본 컬러 바리에이션 모델. 이쪽도 부속품 등은 전부 동일하다.

실버
2002년 12월 1일   19,800엔

다른 3색 이후 1년 뒤에야 발매된 컬러. 여기까지의 총 4색이 게임큐브의 기본 본체색이 되었다.

크리스탈 화이트
2003년 8월 8일   비매품

「파이널 판타지 크리스탈 크로니클」과 메모리 카드 59를 동봉한 모델. 당시 게임잡지 기획의 독자 선물용이었다.

심포닉 그린
2003년 8월 29일   28,000엔

「테일즈 오브 심포니아」와 메모리 카드 59를 동봉한 모델. 페이스플레이트의 디자인이 인상적이다.

한신 타이거즈 컬러
2003년 9월 16일   27,700엔

일본의 프로야구 팀 '한신 타이거즈'의 2003년 우승을 기념해 1만 대 한정발매된 모델. 우승기념 로고 유니폼을 동봉했다.

샤아 전용 컬러
2003년 11월 27일   21,000엔

스페셜 디스크와 장난감 'MOBILE SUIT IN ACTION!! 샤아 전용 자쿠'(루움 전역 버전)가 동봉된 모델.

스타라이트 골드
2004년 7월 15일   13,799엔(세금 포함)

토이저러스로만 한정 발매된 컬러 바리에이션 모델. 이 컬러의 본체는 전부 후기형(DOL-101)이다.

외장 패키지 디자인

크리스탈 화이트 패키지

심포닉 그린 패키지

한신 타이거즈 컬러 패키지

샤아 전용 컬러 패키지

HARDWARE
2001'S SOFT
2002'S SOFT
2003'S SOFT
2004'S SOFT
2005'S SOFT
2006'S SOFT
OVERSEA SOFT
SOFT INDEX

HARDWARE

2001's SOFT

2002's SOFT

2003's SOFT

2004's SOFT

2005's SOFT

2006's SOFT

OVERSEA SOFT

SOFT INDEX

■ 좁은 본체 안에, 부품들이 빈틈없이

게임큐브는 본체 형상부터가 워낙 특징적인데다, 그 컴팩트한 외장 내에 수많은 부품을 빈틈없이 채워 넣었다. 메인 기판은 철판으로 실드 처리한 상태로 내부의 하단에 배치했기에, 기판을 접하려면 내부 전체를 분해해야만 한다. 심플하게 구성한 메인 기판에는 거대한 히트싱크가 부착돼 있으며, 이것을 들어내면 CPU 'Gekko'와 GPU 'Flipper'가 보인다. 뒤집어 말하면 이 두 빅칩만으로 게임큐브의 주요 기능을 모두 구현해냈다는 것이니, 게임큐브가 이만큼 컴팩트한 크기로 압축된 것도 이러한 고밀도 실장기술 덕분이라 할 수 있다.

아래 기판 사진의 상단 부분에는 미국 모시스 사가 개발한 2개의 1T-SRAM 'Splash'(2개를 합쳐 24MB 용량)가 있는데, DRAM급 단가로 SRAM 수준의 고속 액세스를 구현했다. 그 왼쪽에는 일반적인 DRAM 16MB도 탑재했다. 뛰어난 성능

▲ 컨트롤러 단자 뒷면에 살짝 보이는 동그란 부품은 내장시계용 코인전지다. 유저가 직접 교체할 수 없는 구조이므로, 교체하려면 닌텐도에 A/S를 보내야 한다.

의 CPU와 GPU를 보조해주는 총합 40MB나 되는 메모리가, 게임큐브의 처리성능을 뒷받침하는 숨겨진 공로자인 셈이다.

▲ 모시스 사의 로고가 보이는 메인 메모리, 1T-SRAM.

CHECK POINT 1 *CPU(Gekko)*

게임큐브의 CPU는 PowerPC G3

게임큐브에 탑재된 CPU는 'Gekko'라는 이름의 칩으로, IBM이 자사의 PowerPC 750CXe 아키텍처를 기반으로 삼아 가정용 게임기용으로 커스터마이즈한 프로세서다.

개발 초기에 닌텐도가 IBM에 요구한 사항은 '실효 스펙 기준으로 닌텐도 64의 10배 성능'이었고, 이를 달성하기 위해 IBM은 PowerPC 750을 칩의 기반으로 골랐다. 참고로 PowerPC 750은 초대 iMac에 탑재된 바 있는 PowerPC G3와 동일한 아키텍처로서, 저발열·저소비전력이면서도 퍼포먼스가 높기로 정평이 난 CPU였다. 데스크탑 PC부터 노트북까지 여러 기기에 채택된 실적이 있는 CPU인 만큼, IBM의 여러 제품군 중 가정용 게임기에 탑재할 CPU로서는 당시 최선의 선택이었다 할 수 있다.

주변부 처리에서 CPU를 해방시키다

Gekko 내에서 게임큐브용으로 특별히 커스터마이즈된 부분은 게임용 3D 표현에 특화시킨 벡터 연산 유닛, GPU와 직결시킨 버스 인터페이스, 256KB 용량의 L2 캐시 등이다.

특히 독특한 점은, 메모리를 CPU가 아니라 GPU 쪽과 연결시켰다는 것이다. CPU에 대용량 L2 캐시를 내장한 이유는, 상시 메모리 액세스가 발생하는 빈도가 높은 쪽이 CPU보다 오히려

GPU라고 판단했기 때문이다. CPU는 되도록 게임 자체의 연산처리에만 집중하고 그래픽·사운드·인터페이스와의 입출력 등은 전부 GPU에 맡긴다는 이 게임큐브의 기본 설계사상은, '게임'이란 목적에 철저히 특화시켰기에 가능했던 과감한 판단이 아닐 수 없다.

Gekko의 기본 사양

제조 공정	: 180nm IBM 6층, 1,860만 개의 트랜지스터, 42mm² 다이
클럭 (연산지표)	: 485MHz (1,125 DMIPS)
내부 데이터 정밀도	: 32비트 정수 & 64비트 부동소수점
외부 버스 대역폭	: 1.3GB/초(피크) 32비트 주소, 64비트 데이터 버스 162MHz
캐시	: L1 캐시 – 명령어 32KB, 데이터 32KB (8웨이) / L2 캐시 – 256KB (2웨이)

CHECK POINT 2 *SOUND(in Flipper)*

Flipper에 내장된 사운드 기능

게임큐브의 사운드 기능은 대만 매크로닉스 사의 DSP를 Flipper 내부에 통합시킨 형태로 탑재되어 있다. 다만 Flipper 내에서 사운드 블록은 독립적으로 동작하며(81MHz), 명령어 캐시(8MB RAM + 8KB ROM) + 데이터 캐시(8MB RAM + 8KB ROM) + 워크 RAM 16MB를 이 블록 전용으로 탑재했다. 샘플링 주파수 48kHz의 16비트 ADPCM을 총 64채널 사용 가능하며, 기본적으로는 스테레오 출력이지만 돌비 프로로직 Ⅱ를 경유하는 5.1ch 서라운드 데이터를 포함시켜 출력할 수도 있다.

닌텐도의 게임기는 기본적으로 내장음원을 사용해 사운드 기능을 구현한다는 설계사상으로 일관하기에, 게임큐브 디스크에 디지털 사운드 데이터 트랙을 수록해 직접 재생한다는 CD-DA와 같은 방법론은 아예 상정하지 않았다. 애초에 CD·DVD 재생 기능 자체를 개발 단계에서부터 고려치 않았으므로, DVD/게임 플레이어 "Q"(24p)에서는 게임큐브 쪽의 내장 기능을 전혀 사용하지 않는 형태로 CD·DVD 재생 기능을 별도 추가하였다.

참고로 매크로닉스 사의 사운드용 DSP는 후일의 닌텐도 DS/3DS와 닌텐도 스위치에까지 탑재되는 등, 최근의 닌텐도 제품에까지 감초처럼 들어가는 칩이다.

CHECK POINT 3 *GPU (Flipper)*

닌텐도 64의 설계자들이 재집결

게임큐브에 탑재된 GPU(영상처리 프로세서) 'Flipper'는, 미국 실리콘 그래픽스 사에서 닌텐도 64의 개발을 담당했던 멤버들이 독립하여 설립한 ArtX(아트엑스) 사와의 공동개발로 탄생한 칩이다. 개발 도중 ArtX 사가 캐나다의 ATI(현 AMD) 사에 흡수되었기에, 게임큐브 본체와 칩 위에 ATI 로고가 들어가게 되었다. 참고로 칩 자체의 제조는 NEC가 맡았으므로, 칩 표면에도 NEC의 로고가 인쇄돼 있다.

개발 도중의 동작 클럭은 당초엔 200MHz였지만, 설계 간소화를 위해 CPU의 1/3에 상당하는 162MHz로 낮췄다고 한다(반대로, Gekko는 405MHz에서 485MHz로 올렸다). 그럼에도 총체적인 퍼포먼스 면에서는 같은 시기의 경쟁기종이었던 플레이스테이션 2보다도 고성능의 영상표현을 구현해냈다. 한편 텍스처 캐시가 작은 것이 화질 저하의 큰 원인이었던 닌텐도 64의 문제를 개선해, Flipper에는 합계 3MB에 달하는 전용 메모리 칩을 내장했다. 대역폭이 퍼포먼스에 큰 영향을 끼친다는 점에 착안하여, 메인 메모리와 동일한 1T-SRAM도 내장했다. 이렇다보니, Flipper의 거대한 다이 사이즈 중 약 절반에 달하는 면적을 메모리가 점유하게 되었다.

그 결과 닌텐도가 요구했던 '실효속도 기준으로 닌텐도 64의 100배에 달하는 그래픽 성능'을 달성했고, 차세대기인 Wii에 탑재되는 GPU도 계속해서 ATI가 설계를 맡아, Flipper를 기반으로 발전시킨 칩 'Hollywood'로 완성되어 채용되었다.

▲ 메인 기판의 중앙에 자리 잡아 바로 눈에 띄는 'Flipper'.

Flipper의 기본 사양

제조 공정	: 180nm NEC, 5,100만 개 트랜지스터(약 절반이 1T-SRAM 전용), 106mm² 다이
클럭 (연산지표)	: 162MHz (9.4 GFLOPS ~ 11 GFLOPS)
메모리	: Z버퍼 / 프레임 버퍼용 2MB (버스 폭 : 384비트, 7.8GB/초), 텍스처 캐시용 1MB (버스 폭 : 512비트, 10.4GB/초)
폴리곤 표시 성능	: 최대 4,000만 폴리곤/초 (실효 평균 600~2,000만 폴리곤)

CHECK POINT 4 *DIGITAL AV OUT*

장래의 새로운 비디오 규격을 예비

게임큐브의 뒷면에는 슈퍼 패미컴 세대부터 지속적으로 채용해온 아날로그 AV 출력 단자와, 새로이 추가한 디지털 AV 출력 단자를 탑재했다(초기형 본체 한정). 문자 그대로 기존의 아날로그 영상 대비 고품질의 영상출력이 가능한 단자로서, D단자(역주 ※) 비디오 케이블과 컴포넌트 비디오 케이블의 2종이 이 단자용으로 발매되었다.

이 단자가 지원하는 신호는 D1(480i)과 D2(480p)이며, D2는 프로그레시브 모드를 지원하는 소프트를 구동해야만 영상이 나온다. 프로그레시브 모드 지원 게임을 '컨트롤러의 B버튼을 누른 상태로 구동'하면 프로그레시브 모드를 켤 수 있다.

참고로, 디지털 AV 출력 단자는 디지털 음성 신호를 출력하긴 하나, 정작 케이블 쪽이 이를 지원하지 않는다. 따라서 음성은 아날로그 AV 단자로 별도 연결해야 하니 주의하자.

▼ 아날로그 AV 출력단자와 함께 나란히 배치된 디지털 AV 출력단자.

(역주 ※) 컴포넌트 영상출력에 대응되는 일본 내수용 산업규격 단자. 출력품질에 따라 D1~D5로 나뉜다. 간단한 젠더로 컴포넌트와 상호 전환이 가능하다.

CHECK POINT 5 DISC&DRIVE

HARDWARE

2001's SOFT

2002's SOFT

2003's SOFT

2004's SOFT

2005's SOFT

2006's SOFT

OVERSEA SOFT

SOFT INDEX

■ 지름 8cm의 독자규격 광디스크

게임큐브는, 닌텐도 게임기로는 처음으로 소프트 공급 매체에 광디스크를 채용한 게임기이다. 디스크 미디어의 규격은 마쓰시타 전기산업(현 파나소닉)과 공동 개발하였으며, 마쓰시타가 보유한 DVD 기술이 그 기반이다. 대신 소프트 불법복제 대책으로서 DVD와는 직접적인 호환성이 없는 지름 8cm의 소형 디스크를 채용했고, 마쓰시타의 복제방지 기술(DVD에 탑재된 기술과는 다른 게임큐브 독자 사양)을 포함시켰다. 당초 닌텐도는 어린이가 다룰 것을 상정해 디스크가 케이스로 보호되는 형태를 요망했으나, 이 경우 드라이브의 설계를 변경해야 하고 단가 문제도 있어 결국 현재 형태로 머물렀다.

닌텐도가 요구했던 사항 중 하나는 '디스크의 액세스 속도가 충분히 빠를 것'이었다. 이 요구를 충족하기 위해 디스크 회전속도가 일정하고 데이터 접근성이 우수한 CAV 방식을 채용했는데, 실은 불법복제 대책도 겸한 것이었다고 한다(일반적인 광디스크는 CLV 방식이라 호환성이 없어진다).

■ 광학 드라이브도 마쓰시타 제품

디스크 드라이브 역시, DVD 기반의 마쓰시타 제 광학 드라이브를 탑재했다. 당시 마쓰시타가 제작한 드라이브에 널리 쓰였던 디스크 고정구조가 축의 중앙부에 들어가 있기에, 안정적인 회전을 구현한다.

당초 마쓰시타는 CD·DVD 재생 기능 탑재를 제안했었다 하나, 일반적인 12cm 디스크를 재생할 수 있도록 하면 당연히 본체 사이즈가 커지는데다, 재생 기능이 들어가면 DVD 라이선스 로열티가 붙어 본체 가격도 상승하므로, 닌텐도는 초기 단계부터 이를 배제했다. CD/DVD 재생 기능이 있는 가정용 게임기라는 아이디어는, 후일

마쓰시타가 직접 게임큐브 호환기인 DVD/게임 플레이어 "Q"(24p)를 제작해 발매함으로써 실현했다.

게임큐브 디스크의 기본 사양

사이즈	: 8cm 미니 DVD 광디스크
용량	: 1.5GB
전송률	: 16Mbit/초 ~ 25Mbit/초 (CAV 모드)
평균 액세스 타임	: 128ms

▲ 게임큐브용 소프트의 외장 패키지. 플라스틱 케이스에 디스크와 설명서를 수납했다.

▲ 디스크 2매용 케이스도 존재한다. 1매용 케이스에 비해 약간 더 두껍다.

HARDWARE

2001's SOFT

2002's SOFT

2003's SOFT

2004's SOFT

2005's SOFT

2006's SOFT

OVERSEA SOFT

SOFT INDEX

CHECK POINT 6 CONTROLLER

그립감은 최고! '감촉'을 중시하다

닌텐도 64에서 최초로 3D 스틱을 탑재해 컨트롤러의 아날로그 스틱 조작을 표준화시킨 닌텐도가, 닌텐도 64에서 얻은 경험을 기반으로 더욱 세련되게 만들어낸 컨트롤러. 그것이 바로 게임큐브 컨트롤러다.

어린아이가 잡기 힘든 크기였던 닌텐도 64의 컨트롤러를 교훈삼아 이보다 약간 아담한 사이즈로 줄였으며, 그립을 잡는 위치에 자유도까지 부여해 손이 크든 작든 누구라도 편안하게 잡히도록 하여, 모두가 만족하는 사이즈와 디자인의 컨트롤러를 구현했다. 이 컨트롤러의 개발 과정에서 닌텐도가 매우 중요시한 요소 중 하나가 바로 '감촉'으로서, L·R 트리거 버튼을 미세조정이 가능한 아날로그 입력식으로 설계했을 뿐 아니라 최대한도로 누르면 한 단계 더 '딸깍' 하고 눌리는 클릭감을 구현했고(이를 위해, 트리거 버튼 안에 일부러 스위치 2개를 내장했다). 컨트롤러나 AC 어댑터를 본체에 연결할 때에도 제대로 끼우면 '딸깍' 하고 감촉이 전해지도록 배려했다(물론, 제대로 연

결했음을 유저에게 알려주는 안전 신호라는 성격도 겸한 것이다).

또한 닌텐도 64의 3D 스틱은 장시간 플레이하면 엄지손가락이 아파진다는 불만점이 있었기에, 게임큐브의 컨트롤 스틱에는 고무를 배합한 엘라스토머 소재를 사용했다. 이때 고무의 배합률부터 스틱 사이즈까지 다양하게 바꿔보며, 충분한 개발기간을 들여

컨트롤러 감촉의 포인트를 결정했다고 한다.

이러한 유저 배려는 버튼 쪽도 마찬가지여서, 핵심에 해당하는 A 버튼과 B 버튼이 각각 '결정'과 '취소'에 사용됨을 고려해 마치 신호등처럼 A 버튼을 녹색으로, B 버튼을 빨간색으로 설정하였으며, 특히 A 버튼은 사이즈를 큼직하게 키워 가장 누르기 쉽고 직관

▲ 컨트롤러와 플러그 부분. 이 게임큐브 컨트롤러는 후대의 타사 제품들에까지도 큰 영향을 끼쳤다.

▲ 플러그가 컨트롤러와 같은 색상이라, 어떤 것이 자기 컨트롤러인지 바로 구별된다.

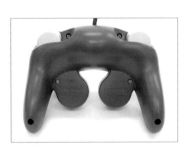

▲ 컨트롤러의 뒷면. 중앙에 진동용 모터를 내장했기에 그 부분이 불룩 튀어나와 있다.

▲ 닌텐도 64의 3D 스틱을 개선해, 장시간 플레이해도 손가락의 피로가 덜한 컨트롤 스틱.

▲ A 버튼을 중심으로 배치되어, 색상뿐만 아니라 형태로도 버튼의 기능·용도를 알려주는 B·X·Y 버튼.

▲ R 트리거 위에 배치된 Z 버튼. RPG에서 캠프 화면을 여는 등의 부수적 용도로서 주로 사용된다.

HARDWARE
2001'S SOFT
2002'S SOFT
2003'S SOFT
2004'S SOFT
2005'S SOFT
2006'S SOFT
OVERSEA SOFT
SOFT INDEX

적인 위치에 배치했다. 또한 X·Y 버튼은 마치 A 버튼을 감싸듯이 주변부에 배치하여, 이 두 버튼은 보조적인 역할을 한다는 이미지를 담았다. 색상과 형태로 A·B·X·Y 4개 버튼의 역할을 표현한 것이다.

또한 B 버튼과 A 버튼, X 버튼은 알고 보면 일직선상에 배치되어 있으므로, 3버튼 조작을 전제로 하는 게임이라도 위화감 없이 조작할 수 있도록 했다. 기존의 컨트롤러에서는 등한시되기 섭상이던 버튼의 색상·형태·배치에 극도의 심혈을 기울인, 버튼에

대한 범상치 않은 고집이 느껴지는 컨트롤러다.

■ 지금도 꾸준히 사랑받는 우수한 컨트롤러

이처럼 다채로운 아이디어가 꽉꽉 담겨있는 게임큐브 컨트롤러는 수많은 역대 닌텐도 컨트롤러들 중에서도 압도적으로 호평받고 있으며, 특히 「대난투 스매시브라더스」에 최적이라 하여 시리즈 팬들 중엔 이 컨트롤러만을 고집하는 유저도 상당할 만큼 애용

자가 많다.

이를 뒷받침하듯, Wii를 지나 닌텐도 스위치로까지 하드웨어가 계속 세대 교체되는 와중에도 게임큐브 컨트롤러는 꾸준히 계속 발매 중이며, 특히 「대난투 스매시브라더스」 신작이 발매될 때마다 신기종 연결용 어댑터와 신규 색상 컨트롤러가 계속 발매되고 있다. 엄청난 속도로 진화하는 비디오 게임계에서, 게임큐브 컨트롤러가 첫 등장 후 20년이나 지난 지금까지도 사랑받고 있다는 사실은 경탄스럽다고밖에 표현할 수 없으리라.

컬러 바리에이션

바이올렛
본체와 동시 발매된 게임큐브의 기본 컬러.

오렌지
게임큐브(오렌지)와 같은 색상의 기본 컬러.

블랙
게임큐브(블랙)와 같은 색상의 기본 컬러.

실버
게임큐브(실버)와 같은 색상의 기본 컬러.

바이올렛 & 클리어
얼핏 바이올렛과 동일해 보이지만, 뒷판이 투명색이다.

크리스탈 화이트
게임큐브 크리스탈 화이트에 동봉된 컨트롤러.

심포닉 그린
게임큐브 심포닉 그린에 동봉된 컨트롤러.

한신 타이거즈 컬러
게임큐브 한신 타이거즈 컬러에 동봉된 컨트롤러.

샤아 전용 컬러
게임큐브 샤아 전용 컬러에 동봉된 컨트롤러.

스타라이트 골드
게임큐브 스타라이트 골드에 동봉된 컨트롤러.

클리어
엔조이 플러스 팩 플러스에 동봉된 컨트롤러.

에메랄드 블루
게임큐브+피크민 2 스타터 세트에 동봉된 컨트롤러.

마리오 컨트롤러
클럽 닌텐도 포인트 교환 프로그램의 경품. 뒷판은 블루다.

루이지 컨트롤러
클럽 닌텐도 포인트 교환 프로그램의 경품. 뒷판은 블루다.

와리오 컨트롤러
클럽 닌텐도 포인트 교환 프로그램의 경품. 뒷판은 바이올렛이다.

클럽 닌텐도
클럽 닌텐도 포인트 교환 프로그램의 경품.

화이트
Wii의 주변기기 형태로 발매된 컬러. 케이블이 1m 더 길다.

스마브라 블랙
「대난투 스매시브라더스 for Wii U」에 맞춰 발매됐다.

스마브라 화이트
「대난투 스매시브라더스 for Wii U」에 맞춰 발매됐다.

스마브라 블랙
「슈퍼 스매시브라더스 얼티밋」에 맞춰 발매 (※ 한국 미발매).

HARDWARE

2001's SOFT
2002's SOFT
2003's SOFT
2004's SOFT
2005's SOFT
2006's SOFT
OVERSEA SOFT
SOFT INDEX

게임큐브용 게임도 구동 가능한, 닌텐도의 차세대 가정용 게임기

Wii

닌텐도   2006년 12월 2일   25,000엔(소비세 포함)   ※ 2009년 10월 1일 20,000엔(소비세 포함)으로 가격 인하

본체 부피는 불과 DVD 케이스 3개분

Wii(위)는 닌텐도가 2006년(일본 기준) 발매한 거치형 가정용 게임기다. '레볼루션'이라는 코드명으로 개발을 진행하여, 코드명의 의미대로 '가정용

게임기의 개념을 재정의하여 진화시킨다'라는 역할을 짊어지고 출시된 제품이다. 본체 디자인도 비스듬히 위로 기울어지도록 설계한 스탠드에 설치하여 세로로 세운다는 특이한 형태로서, 스탠드 없이 가로로 눕혀 설치할 수도 있도록 디자인했다.

본체를 디자인할 때, 당시 사장이었던 고(故) 이와타 사토루는 'DVD 톨 케이스 2개분의 부피'를 설계팀에 주문했다고 한다. 최종적으로 거기까지는 이르지 못했으나, DVD 케이스 3개분으로 부피를 압축하는 데에는 성공했다. 비디오 게임의 개념을 혁신해낸 전용 컨트롤러 'Wii 리모컨'과 '눈차크' 등도 큰 호응을 받아, 게임 인구가 확대되는 계기를 만들어낸 게임기가 되었다.

Wii의 사양

형식번호	RVL-001(JPN)
CPU	IBM PowerPC "Broadway" 729MHz
메모리	메인 메모리 : 24MB(1T-SRAM), A-메모리 : 64MB(DRAM), 스토리지 : 512MB NAND 플래시 메모리
GPU	시스템 LSI "Hollywood" 243MHz · 혼재 프레임 버퍼 2MB(1T-SRAM) · 혼재 텍스처 캐시 1MB(1T-SRAM)
그래픽	화면 해상도 : 최대 720×480픽셀(480i) 플리커 프리 인터레이스 컬러 : 24비트 RGB 컬러 버퍼 + 24비트 Z버퍼 (16,777,216색) 영상 표시처리 기능: 포그, 서브픽셀 안티에일리어싱, 하드웨어 광원 연산×8, 알파 블렌딩, 버추얼 텍스처 설계, 본격적인 텍스처 매핑(멀티 텍스처·트라이리니어·범프 맵·밉맵·텍스처, 환경 매핑, 퍼스펙티브 보정 등)
사운드	전용 16비트 DSP 81MHz ("Hollywood"에 내장) ADPCM: 64채널 샘플링 주파수: 48kHz
전원 / 소비전력	전용 AC 어댑터(DC 12V 3.7A) / 45W (대기 모드 시 5W)
외형 치수	44(가로)×157(세로)×215.4(높이)mm (돌출부 제외)
본체 중량	약 1.2kg

▲ 상품명과 본체 + 리모컨 사진만을 전면에 부각시킨, 심플함의 극치라 할 만한 Wii의 외장 패키지 박스.

HARDWARE

2001'S SOFT

2002'S SOFT

2003'S SOFT

2004'S SOFT

2005'S SOFT

2006'S SOFT

OVERSEA SOFT

SOFT INDEX

TOP VIEW

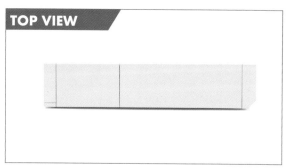

BOTTOM VIEW

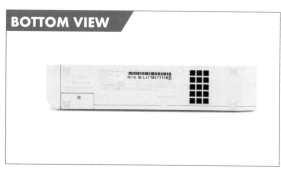

FRONT VIEW

REAR VIEW

LEFT SIDE VIEW

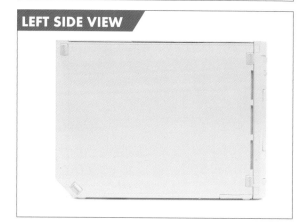

RIGHT SIDE VIEW

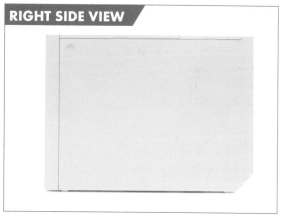

게임큐브용 게임을 즐길 수 있다

Wii의 아키텍처 자체는 게임큐브를 기반으로 삼아 진화시킨 것이므로, 하위 호환성이 있어 게임큐브용 소프트가 그대로 구동된다(역주 ※). 게임큐브용 컨트롤러와 메모리 카드의 연결 단자도 본체 윗면에 설치돼 있어, 여기에 연결하는 식의 주변기기는 모두 Wii에서도 사용 가능하다. 실제로 Wii용 소프트 중에도 게임큐브용 매트 컨트롤러나 게임큐브 마이크를 지원하는 것이 있으며, 「대난투 스매시브라더스 X」의 경우 전용 디자인의 게임큐브 컨트롤러(Wii로 플레이할 것을 상정해, 기존 컨트롤러보다 케이블이 1m 더 길다)까지 아예 함께 발매했을 정도다.

참고로, Wii의 사운드 설정에는 '모노/스테레오/서라운드' 항목이 있는데, '서라운드'로 설정했다면 게임큐브용 소프트를 구동할 때에도 돌비 프로로직 II 지원 게임에 한해 5.1ch 서라운드로 박력 있는 사운드를 즐길 수 있다.

▲ Wii에 게임큐브 컨트롤러 및 메모리 카드를 장착한 사진. Wii의 본체 컬러에 맞춘 백색 게임큐브 컨트롤러도 발매했다.

(역주 ※) Wii는 한국에도 2008년 4월 26일 정식 출시된 바 있으나, 한국 발매판 Wii는 게임큐브용 소프트 구동 기능이 제거되었기 때문에 하위 호환성이 없다.

2001'S SOFT 2002'S SOFT 2003'S SOFT 2004'S SOFT 2005'S SOFT 2006'S SOFT OVERSEA SOFT SOFT INDEX

닌텐도 게임큐브와 DVD 플레이어가 합쳐지다

DVD/게임 플레이어 "Q"

마쓰시타 전기산업   2001년 12월 14일   오픈 프라이스

■ 닌텐도 게임큐브 + DVD 플레이어

DVD/게임 플레이어 "Q"(이하 "Q"로 표기)는 마쓰시타 전기산업(현 파나소닉)이 발매한, 게임큐브 호환 기능이 있는 CD / DVD / 비디오 CD 플레이어다. 마쓰시타가 게임큐브용 디스크 포맷을 닌텐도와 공동 개발한 회사인지라, 마쓰시타의 독자적인 상품 전개 일환으로서 기획되었다고 한다. 일반 CD·DVD 등도 재생하기 위해 트레이형 광디스크 드라이브를 탑재한 탓에 게임큐브 대비로 본체 사이즈가 커졌으며, 덕분에 내부 여유 공간이 생겼기에 AC 어댑터가 불필요한 전원 내장형 본체가 되었다.

본체 전면은 미러 가공했고, 상단부에는 현재의 모드를 알려주는 인디케이터 LCD를 탑재했다. 또한 게임 모드일 때는 컨트롤러 포트 주변부가 파랗게 빛나기도 하는 등, 고급감 넘치는 외관을 자랑한다.

DVD/게임 플레이어 "Q"의 사양

형식번호	SL-GC10-S
CPU	IBM PowerPC "Gekko" 485MHz
메모리	메인 메모리 "Splash" 24MB(1T-SRAM), A-메모리 16MB(81MHz DRAM)
GPU	시스템 LSI "Flipper" 162MHz · 혼재 프레임 버퍼 2MB(1T-SRAM) · 혼재 텍스처 캐시 1MB(1T-SRAM)
그래픽	화면 해상도: 최대 720×480픽셀(480i) 플리커 프리 인터레이스 컬러 : 24비트 RGB 컬러 버퍼 + 24비트 Z버퍼 (16,777,216색) 영상 표시처리 기능: 포그, 서브픽셀 안티에일리어싱, 하드웨어 광원 연산×8, 알파 블렌딩, 버추얼 텍스처 설계, 본격적인 텍스처 매핑(멀티 텍스처·트라이리니어·범프 맵·밉맵·텍스처, 환경 매핑, 퍼스펙티브 보정 등)
사운드	전용 16비트 DSP 81MHz ("Flipper"에 내장) ADPCM: 64채널 샘플링 주파수: 48kHz
전원 / 소비전력	AC 100V 50/60Hz / 30W
외형 치수	180(가로)×217(세로)×198(높이)mm (돌출부 제외)
본체 중량	약 3kg

▲ "Q"의 외장 패키지. 백색 바탕에 제품 사진만을 배치한 심플한 디자인이다.

TOP VIEW

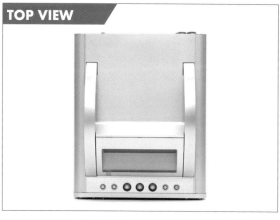

BOTTOM VIEW

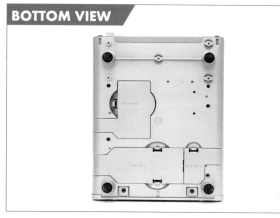

FRONT VIEW

REAR VIEW

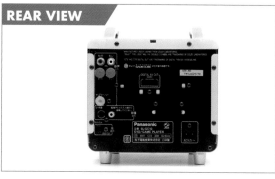

LEFT SIDE VIEW

RIGHT SIDE VIEW

CONTROLLER

REMOTE CONTROLLER

HARDWARE

2001'S SOFT

2002'S SOFT

2003'S SOFT

2004'S SOFT

2005'S SOFT

2006'S SOFT

OVERSEA SOFT

SOFT INDEX

하드웨어 자체는 기본적으로 게임 큐브와 동일하므로, 게임보이 플레이어와 각종 AV 케이블을 제외한 주변기기는 모두 사용할 수 있다. 영상·음성 출력 시에는 시중의 S단자 혹은 컴포지트 비디오 단자용 표준 케이블을 그대로 사용하며, 게임보이 플레이어의 경우 "Q" 전용품을 별도로 판매했다.

▲ 인디케이터 표시부. TV 화면을 보지 않고도 이것만으로 CD/DVD의 기본 조작이 가능하다.

HARDWARE

2001's SOFT
2002's SOFT
2003's SOFT
2004's SOFT
2005's SOFT
2006's SOFT
OVERSEA SOFT
SOFT INDEX

DVD와 게임은 완전한 별개 구조

"Q"는 거실에 놓고 사용하는 멀티 디스크 플레이어를 상정하고 설계된 기기라, 5.1ch 서라운드 출력(서브우퍼 단자도 있다)과 광디지털 사운드 출력 단자를 표준 장비하는 등, 게임기보다는 AV 기기의 성격이 강한 제품이다. 다만 게임큐브 기능과 CD/DVD 플레이어 기능을 완전히 융합시키는 경지까지는 미치지 못했는지, 실제로 발매된 "Q"는 '두 기계가 드라이브와 전원을 공유하는 형태의 합체기'였다.

예를 들어, "Q"에는 게임큐브와 동일한 컨트롤러 및 "Q" 전용 리모컨이 모두 동봉돼 있으나, 'CD/DVD 모드

▲ 디스크 트레이는 프론트로딩 방식이라, 게임큐브보다 디스크 탈착이 쉽다.

▲ 전용 리모컨의 '시프트'+'게임 타이머' 버튼을 누르면 DVD 플레이어 측의 초기 설정 변경화면으로 들어간다. 이 메뉴는 컨트롤러로는 들어갈 수 없으며, 조작도 모두 리모컨으로 해야 한다.

를 컨트롤러로 조작'하거나 '게임큐브 모드를 리모컨으로 조작'하는 것은 불가능하므로, 항상 컨트롤러·리모컨 둘다가 있어야 한다. 따라서 설정 메뉴도 게임큐브·DVD 모드 각각에 별도로 존재하며(게임큐브 모드는 닌텐도 제품과 완전 동일), 이 설정 메뉴조차도 컨트롤러 또는 리모컨의 교차 조작이 불가능하다.

이런 문제는 하드웨어 측면에서도 마찬가지라, 게임큐브와 동일한 디지털 AV 출력단자를 탑재하고 있으나 이것은 어디까지나 게임큐브 영상 출력 전용 단자이므로, DVD 비디오의 영상을 이 단자를 통해 컴포넌트·D단자로 고화질 출력할 수는 없다. 반대

로, 광디지털 사운드 단자 역시 CD/DVD 모드 전용이라 게임큐브 쪽의 사운드가 이쪽으로는 나오지 않는 등, 여러모로 아쉬운 점이 많은 사양이다.

"Q"는 '게임기와 DVD 플레이어의 융합'이란 선례를 세운 플레이스테이션 2보다도 2년이나 늦게 발매되어 시대에 뒤처진 느낌도 있었던 데다, 가전 유통망으로만 판매했기에 인지도조차도 낮았던 기기였다. 개별적으로는 인상적인 기능도 많은지라, 실로 아까운 제품이었다 하겠다.

DVD/게임 플레이어 "Q"의 주변기기

"Q" 전용 게임보이 플레이어

마쓰시타 전기산업　2003년 10월 1일　SH-GB10-H　오픈 프라이스

"Q"는 게임큐브와는 본체 사이즈가 달라 닌텐도가 발매한 게임보이 플레이어(28p)를 장착할 수 없기에, 마쓰시타가 "Q" 전용의 게임보이 플레이어를 별도 발매했다. 사이즈가 다르다는 점을 제외하면 성능은 닌텐도판과 완전 동일하며, 구동 시 스타트업 디스크가 필요하다는 점도 같다. 참고로, 비공식이지만 "Q" 전용 게임보이 플레이어는 일반 게임큐브에도 장착이 가능하다.

외장 패키지와 본체에 장착한 상태의 사진.

HARDWARE

2001'S SOFT

2002'S SOFT

2003'S SOFT

2004'S SOFT

2005'S SOFT

2006'S SOFT

OVERSEA SOFT

SOFT INDEX

세가·남코·닌텐도 3개 회사가 공동 개발한 아케이드 기판

트라이포스

세가　2002년

게임큐브 기반의 아케이드 기판

　트라이포스는 세가·남코·닌텐도 3개 회사가 공동 개발하여 만들어낸 아케이드 업소용 시스템 기판이다. 개발을 세가가 주도했기에 자사의 드림캐스트와 NAOMI가 채용했던

GD-ROM이 소프트 매체이며, 캐비닛 본체와 연결하는 하네스(케이블)도 JAMMA 규격품이 아니라 세가 독자 사양인 등, 여러 모로 세가의 기판이라는 인상이 강하다. 기본 사양은 게임큐브 기반이므로, 이 기판용으로 제작된 타이틀들은 게임큐브로도 이식 발매되었다.

▲ 소프트 매체로는 1GB 용량의 GD-ROM을 채용했다. 소프트는 키 칩과 한 세트로 공급되며, 양쪽이 일치해야만 게임이 구동된다.

▲ 트라이포스의 커넥터 면. 통신용 LAN 및 시리얼 포트, GD-ROM 드라이브 단자, 프로텍트 키 칩 단자가 보인다.

HARDWARE

2001'S SOFT
2002'S SOFT
2003'S SOFT
2004'S SOFT
2005'S SOFT
2006'S SOFT
OVERSEA SOFT
SOFT INDEX

게임보이 어드밴스용 게임을 TV의 대화면으로 즐긴다

게임보이 플레이어

닌텐도   2003년 3월 21일   5,000엔   ※ 게임큐브와의 세트 상품 '엔조이 플러스 팩'도 19,800엔으로 발매

■ 에뮬레이터가 아니라, GBA 그 자체

게임보이 플레이어는 닌텐도 게임큐브용 주변기기로서, 게임큐브를 통해 게임보이 어드밴스용 소프트를 가정용 TV로 플레이할 수 있도록 해주는 제품이다. 게임큐브와는 본체 밑면의 하이스피드 포트로 연결되며,

컨트롤러도 게임큐브에 연결된 것을 사용하므로, 이 기기가 있으면 게임보이 어드밴스의 모든 기능을 대체 가능하다. 슈퍼 패미컴의 '슈퍼 게임보이'와 동일한 포지션의 제품이라 하겠다.

소프트 구동은 게임보이·게임보이 컬러·게임보이 어드밴스용이라면 모두 가능하며, GBA용 통신 포트도 마

련돼 있으므로 다른 게임보이와 대전 플레이도 할 수 있다. 기울기 검출 센서가 있는 「데굴데굴 커비」와 같은 특수 카트리지 게임은 게임큐브 본체를 기울이며 플레이해야 할 테니 제대로 즐기긴 어렵겠으나, 어쨌든 구동은 된다.

GBA 부분은 사실 소프트웨어 에뮬레이션이 아니라 하드웨어 기능을 통째로 플레이어 내에 탑재한 것이므로, 기본적으로 모든 소프트가 정상 동작한다. 다만 게임큐브 쪽의 부팅 ROM만으로는 게임보이 플레이어를 인식하지 못하므로, 실제로 구동하려면 전용 스타트업 디스크가 있어야 한다(일단 플레이어가 구동되고 나면 디스크를 빼내도 상관없다).

게임보이 플레이어의 사양

형식번호	DOL-017
CPU	ARM 32비트 RISC CPU
메모리	하이닉스 2Mbit SRAM
전원 / 소비전력	게임큐브 본체에서 전력 공급, 약 0.8mW
외형 치수	150(가로)×155.1(세로)×57.3(높이)mm
본체 중량	약 370g

HARDWARE

2001'S SOFT

2002'S SOFT

2003'S SOFT

2004'S SOFT

2005'S SOFT

2006'S SOFT

OVERSEA SOFT

SOFT INDEX

▲ 정면에는 카트리지 슬롯과 확장 포트가 보인다.

▲ 우측에는 카트리지 추출용 레버를 설치했다.

▲ 기동용 디스크. 이것을 게임큐브에 세팅해야만 동작한다.

▲ 게임보이 플레이어의 외장 패키지. 게임큐브의 본체 색깔에 맞춰 4종류의 컬러로 발매되었다.

▲ 친숙한 부팅 로고부터 나오고 시작하는 GBA용 소프트.

▲ TV 화면이므로 GBA의 LCD 화면보다 훨씬 선명한 색깔로 보인다.

▲ 전원이 켜져 있는 상태라도 소프트를 교체할 수 있는 '카트리지 교환'.

▲ 내장된 픽처 프레임은 총 20종류. 체크무늬부터 군용 위장무늬 등의 장난스러운 것까지 완비돼 있다.

▲ '게임보이 어드밴스(골드 컬러)'의 픽처 프레임 상태로 구동. 선호하는 컬러로 즐겨보자.

게임보이 플레이어 내에는 각종 메뉴가 내장되어 있는데, 이를 이용하면 컨트롤러의 버튼 할당, 화면 크기, 화질, 화면 테두리의 픽처 프레임 변경 등을 설정할 수 있다. 큰 화면으로

GBA 게임을 즐기고픈 유저라면 꼭 구비해야 할 제품이라 하겠다.

컬러 바리에이션

- ■ 바이올렛
- ■ 오렌지
- ■ 블랙
- ■ 실버

HARDWARE

2001'S SOFT
2002'S SOFT
2003'S SOFT
2004'S SOFT
2005'S SOFT
2006'S SOFT
OVERSEA SOFT
SOFT INDEX

닌텐도 게임큐브의 주변기기

컨트롤러

DOL-002　닌텐도　2001년 9월 14일(바이올렛)　2,500엔

20p에서 소개한 바 있는, 게임큐브용 순정 컨트롤러. 얼핏 외형이 기발해 보이지만, 실제로 잡아보면 어떠한 크기의 손에도 잘 잡히도록 만든 절묘한 디자인의 컨트롤러다.

▶ 다양한 컬러 모델이 발매되었으니, 자신의 취향색을 골라 보자. 개인용 컨트롤러를

와이어리스 컨트롤러 '웨이브버드'

DOL-004　닌텐도　2002년 12월 5일　4,500엔

RF 통신 방식으로 무선 연결을 구현해낸 컨트롤러. AA형 건전지 2개로 약 100시간 구동 가능하며, 게임보이 어드밴스용 배터리 팩도 사용할 수 있다.

◀ 외장 패키지에 '실버'라고 따로 적히는 있지만, 실은 실버 컬러로만 발매되었다.

본체에 장착한 사진

와이어리스 리시버를

와이어리스 리시버

DOL-005

게임큐브 본체 쪽에 장착하는 수신기. 다이얼을 컨트롤러 쪽과 동일한 번호의 채널로 맞춰두자.

배터리 팩 충전기 세트

AGB-003, AGB-004(JPN)　닌텐도　2001년 3월 21일　3,500엔

배터리 팩(AGB-003)과 가정용 콘센트로 충전할 수 있는 충전기(AGB-004(JPN))의 세트 상품으로, 위의 웨이브버드에 사용할 경우 50시간 구동이 가능하다. 원래는 게임보이 어드밴스용 주변기기이지만, 웨이브버드에도 사용할 수 있다.

타루콩가

DOL-021　닌텐도　2003년 12월 12일　3,000엔

「동키 콩가」 시리즈 등을 더욱 재미있게 즐길 수 있는 전용 컨트롤러. 나무통 2개를 붙여 상단을 두드리는 형태이며, 상단에 손뼉 센서를 내장해 주변인들과 함께 게임을 즐길 수도 있어, 그야말로 신개념의 컨트롤러다.

◀ 「동키 콩가」 세트(6,800엔)로도 발매되었다.

■ 지원 타이틀

•「동키 콩가」	•「동키 콩 정글 비트」
•「동키 콩가 2 : 히트송 퍼레이드」	•「동키 콩가 3 : 한상 가득! 봄노래 50곡」

스피드 포스

LGRC-10000　로지쿨　2003년 7월 25일　7,800엔

스티어링 컨트롤러를 잘 만들기로 유명한 로지쿨(역주 ※) 사의 제품. 무릎에 올려놓을 수 있게 해주는 '랩 어태치먼트'와, 게임큐브 본체 컬러와 어울리는 3색 페이스플레이트를 동봉했다.

▶ 외장 패키지에는 지원 소프트들의 로고·일러스트가 다수 인쇄돼 있다.

■ 지원 타이틀

•「GT CUBE」	•「마리오 카트 더블 대시!!」
•「아우토 모델리스타 U.S.-tuned」	•「R : RACING EVOULUTION」
•「V-RALLY 3」	•「니드 포 스피드 언더그라운드」
•「F-ZERO GX」	•「니드 포 스피드 언더그라운드 2」

(역주 ※) 국내에서도 유명한 로지텍 사의 일본 브랜드명. 같은 이름의 회사가 일본에 이미 있었기에 '로지쿨'이 되었다.

키보드 컨트롤러

ASC-1901PO　아스키　2002년 9월 12일　6,800엔

「판타지 스타 온라인」 플레이 시 문자 입력용으로 최적이었던 키보드 컨트롤러. 게임큐브로 발매된 같은 시리즈의 3개 작품을 지원한다.

▶ 게임큐브 컨트롤러를 둘로 쪼개, 그 사이에 키보드를 붙여버린 듯한 대담한 디자인이 인상적이다.

■ 지원 타이틀

	•「판타지 스타 온라인 EPISODE Ⅰ&Ⅱ plus」
•「판타지 스타 온라인 EPISODE Ⅰ&Ⅱ」	•「판타지 스타 온라인 EPISODE Ⅲ : 카드 레볼루션」

HARDWARE
2001'S SOFT
2002'S SOFT
2003'S SOFT
2004'S SOFT
2005'S SOFT
2006'S SOFT
OVERSEA SOFT
SOFT INDEX

HARDWARE

2001's SOFT
2002's SOFT
2003's SOFT
2004's SOFT
2005's SOFT
2006's SOFT
OVERSEA SOFT
SOFT INDEX

게임큐브 마이크

DOL-022　닌텐도　2004년 11월 18일　단품으로는 미발매

게임큐브의 메모리 카드 슬롯을 통해 연결하면, 마이크를 지원하는 소프트에서 음성 입력이 가능해지는 주변기기. 단품으로는 발매되지 않고, 마이크 지원 게임의 동봉품으로만 제공되었다. 스캔소프트(현 뉘앙스) 사의 음성 인식 기술을 탑재해, 인식도가 매우 높다.

■ 지원 타이틀

- 「마리오 파티 6」
- 「마리오 파티 7」
- 「꼬마로보!」
- 「전설의 퀴즈왕 결정전」
- 「오오다마」

마이크 홀더

DOL-025　닌텐도　2006년 4월 13일(「오오다마」에 동봉)

「오오다마」의 패키지 내에 게임큐브 마이크와 함께 동봉된 부속품. 컨트롤러를 잡은 상태로도 음성 입력이 가능하도록 컨트롤러에 마이크를 고정시켜주는 투명 플라스틱 부품이다.

▶ 구조는 단순하지만 견고하게 잡아주어. 사용성이 좋은 아이템

매트 컨트롤러

DOL-024　닌텐도　2005년 7월 14일　3,000엔

당시 타 기종으로도 대인기였던 코나미의 댄스 액션 게임 「댄스 댄스 레볼루션」용의 매트 컨트롤러. 게임큐브에서 이를 지원했던 소프트는 「댄스 댄스 레볼루션 with 마리오」 단 하나뿐이지만, 후일 Wii용으로 지원 타이틀이 4종 더 발매되었다.

▲ 단품 외에, 게임 소프트가 동봉된 「댄스 댄스 레볼루션 with 마리오」 매트 컨트롤러 세트」(6,800엔)도 존재한다.

■ 지원 타이틀　　※ 빨간색 타이틀은 Wii용

- 「댄스 댄스 레볼루션 with 마리오」
- 「댄스 댄스 레볼루션 : 하티스트 파티」
- 「댄스 댄스 레볼루션 : 온몸으로♪파티」
- 「패밀리 챌린지 Wii」
- 「댄스 댄스 레볼루션 : 뮤직 피트」

메모리 카드 59

DOL-008   닌텐도   2001년 9월 14일   1,400엔

게임의 세이브 데이터 등을 저장하기 위해 필요한 메모리 카드. 용량은 4Mbit(512KB)이며, 세이브 영역은 총 59블록 분량이다. 「동물의 숲+」처럼, 소프트 중에는 아예 이것을 패키지 내에 동봉했거나 서비스 데이터까지 미리 넣어둔 경우도 있었다.

메모리 카드 251

DOL-014   닌텐도   2002년 7월 19일   2,000엔

메모리 카드 59는 은근히 용량이 작아서 어느새 꽉 차버리기 일쑤였는지라, 유저들의 요망에 응해 새로 발매한 대용량 메모리 카드. 기존의 4배인 16Mbit(2MB) 용량이라, 대작 게임도 문제없다. 참고로, 서양에서는 더욱 대용량인 '메모리 카드 1019'도 발매되었다.

SD카드 어댑터

DOL-019   닌텐도   2003년 7월 18일   1,500엔(송료·소비세 포함)

슬롯에 SD 카드를 끼우고 저장한 데이터를 PC에서 불러올 수 있도록 하는 주변기기로서, 온라인 판매 한정 상품이었다. 16MB SD카드를 동봉한 'SD카드 어댑터 SD 메모리 카드 세트'도 3,000엔(송료·소비세 포함)으로 발매한 바 있다.

■ 지원 타이틀

- 「동물의 숲 e+」
- 「포켓몬 채널 : 피카츄와 함께!」

▲ 사진은 SD카드와 한 세트로 발매한 'SD 메모리 카드 세트'다.

HARDWARE
2001'S SOFT
2002'S SOFT
2003'S SOFT
2004'S SOFT
2005'S SOFT
2006'S SOFT
OVERSEA SOFT
SOFT INDEX

GBA 케이블

DOL-011　닌텐도　2001년 12월 14일　1,400엔

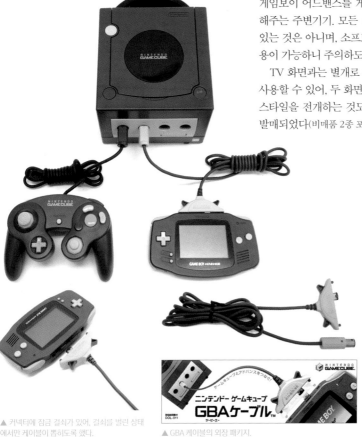

게임보이 어드밴스를 게임큐브용 컨트롤러로 사용할 수 있게 해주는 주변기기. 모든 게임큐브 소프트를 GBA로 조작할 수 있는 것은 아니며, 소프트 쪽도 GBA 케이블을 지원해야만 사용이 가능하니 주의하도록 하자.

　TV 화면과는 별개로 GBA 쪽의 LCD 스크린을 부화면으로 사용할 수 있어, 두 화면을 별개로 보면서 함께 즐기는 플레이 스타일을 전개하는 것도 가능하다. 지원 소프트는 총 59종이 발매되었다(비매품 2종 포함).

▲ 커넥터에 잠금 걸쇠가 있어, 걸쇠를 벌린 상태에서만 케이블이 뽑히도록 했다.

▲ GBA 케이블의 외장 패키지.

월간 닌텐도 캘린더 카드

DOL-023　닌텐도　2004년 12월　비매품

당시 일본에서 게임 판매점 데모 소프트인 「월간 닌텐도 점두 데모」 전용으로 판매점에만 제공된 주변기기로서, 일반 판매되지 않았다. 카드 내에 전지와 캘린더 기능이 내장돼 있으며, 「월간 닌텐도 점두 데모」 디스크와 함께 구동하면 발매 예정작 게임의 발매 카운트다운 표시나, 특정 일시에 발동되는 타이머 예약 홍보 기능이 제공된다.

▶ 당시 양판점에 설치되었던 게임큐브 점두 시유대. 대형 완구점이나 양판점에 설치되어, 주목 타이틀의 데모 상영과 체험 플레이 등을 제공했다.

모뎀 어댑터

DOL-012 　닌텐도 　2002년 9월 12일 　3,800엔

게임큐브에 전화선을 연결해, 통신 서비스에 아날로그로 접속하기 위한 모뎀. 56Kbps V.90 규격이며, 게임 큐브 밑면의 시리얼 포트 1에 장착 하여 사용한다.

　어린이가 무분별하게 구입하지 않 도록 온라인 한 정으로만 판매한 데다 지원 소프 트도 적었기에, 마이너한 주변기 기에 머물렀다.

▶매장에서 팔지 않은 탓에 유저들 도 존재를 잘 몰랐던 모뎀 어댑터.

■ 지원 타이틀

* 「판타지 스타 온라인 EPISODE Ⅰ&Ⅱ」
* 「판타지 스타 온라인 EPISODE Ⅰ&Ⅱ plus」
* 「실황 파워풀 프로야구 10」
* 「판타지 스타 온라인 EPISODE Ⅲ : 카드 레볼루션」

모듈러 케이블

DOL-016 　닌텐도 　2002년 9월 12일(모뎀 어댑터에 동봉)

위의 모뎀 어댑터에 동봉된, 4m 길 이의 전화선 접속용 모듈러 케이블. 시중의 모듈러 케이블과 동등품이 라, 이미 배선된 전화선이 있다면 그 쪽을 써도 된다.

브로드밴드 어댑터

DOL-015 　닌텐도 　2002년 10월 3일 　3,800엔

모뎀 어댑터가 나온 지 1개월 후 에 발매된 광대역 회선용 어댑터. 10BASE-T 사양으로, ADSL·광랜· 케이블 TV 등의 모뎀에 LAN 케이 블 경유로 연결하여 사용한다. 모뎀 어댑터와 마찬가지로 온라인 판매

한정이었지만, 통신 속도가 훨 씬 쾌적했기에 지원 소프트는 이 어댑터 쪽이 더 많다.

▶색깔이 검다는 것 외에는 외관이 거의 동일했던 브로드밴드 어댑터.

■ 지원 타이틀

* 「판타지 스타 온라인 EPISODE Ⅰ&Ⅱ」
* 「판타지 스타 온라인 EPISODE Ⅰ&Ⅱ plus」
* 「커비의 에어라이드」
* 「실황 파워풀 프로야구 10」
* 「마리오 카트 더블 대시!!」
* 「판타지 스타 온라인 EPISODE Ⅲ : 카드 레볼루션」
* 「텐 에이티 : 실버 스톰」
* 「홈 랜드」

HARDWARE

2001's SOFT

2002's SOFT

2003's SOFT

2004's SOFT

2005's SOFT

2006's SOFT

OVERSEA SOFT

SOFT INDEX

AC 어댑터

DOL-002 　닌텐도 　2001년 9월 14일 　3,000엔

본체 성능이 크게 향상되어 소비전력도 증가한지라 기존 기종의 AC 어댑터와 호환시킬 수 없었기에, 게임큐브 전용의 AC 어댑터를 준비했다. 사진은 단품으로 발매된 것이지만, 본체 동봉품과 동등하다.

▲ 전원 플러그 쪽에도 케이블이 있어, 다루기 편리했다.

D단자 비디오 케이블

DOL-009 　닌텐도 　2001년 9월 14일 　3,500엔

디지털 AV 단자를 통해 TV의 D단자(역주 ※)에 연결하는 용도의 케이블. 디지털 AV 단자는 디지털 영상 출력이지만 D단자는 아날로그 신호라, 커넥터 내에 D/A 변환회로를 내장했다. 또한 이 케이블만으로는 음성 신호가 전달되지 않으므로, 오른쪽 페이지에 있는 케이블도 함께 사용해야 한다.

▼ 케이블이 두꺼워 야담게 말리지 않는지라, 외장 패키지도 큼직하다.

(역주 ※) 컴포넌트 영상출력에 대응되는 일본 내수용 산업규격 단자. 출력품질에 따라 D1~D5로 나뉜다. 간단한 젠더로 컴포넌트와 상호 전환이 가능하다.

컴포넌트 비디오 케이블

DOL-010 　닌텐도 　2001년 9월 14일 　3,500엔

위의 D단자 비디오 케이블과 마찬가지로, 디지털 AV 단자를 통해 TV의 컴포넌트 비디오 단자에 연결하는 용도의 케이블. D단자와 컴포넌트는 형태가 다르지만 사양 자체는 동일한지라(정확히는, D단자가 컴포넌트의 일본 내수용 규격이다), 이쪽에도 커넥터 내에 D/A 변환회로가 들어있다. 당연히 이쪽도, 음성신호용으로 오른쪽 페이지의 케이블이 필요하다.

▼ 일본 외 국가에 발매된 게임큐브에서는 이 컴포넌트 케이블 쪽이 표준이다.

HARDWARE

2001's SOFT

2002's SOFT

2003's SOFT

2004's SOFT

2005's SOFT

2006's SOFT

OVERSEA SOFT

SOFT INDEX

모노럴 AV 케이블

SHVC-007   닌텐도   1990년 11월 21일   1,200엔

컴포지트(비디오) 단자와 모노럴 음성 단자가 있는 TV와 접속하기 위한 케이블. 게임큐브뿐만 아니라, AV 사양 패미컴과 슈퍼 패미컴, 닌텐도 64에서도 사용 가능하다.

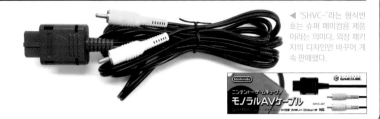

◀ 'SHVC-'라는 형식번호는 슈퍼 패미컴용 제품이라는 의미다. 외장 패키지의 디자인만 바꾸어 계속 판매했다.

스테레오 AV 케이블

SHVC-008   닌텐도   1990년 11월 21일   1,500엔

컴포지트(비디오) 단자와 스테레오 음성 단자가 있는 TV와 접속하기 위한 케이블. 게임큐브뿐만 아니라, AV 사양 패미컴과 슈퍼 패미컴, 닌텐도 64에서도 사용 가능하다.

◀ 기존 기종의 유저라면, 새로 케이블을 살 필요 없이 그대로 쓰면 된다.

S단자 케이블

SHVC-009   닌텐도   1990년 11월 21일   2,500엔

컴포지트(비디오) 신호를 혼합하기 전 상태로 보낼 수 있는 S단자가 있는 TV에 접속하기 위한 케이블. 음성은 스테레오 음성 단자로 출력된다.

◀ 위의 모노럴·스테레오 AV 케이블보다 고화질로 영상이 나오는 S단자. 요즘은 S단자가 지원되는 TV를 찾기 어려워졌다.

그 외의 슈퍼 패미컴·닌텐도 64용 케이블은 쓸 수 있을까?

게임큐브에는 슈퍼 패미컴 시절부터 사용된 아날로그 AV 출력 단자가 내장돼 있지만, 같은 단자를 사용하는 RF 모듈레이터나 RGB 케이블 등의 일부 주변기기가 지원 목록에 실려 있지 않다. 이들은 정말로 게임큐브에서 사용 불가능할까?

먼저, RF 모듈레이터는 크기 문제로 배기구 일부가 막히고 디지털 AV 출력 단자 앞을 가리는 문제가 있으나 사용 자체는 가능하다. 반면, RGB 케이블은 닌텐도 64 시기에 이미 기능이 삭제되었기 때문에 당연히 후계기인 게임큐브에서도 사용 불가능하다는 게 결론이다.

▼ RF 모듈레이터는 쓰려면 쓸 수 있으나, RGB 케이블을 무용지물. 지원되었더라면 고품질 아날로그 영상으로 게임들을 즐길 수 있었을 텐데.

HARDWARE

2001'S SOFT

2002'S SOFT

2003'S SOFT

2004'S SOFT

2005'S SOFT

2006'S SOFT

OVERSEA SOFT

SOFT INDEX

세계 각국에 발매되었던 닌텐도 게임큐브

게임큐브는 일본 내에 그치지 않고 세계 각국에도 발매되어, 각 지역별로 독자적인 시장을 구축했다. 다만, 시장규모는 일본보다 컸음에도 닌텐도 64만큼의 컬러 바리에이션은 전개되지 않았으며, 특히 북미는 일본의 기본 4색에서 오렌지를 뺀 나머지 3색으로만 전개했다.

반면, 소프트와 본체를 합본한 번들 팩 쪽은 게임큐브 이전부터 활발히 판매해왔던 탓인지 다양하게 시도되어, 게임큐브로도 다양한 타이틀로 번들 판매를 전개했다.

닌텐도 64에서 유니버설 디자인을 처음 도입한 이후, 게임큐브도 마찬가지로 전 세계에 동일한 명칭과 디자인으로 시판되었다.

본체의 지역코드는 NTSC(일본)·NTSC(북미)·PAL로 총 3종류가 존재하며, 동일 코드라면 판매 국가가 달라도 소프트 구동이 가능했다. 참고로 주변기기 쪽은 특별한 제약이 없어, 지역에 관계없이 주변기기를 교차 사용할 수 있다(모뎀 어댑터·브로드밴드 어댑터·와이어리스 컨트롤러 '웨이브버드'는 통신기기인지라 국가별로 유선·무선 이용대역 제한이 달랐을 것으로 보이나, 상세한 사항은 불명이다).

그밖에, 일본에 없는 주변기기로서 '메모리 카드 1019'라는, 일본의 메모리 카드 251의 무려 4배 용량(8MB)에 달하는 메모리 카드가 발매된 바 있다. 일본판 게임큐브에서도 초기화하면 일단 사용할 수는 있으나, 애초에 일본 미발매 주변기기인 만큼 일부 소프트에선 문제가 발생한다고 한다. 사용하고 싶다면 자기책임 하에 도전해보자.

▲ 메모리 카드 1019. 카드 색깔은 백색이다.

▼ 일본과 완전히 컬러·디자인이 동일한 서양판 게임큐브. 일본에서는 컬러 명칭이 '바이올렛'이지만, 서양에서는 'Indigo'라 호칭했다.

본체 컬러 바리에이션 일람

일본을 비롯해 세계 주요 지역에서 발매된 컬러 바리에이션을, 알려진 범위 내에서 일람표로 정리해 보았다. 참고로, 「METROID PRIME BONUS BUNDLE」처럼 본체 색상이 일반판과 동일한 소프트 번들 팩은 포함하지 않았다.

컬러 명칭	일본	북미	유럽	기타 지역
바이올렛 (Indigo)	●	●	●	●
블랙 (Jet Black)	●	●	●	한국
오렌지 (Orange)	●			한국
실버 (Platinum)	●	●	●	한국
스타라이트 골드	●			
크리스탈 화이트 (Pearl White)	●		●	
심포닉 그린 (Symphonic Green)	●		프랑스	
RESIDENT EVIL 4 LIMITED EDITION PAK			●	
한신 타이거즈 컬러	●			
샤아 전용 컬러	●			
DVD/게임 플레이어 "Q"	●			

RESIDENT EVIL 4 LIMITED EDITION PAK

유럽에서 발매된 한정 패키지. 본체 색상은 실버이지만, 페이스플레이트와 컨트롤러에 게임 로고를 인쇄했다.

TALES OF SYMPHONIA PAK

프랑스에서 발매된 「테일즈 오브 심포니아」와의 합본 세트. 일본판과 달리, 게임보이 플레이어가 없다.

HARDWARE
2001'S SOFT
2002'S SOFT
2003'S SOFT
2004'S SOFT
2005'S SOFT
2006'S SOFT
OVERSEA SOFT
SOFT INDEX

서양판 소프트의 외장 패키지

서양판 게임큐브는, 본체 외장 패키지의 경우 디자인에 소소한 차이는 있으나 기본적으로 일본과 동일 규격의 박스를 사용했다. 반면 소프트 패키지 쪽은 차이가 매우 커서, 일본의 자그마한 전용 케이스와는 달리 일반적인 DVD 톨 케이스 사이즈라 큼직하다. 물론 동일한 것은 사이즈뿐으로, 케이스 내부 구조는 닌텐도의 오리지널 디자인이며 메모리 카드 수납용 공간이 있는 것도 일본과 같다.

참고로 북미와 유럽은 모두 동일한 DVD 톨 케이스 사이즈이지

▲ 서양판 「바이오하자드」 PAL 버전의 외장 패키지. 잘 보면 내부 상단에 게임큐브 로고가 각인되어 있다.

만, 플라스틱 부품부의 형상이 다르다. 생산 공장의 차이 때문인 듯하지

만, 어째서 두 종류가 존재하는지는 불명이다.

지역코드 토막상식1 메모리 카드에도 지역코드가 있나?

앞서 쓴 대로 주변기기에는 지역코드가 따로 없으나, 메모리 카드만은 사용 시 다소 주의할 필요가 있다. 구조적으로는 어떤 지역이든 공통이지만, 지역별로 포맷 시의 파일 시스템에 약간 차이가 있는 듯해, 일본 소프트의 세이브 데이터가 저장된 메모리 카드를 북미판 게임큐브에서 읽어 들이면 인

식되지 않는 사태가 발생한다. 다른 지역판의 카드를 끼우면 '슬롯 ○의 메모리 카드를 초기화해야 합니다.'라는 메시지가 나오는데, 지워도 문제없는 데이터라면 초기화하도록 하자. 이후부터는 별 문제 없이 사용 가능하다.

지역코드 토막상식2 Wii에서 소프트가 돌아가지 않아!

게임큐브는 본 컬럼 초두에 설명한 대로, 3가지 지역코드로 지역을 구분한다. NTSC(일본) 코드는 사실 아시아 전역을 한 그룹으로 묶은 것으로서, 한국·중국·홍콩·대만도 모두 같은 코드이기에 해당 국가의 게임큐브에서 일본판 소프트가 그대로 동작했다. 하지만 이는 어디까지나 게임큐브 한정이며, Wii는 정작 내부적으로는 하위 호환성이 있는데도 현지 발매 기기에

서 일본의 게임큐브·Wii용 게임이 돌아가지 않게 되어버렸다.

이유는, 게임큐브에서 Wii로 넘어가며 지역 구분법이 달라졌기 때문이다. Wii는 뉴스 채널·날씨 채널 등 지역성이 강한 내장 컨텐츠가 있는 탓에, Wii의 내부 지역코드도 170개 국이상을 각각 개별로 설정한 것이다. 결과적으로, Wii는 게임큐브와 하위 호환성이 있음에도 (일본 외 국가에서 발매된 기기에서는) 일본판 게임큐브 소

프트가 구동되지 않게 되었다.

여담이지만, 게임큐브는 매체가 광디스크이므로 물리적인 지역 체크가 없으며 OS를 통해 소프트웨어적으로 체크한다. 그렇다보니 본체 기판의 간단한 개조로 지역코드 체크가 해제되므로, 이를 이용해 타국의 소프트를 즐기는 유저도 있다고 한다.

CHAPTER 2

닌텐도 게임큐브
일본 소프트 올 카탈로그

GAMECUBE JAPANESE SOFTWARE ALL CATALOGUE

NINTENDO
GAMECUBE

NINTENDO GAMECUBE PERFECT CATALOGUE 퍼펙트 카탈로그

해설 | 일본에서의 게임큐브 소프트웨어 전략
COMMENTARY OF NINTENDO GAMECUBE #2

게임큐브로 아케이드 게임도 이식해 발매했던 세가

일본에서의 게임큐브 소프트 라인업은 닌텐도 64 때에 비해 개발사 및 장르 면에서 대폭적으로 넓어졌다. 닌텐도 및 하드웨어 개발 단계부터 관여해왔던 일부 개발사들 쪽으로 심하게 편중돼 있었던 닌텐도 64와는 달리, 세가·캡콤 등 아케이드 중심의 개발사들이 참여한 점이 가장 큰 변화라 할 수 있다.

특히 세가는 게임큐브 이전까지는 자사 게임기로만 소프트를 공급해왔으나, 2001년 드림캐스트 판매 종료 및 게임기 사업 철수를 발표한 후부터는, SCE(현 SIE)와 마이크로소프트 등 타사의 게임기에 소프트를 공급하는 소프트 개발사로 완전히 방향을 전환했다. 당연히 닌텐도 진영에도 소프트 발매사로 참가해, 「슈퍼 몽키 볼」·「크레이지 택시」·「소닉 어드벤처 2 배틀」·「판타지 스타 온라인」 등, 무려 25개 타이틀을 게임큐브로 출시했다. 이는 게임큐브의 일본 내 전 소프트 라인업 중 거의 10% 가까이에 달하는 양이다.

이들 중엔 플레이스테이션 2와 Xbox로도 나온 멀티플랫폼 타이틀도 다수 포함되어 있기는 하나, 당시 세가 아케이드용 타이틀의 이식작 역시 제법 많다는 점에도 주목해야 한다. 세가가 드림캐스트를 개발할 당시에 두었던 주안점은 '소프트 개발이 쉽고 실효성능이 높은 하드웨어'였다. 이를 증명하려는 듯 세가는 드림캐스트 및 NAOMI(드림캐스트 호환 아케이드 기판)로 수많은 소프트를 발매했었는데, 이 설계사상이야말로 게임큐브와 제대로 통하는 바가 있었다. 실제 사례로서, 원래 드림캐스트용으로 개발되었던 「판타지 스타 온라인」을 게임큐브로 이식할 당시, 개발 시작 후 불과 1개월 만에 E3 쇼 출전용 버전을 발표한다는 강행군을 너끈히 완수해내기도 했다.

더욱이, 세가는 닌텐도·남코와 게임큐브 호환 아케이드 기판 '트라이포스'를 공동 개발하기도 했다. 타이틀 수가 그리 많진 않긴 하나, 트라이포스 기반으로 출시된 아케이드용 게임은 당연히 게임큐브로도 이식되었으니, 세가가 게임큐브를 얼마나 애용했는지가 엿보인다.

「바이오하자드」의 게임큐브 독점 발매를 결단했던 캡콤

게임큐브용 소프트를 논할 때 또 하나 빼놓을 수 없는 대형 개발사가, 바로 캡콤이다.

캡콤은 사실 닌텐도와는 패미컴 시대부터 관계가 깊었던 개발사로서, 90년대 중순의 플레이스테이션·세가새턴 시대 정도를 제외하면 언제나 닌텐도 진영의 강력한 주요 소프트 개발사 중 하나였다. 그런 캡콤이 2002년, 최신작 「바이오하자드 4」를 포함해 「바이오하자드」 시리즈 5개 타이틀을 게임큐브로 독점 발매한다고 전격 발표한 사건은 당시의 게임업계 전체에 큰 충격을 주었다. 5개 작품 중 하나인 「바이오하자드 0」의 경우 원래 닌텐도 64용으로 개발 중이었던 타이틀이긴 했으나, 자사의 간판급 초대형 시리즈를 단 한 플랫폼으로만 전개한다는 결단에는 상당한 각오가 필요했으리라 짐작된다. 다만 게임큐브 진영의 부진과 「바이오하자드 0」의 예상외의 판매량 저조 탓에, 「바이오하자드 4」는 후일 플레이스테이션 2로도 발매하는 멀티플랫폼으로 방침을 변경했다. 하지만 게임큐브판 한정으로 '컬렉터즈 박스'를 내놓기도 하는 등, 게임큐브 유저에게만큼은 매우 깊은 인상을 남긴 타이틀임도 사실이다.

또한 캡콤은 게임큐브에서만큼은 이전까지의 자사 게임 스타일을 과감히 탈피해, 스타일리시 액션 게임 「P.N.03」, 3등신 히어로로 주인공이 인상적이었던 「뷰티풀 죠」, 성인 유저만을 타깃으로 삼아 과감한 표현에 도전한 다중인격 어드벤처 게임 「킬러 7」 등, 그야말로 다양성이 풍부한 오리지널 독점 신작들을 꾸준히 내놓기도 했다. 물론 「CAPCOM VS. SNK 2 EO」·「록맨 EXE : 트랜스미션」 등의 전통적인 인기 시리즈 타이틀 역시 빠짐없이 발매하여, 다양한 연령층부터 팬층에까지 빈틈없이 자사 게임을 제공하는 전폭적인 서비스 정신을 발휘했다.

▲ 개발 당시 게임큐브 독점작임을 대대적으로 발표했던 「바이오하자드 4」.

디스크 매체 채택으로 가능해진 다양한 홍보전략

일본에서의 당시 게임큐브 홍보전략을 살펴보면, 닌텐도가 특별히 공을 들였던 것이 체험판과 비매품 디스크의 대대적인 배포였다. 이런 전략은 사실 패미컴 디스크 시스템과 새틀라뷰 등 과거의 닌텐도 게임기에서도 이미 실험했던 전례가 있었으나, ROM 카트리지 시절과 달리 게임큐브는 광디스크 매체라 비교적 저비용으로 배포용 디스크 제작이 가능했으므로, 적극적으로 이 전략을 펼쳤다.

특히 인상적인 것이, 당시 완구점·양판점에 전용 시유대(34p)를 설치해

방문객이 데모나 체험판을 즐겨볼 수 있도록 했던 「월간 닌텐도 점두 데모」와, 고객이 소프트 및 게임큐브 본체를 구입할 때 끼워주었던 「소프트 e 카탈로그」였다. 맛보기 정도이긴 해도 신작 타이틀을 무료로 즐겨볼 수 있어, 유저에게도 만족도가 컸던 서비스였다.

또 하나의 실례가, 온전한 게임 소프트 하나를 특전으로 과감히 제공한 「젤다의 전설 시간의 오카리나 GC」다. 「젤다의 전설 바람의 지휘봉」의 예약특전 제공용으로 「젤다의 전설 시간

의 오카리나」를 게임큐브로 이식하면서, 당시 64DD용으로 개발했다가 발매를 취소해 빛을 보지 못했던 어나더 버전 'MASTER QUEST'도 다시 꺼내 통합한 소프트였는데, 특전이 공개되자 예약이 쇄도하는 등 큰 화제가 되어, 타사에서도 이 수법을 속속 모방했다. 「바텐 카이토스 : 끝없는 날개와 잃어버린 바다」의 예약특전인 패미컴판 「드루아가의 탑」, 「메탈기어 솔리드 : 더 트윈 스네이크스」 프리미엄 패키지의 동봉특전인 패미컴판 「메탈기어」 등, 여러 사례가 있다.

▲ 매장 시유대용 데모 디스크인 「월간 닌텐도 점두 데모」.

▲ 일본에서 당시 게임큐브용 소프트 및 본체 판매 시 끼워주었던 체험판 디스크인 「소프트 e 카탈로그」.

▲ 「젤다의 전설 바람의 지휘봉」의 예약특전인 「시간의 오카리나 GC」.

▲ 「바텐 카이토스 : 끝없는 날개와 잃어버린 바다」의 예약특전인, 패미컴판 「드루아가의 탑」의 게임큐브 이식작.

이 책에 게재된 카탈로그의 범례

① 게임 타이틀명

② 기본 스펙 표기란

게임 장르, 플레이 명수, 필요한 메모리 카드 블록 수, 발매 회사, 발매일, 가격. 지원 주변기기 등의 특이사항도 여기에 표기했다.

③ 디스크, 패키지 앞뒤 표지

④ 게임 화면

⑤ 내용 설명

⑥ 지원 주변기기 아이콘

해당 게임을 지원하는 주변기기를 아이콘으로 표시했다.

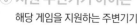
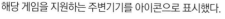

▲ 마리오·와리오 등의 시리즈 인기 캐릭터를 초차대로 마리오 게임답게 대담하게 장치가 가득한 코스에서 골프를 즐길 수 있다.

'마리오' 시리즈 캐릭터로 즐기는 골프 게임이다. 플레이 모드가 다양하며, 초보자는 A 버튼 2번으로 샷이 나가는 '간단 샷', 상급자는 A·B

버튼을 3번 눌러 세심하게 샷을 치는 '테크니컬 샷'을 쓸 수 있다. 「마리오 골프 GBA 투어」와 연동시켜, 육성한 캐릭터를 전송할 수도 있다.

HARDWARE

2001'S SOFT

2002'S SOFT

2003'S SOFT

2004'S SOFT

2005'S SOFT

2006'S SOFT

OVERSEA SOFT

SOFT INDEX

2001

게임큐브가 출시된 첫 해에 발매된 게임 타이틀은 10종이다. 그중 기기와 동시 발매된 작품은 「웨이브 레이스 : 블루 스톰」·「슈퍼 몽키 볼」·「루이지 맨션」으로서, 닌텐도 게임기로는 드물

게 런칭 타이틀에 '마리오'가 전혀 나오지 않는다. 패미컴 외에는 이런 예가 없는 만큼, 매우 이례적이라 하겠다.

또한 게임보이 어드밴스와 마찬가지로 런칭 타이틀에 세가 작품이 있어,

게임기 사업 철수 후 소프트 개발사로 방향을 대폭 전환한 세가의 의욕이 느껴진다. 세가는 특히 트라이포스(27p) 개발에도 관여했기에, 게임큐브에 소프트를 적극적으로 꾸준히 발매했다.

웨이브 레이스 : 블루 스톰

레이싱 | 1~4인용 | 12블록 | 닌텐도 | 2001년 9월 14일 | 6,800엔

DOLBY SURROUND | 480p 프로그레시브 모드 지원

BOX ART & DISC

▲ 독자적인 조작 감각과, 물보라를 일으키며 물 위를 고속 주행하는 상쾌함이 특징. 라이벌을 제치고 1위를 노리자. 겨울 배경의 코스도 불만하다.

닌텐도 64판에 이은 시리즈 제 2탄이자, 게임큐브의 런칭 타이틀. 카 레이싱 게임과 달리 물의 저항, 커브를 틀 때의 속도조절 등에 먼저

적응해야 하나, 물보라와 함께 푸른 바다와 해변을 질주하는 느낌은 실로 상쾌하다. 육지를 잘 활용해 지름길을 뚫는 것이 승부의 핵심이다.

슈퍼 몽키 볼

볼 플레잉 게임 | 1~4인용 | 3블록~ | 세가 | 2001년 9월 14일 | 5,800엔

DOLBY SURROUND | 480p 프로그레시브 모드 지원

BOX ART & DISC

▲ 독특한 조작법이 특징인 레이싱 풍 작품이지만, 4명이 함께 플레이할 수 있는 미니게임도 제법 재미있어 파티 게임으로도 쓸만하다.

게임큐브의 런칭 타이틀 중 하나. 투명 볼에 들어간 원숭이에게 바나나를 마음껏 먹여주는 게 목적이지만, 플레이어는 컨트롤러로 원숭이

를 직접 조작하는 것이 아니라, 필드 전체를 기울여 원숭이가 든 볼을 굴려 골인시켜야 한다. '몽키 레이스' 등의 미니게임도 수록했다.

액션 | 게임 장르 | 1~2인용 | 플레이 명수 | 1블록 | 필요 메모리 카드 용량 | DOLBY SURROUND / DOLBY PRO LOGIC II 돌비 서라운드 / 돌비 프로로직 II 지원 | 480p 프로그레시브 모드지원 | 프로그레시브 모드 지원

루이지 맨션

| 액션 어드벤처 | 1인용 | 3블록 | 닌텐도 2001년 9월 14일 6,800엔 |

◀ 지상 3층, 지하 1층짜리 폐쇄공간을 무대로 펼쳐지는 호러 풍 코믹 액션 게임.

BOX ART & DISC

게임큐브의 런칭 타이틀이자, 「마리오」 시리즈 최초로 루이지가 주인공인 작품. 소심하고 겁이 많은 루이지가, 신비한 청소기 '유령싹싹'과 '게임보이 호러', 그리고 손전등을 들고 유령들과 싸우는 시끌벅적 호러 액션 & 어드벤처 게임이다. 열쇠를 찾아내 저택의 탐색범위를 넓히고, 방의 유령 전부를 청소기로 빨아들여 조명을 켜면서 진행하자. 저택에 숨겨진 돈과 귀금속도 청소기로 획득 가능하다. 손전등으로 유령을 비춰 놀라게 한 후 청소기로 빨아들이는 것이 기본적인 액션이지만, 불·물·얼음 에너지를 지닌 유령을 빨아들이면 해당 속성의 바람도 쏠 수 있다. 속성 바람의 발사는 전투뿐만 아니라 탐색 시에도 유용하게 쓰인다. '게임보이 호러'는 게임보이 컬러처럼 생긴 단말기로, 유령 탐색과 맵·흡입물의 확인, 박사와의 연락에 쓰인다. 청소기와 게임보이 호러의 능숙한 활용이 공략의 키포인트. 이 작품은 개발 당초엔 마리오가 주인공이었고 저택을 일본 풍으로 만드는 등의 아이디어도 있었으나, '저택'이란 폐쇄공간이 무대라는 요소는 처음부터 확정했었다고 한다. 기존 마리오 시리즈와는 다른 재미를 맛볼 수 있는 이색작이자, 게임큐브이기에 가능한 그래픽 표현을 동시에 즐기는 작품이다.

▲ 게임보이 호러로 박사의 연락이 오면, 컨트롤러도 진동이 울려 플레이어에게 알려준다.

▲ 유령을 빨아들이는 액션은 닌텐도 64로는 불가능했고, 게임큐브이기에 가능한 표현이라고 한다.

▲ 저택에 숨겨진 돈이나 귀금속을 청소기로 흡입해 모아두면, 최종 금액에 따라 엔딩이 바뀐다.

FIFA 2002 : 로드 투 FIFA 월드컵

| 스포츠(축구) | 1~4인용 | 29블록 | 일렉트로닉 아츠 스퀘어 2001년 11월 15일 6,800엔 |

BOX ART & DISC

▲ 한국·일본이 공동 개최한 2002년 월드컵이 소재인 게임. 일본판 커버를 장식한 나카타 히데토시는 오프닝 무비와 작품 내에도 등장한다.

FIFA의 라이선스 하에 제작된 축구 게임. 세계 120개국 이상의 대표팀을 조작해 FIFA 월드컵 예선·본선 경기를 즐길 수 있다. 월드컵 외에도 이탈리아·스페인 등의 유럽을 중심으로 브라질·한국도 포함한 15개국의 리그도 수록했다. 같은 시기에 PC판·PS2판도 발매되었다.

HARDWARE
2001's SOFT
2002's SOFT
2003's SOFT
2004's SOFT
2005's SOFT
2006's SOFT
OVERSEA SOFT
SOFT INDEX

피크민

DOLBY SURROUND | 480p 프로그레시브 모드 지원

| AI 액션 | 1인용 | 19블록 | 닌텐도 | 2001년 10월 26일 | 6,800엔 |

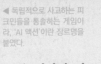

© 2001 Nintendo

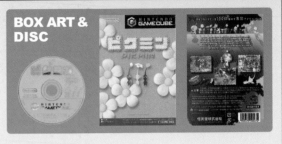

BOX ART & DISC

▶ 독립적으로 사고하는 피크민들을 통솔하는 게임이라, 'AI 액션'이란 장르명을 붙였다.

홀로 우주를 여행하다 미지의 행성에 불시착해버린 주인공 '올리마'가, 현지에서 발견한 협력자 '피크민'들을 지휘해 우주선 부품들을 모으는 액션 게임. 생명유지장치의 배터리가 바닥나는 30일 내로 행성을 탈출하는 게 목적이며, 부품 회수 상황에 따라 여러 엔딩으로 분기된다. 플레이어는 올리마 하나만 조작할 수 있고, 근처의 피크민을 하나씩 던지거나 대열을 조작하는 식으로 지시하며 진행한다. 시리즈 첫 작품이며, 피크민은 3종류가 등장한다. 각각 불에 강하고 공격력이 높은 '빨강피크민', 물에 빠져도 죽지 않는 '파랑피크민', 높이 던질 수 있으며 폭탄바위를 다룰 수 있는 '노랑피크민'으로서, 각 상황에 맞춰 일을 시킬 피크민을 잘 골라야 한다. 거대 생물에 먹혀버리거나 익사하는 등의 위험에도 불구하고 열심히 올리마 뒤를 따라다니는 피크민들의 활기 넘치는 모습, 신선한 디자인이면서도 완성도가 높은 AI 액션, 잘 연구하면 피크민 사망 수나 클리어 일수를 단축 가능한 높은 자유도로 호평을 받아 시리즈화에 성공했다. 특히 일본에서는 피크민의 귀여움을 잘 묘사한 오리지널 CM 송 '사랑의 노래'의 싱글 CD 매출이 오히려 본 게임을 넘었을 만큼, 캐릭터도 많은 사랑을 받았다.

▲ 특정 조건을 만족시켜 피크민 머리의 잎사귀를 봉오리 → 꽃 순서로 성장시키면 이동속도가 빨라진다.

▲ 피크민은 '오니용'에 양분을 넣는 등의 방법으로 늘릴 수 있다. 부릴 수 있는 피크민은 최대 100마리다.

▲ 그날 한 행동은 일기에 반영된다. 의미 없이 하루를 보내면 올리마가 불안해하는 묘사가 잦아지게 된다.

유니버설 스튜디오 재팬 어드벤처

DOLBY SURROUND | 480p 프로그레시브 모드 지원

| 어드벤처 | 1~2인용 | 1블록 | 켐코 | 2001년 12월 7일 | 6,800엔 |

BOX ART & DISC

▲ 개장 당시 존재했던 시설은 물론 관람객들까지 묘사했으며, 대기 줄이 너무 길면 어트랙션 입장이 안 되는 등 현장 분위기를 잘 재현했다.

일본 오사카에 실존하는 '유니버설 스튜디오 재팬'을 가상 체험해보는 어드벤처 게임. 개장 당시 존재했던 어트랙션들을 미니게임 형태로 즐길 수 있다. 시설 내에서 스탬프 랠리에 참여해, 각 시설을 돌며 스탬프 카드도 채워보자. 각 어트랙션은 영화 내용을 소재로 삼았다.

대난투 스매시브라더스 DX

 480p 프로그레시브 모드 지원

액션 | 1~4인용 | 11블록~ | 닌텐도 | 2001년 11월 21일 | 6,800엔

© 2001 Nintendo.
Characters © Nintendo / HAL Laboratory, Inc.
Creatures Inc. / GAME FREAK inc. / APE inc.

◀ 처음부터 킬러 타이틀화를 노리고 개발하여, 게임큐브 소프트 최다 판매량을 멋지게 달성한 작품.

BOX ART & DISC

닌텐도 64로 발매했던 「닌텐도 올스타! 대난투 스매시브라더스」의 속편. 전작에 나왔던 캐릭터들이 전부 재참전했으며, 피치 공주와 쿠파 등의 부주인공급 캐릭터들도 추가되어 총 25+1명이나 등장한다. '닥터 마리오'와 '마리오'처럼 모션이 공통인 캐릭터도 일부 있으나, 게임의 볼륨 자체는 대폭 증가했다. 조건 충족 시 입수하는 '피규어'가 수집요소로 추가되어, 혼자 즐기기에도 충분할 만큼의 목표와 달성감을 제공한다. 전작보다 화면 해상도가 향상된 탓에 '인형'이 아니라 상상 속에서의 '피규어'간 배틀이라는 설정을 새로 넣었으며, 이후 시리즈도 이 설정으로 통일된다. 한편, 실드에 강약 구분이 있거나 투사체의 반사가 가능한 등, 신규 추가된 액션들 중 이 작품에만 존재하는 게 여럿 있어, 이것도 작품의 큰 특징 중 하나가 되었다. 참고로 이 작품은 처음부터 게임큐브의 판매량을 증진시키기 위한 킬러 타이틀로서 개발되었기에, 개발 도중부터 발매 직후에 걸쳐 기획자인 사쿠라이 마사히로가 직접 공식 사이트에서 블로그 '스마브라 권!!'을 연재해, 캐릭터 정보와 게임 내의 구성요소, 기획 시에 중점을 둔 것, 이벤트 정보 등을 공개하며 적극적으로 선전했다.

24% 0% 28% 102%

▲ 등장 캐릭터 중에는 발매 전에 행한 설문조사에서 많은 지지를 받은 캐릭터도 채용되어 있다.

0% 0% 0% 72%

▲ 대난투 물로 코인을 최대로 모으는 '코인전'과, 스페셜 보너스 득점을 경쟁하는 '평가전'이 추가되었다.

28% 3% 59%

▲ 대전과 수집 등의 메인 게임 외에, 게임 화면을 촬영하며 즐기는 '카메라 모드' 기능도 있다.

동물의 숲+

480p 프로그레시브 모드 지원

커뮤니케이션 게임 | 1인용 | 59블록 | 닌텐도 | 2001년 12월 14일 | 6,800엔 | ※ 메모리 카드 59(보너스 데이터 포함) 동봉 | GBA케이블지원

© 2001 Nintendo

12·28 Sat

▲ 입수한 아이템을 새로운 시설 '박물관'에 기부할 수 있게 되었다. 박물관 내부를 플레이어가 직접 호화롭게 채울 수 있다.

BOX ART & DISC

닌텐도 64용 게임 「동물의 숲」에 새로운 요소를 추가한 타이틀. 오리지널 복장 디자인 기능, 자택 증·개축 기능, 신규 가구를 추가했으며, 게임보이 어드밴스와의 연결도 지원한다. 연결하면 바다 저편의 섬에서 새로운 동물과 만나거나, 한정 아이템을 입수하기도 한다.

HARDWARE | 2001's SOFT | 2002's SOFT | 2003's SOFT | 2004's SOFT | 2005's SOFT | 2006's SOFT | OVERSEA SOFT | SOFT INDEX

HARDWARE

2001's SOFT

2002's SOFT

2003's SOFT

2004's SOFT

2005's SOFT

2006's SOFT

OVERSEA SOFT

SOFT INDEX

소닉 어드벤처 2 배틀

하이스피드 3D 액션　1~2인용　11블록　세가　2001년 12월 20일　6,800엔

GBA케이블지원

◀ 6종류의 배틀과, 차오끼리 대전하는 격투 게임 '차오 가라테' 등, 대전 요소가 충실하다.

BOX ART & DISC

시리즈 10주년을 기념해 드림캐스트로 발매했던 하이스피드 3D 액션 게임 「소닉 어드벤처 2」에 대전 모드 등의 신규 요소를 추가한 이식작. 정의의 영웅에서 GUN의 도망자 신세로 전락해버린 소닉이, 정체불명의 검은 고슴도치 '섀도우'와 Dr.에그맨을 쫓는다는 스토리. 이 작품에선 히어로 사이드인 소닉과 동료 테일즈·너클즈뿐만 아니

라, 섀도우와 Dr.에그맨, 트레저 헌터 '루쥬' 등의 다크 사이드 캐릭터들도 조작 가능하다. 두 세력이 펼치는 또 다른 이야기와 스테이지를 즐길 수 있는 것이 특징. 액션 스테이지는 '액션 레이스'·'슈팅'·'트레저 헌트' 3종류이며, 스테이지의 주인공이 누구냐에 따라 바뀐다. 전작 「소닉 어드벤처」에서 이어진 차오 육성 모드는 어느 세력의 캐릭터로 돌보거나 괴롭혔는지에 따

라 속성이 바뀌는 요소가 추가되었다. 게임큐브판은 여기에 추가로 차오의 능력치를 수치로 보여주고, GBA판 「소닉 어드밴스」 시리즈의 '차오의 프티 가든'과 연동하는 기능 등도 추가했다. 이를 이용해, 차오를 게임보이 어드밴스로 전송시켜 육성할 수도 있게 되었다.

▲ 빛과 어둠의 양 측면으로 진행하는 스토리 모드, 캐릭터 12명이 등장하는 신규 요소 '배틀' 등, 컨텐츠가 충실하다.

▲ 드림캐스트로 발매되던 당시에도 인기가 많았던 여러 보컬 곡은 이번 작품에도 사용되었다.

▲ 이식 과정에서 차오 육성 모드에 '차오 가라테'·'프티 가든'·'어둠의 거래소'·'점술관'·'능력치 표시'가 추가되었다.

SSX 트리키

스노보드 액션　1~2인용　5블록　일렉트로닉 아츠 스퀘어　2001년 12월 27일　5,800엔

480p

▲ 캐릭터별로 전용 보이스·대사를 수록했다. 코스에서 화려한 트릭에 성공하면 활기찬 목소리를 들려준다.

BOX ART & DISC

강렬한 스피드와 화려한 연출이 특징인 스노보드 게임. 캐릭터 12명 중 하나를 골라, 트릭을 펼쳐 1위를 노리자. 세계 각국의 10종류 코스

를 준비했다. 주파 도중 트릭을 성공시키면 게이지가 충전되어 부스트를 쓸 수 있게 된다. 게이지는 경쟁상대를 때려눕혀 모을 수도 있다.

액션　게임 장르　1~2인용　플레이 명수　1블록　필요 메모리 카드 용량　DOLBY SURROUND / DOLBY PRO LOGIC II　돌비 서라운드 / 돌비 프로로직 II 지원　480p 프로그레시브 모드 지원　프로그레시브 모드 지원

2002

NINTENDO
GAMECUBE
SOFTWARE
ALL CATALOGUE

HARDWARE
2001'S SOFT
2002'S SOFT
2003'S SOFT
2004'S SOFT
2005'S SOFT
2006'S SOFT
OVERSEA SOFT
SOFT INDEX

2002년에 발매된 게임큐브용 소프트는 총 68개 타이틀이다. 디스크 매체를 채택하고 멀티플랫폼 전개도 용이하도록 한 전략이 먹혀들어, 닌텐도 64 시절에는 잘 나오지 않았던 대형 퍼블리셔의 신작과 아케이드 게임 개발사들의 이식작이 다수 등장한 해였다. 특히 세가와 캡콤 두 회사의 분투가 눈부셨는데, 「크레이지 택시」·「CAPCOM VS. SNK 2 EO」 등의 아케이드판 이식작은 물론, 「판타지 스타 온라인 EPISODE Ⅰ&Ⅱ」·「바이오하자드 0」 등의 가정용 대작 타이틀도 존재감을 뽐냈다.

하이퍼 스포츠 2002 WINTER

| 스포츠 | 1~2인용 | 3블록 | 코나미 | 2002년 1월 31일 | 6,800엔 |

▲ 세계 각국의 캐릭터 8명을 자유롭게 선택 가능하다. 각 캐릭터별로 스피드·파워 등의 5가지 능력치를 차별화해 개성을 부여했다.

같은 해 개최했던 솔트레이크시티 동계올림픽이 모티브인 스포츠 게임. 스키점프·모굴·스피드 스케이트 등의 인기 스포츠 10종류를 플레이할 수 있다. 전 세계 동시 발매작이며, 세운 기록을 인터넷 랭킹 사이트에 입력해 전 세계의 플레이어들과 기록을 경쟁할 수도 있었다.

버추어 스트라이커 3 ver.2002

| 스포츠 | 1~2인용 | 2블록~ | 세가 | 2002년 2월 14일 | 6,800엔 |

▲ 조작이 간단하면서도 직감적인 작품. 시합 템포가 경쾌해, 속도감 있는 전개가 일품이다. TV광고의 CM 송은 미즈키 이치로가 불렀다.

3D CG로 제작한 본격 축구 게임. 아케이드판의 이식작이지만, 시스템에 육성 시뮬레이션 요소를 의욕적으로 융합시켰다. 플레이어는 감독이 되어, 세계 정상을 목표로 일간 트레이닝 스케줄을 짜야 한다. 선수마다 체력을 설정했으며, 조작 중인 선수 이름도 나오도록 했다.

동물 대장

액션 | 1인용 | 13블록 | 닌텐도 | 2002년 2월 21일 | 6,800엔

BOX ART & DISC

▲ 정육면체 모습의 동물들이 화면을 누비는 이색 게임. 풀숲과 담, 해와 달, 심지어 수면의 물결조차도 몽땅 사각형으로 묘사했다.

등장하는 거의 모든 동물들이 정육면체 모양인 액션 게임. 플레이어가 '동물'로 태어나, 다른 종족을 포식하거나 교미하며 야생의 삶을 살아 간다는 스토리다. 등장하는 동물은 총 150종류. 동물의 색상을 조합시키는 퍼즐 요소도 있다. 불필요한 색은 똥으로 배출도 가능하다.

거인 도신

남국 액션 | 1인용 | 40블록~ | 닌텐도 | 2002년 3월 14일 | 6,800엔 | ※ 메모리 카드 59 동봉

BOX ART & DISC

▲ 디렉터는 아트딩크 사의 이이다 카즈토시. 「아쿠아노트의 휴일」과 「태양의 꼬리」에 이은 이이다 카즈토시 3연작의 최종 작품에 해당한다.

발드 섬에 나타난 거인이 되어, 섬 주민들에 영향을 주는 게임. 닌텐도 64의 64DD판을 이식한 작품으로, 전체 맵을 약간 축소하는 등 소소한 변경점이 있다. 아침부터 해질 때까지 마음대로 지내는 게임이라 목적이 따로 없지만, 마을을 성장시켜 기념물이 모두 완성되면 엔딩이 나온다.

실황 월드 사커 2002

스포츠 | 1~4인용 | 4-44블록 | 코나미 | 2002년 3월 14일 | 6,800엔

BOX ART & DISC

▲ 플랫폼을 게임큐브로 옮긴 덕에 연출이 대폭 향상됐다. 잔디 질감과 야간경기의 조명, 관객석의 종이꽃가루 등도 구현했다.

이 해에 개최했던 한국·일본 월드컵에 맞춰 발매한 타이틀. 일본축구협회와 국제축구선수협회의 공인을 받아, 실존 선수들이 실명으로 등장한다. 원하는 팀을 골라 대전하는 'Friendly Match'와 최대 4명까지 대전하는 'Custom League' 등, 7종류의 게임 모드를 준비했다.

액션 | 게임 장르 | 1~2인용 | 플레이 명수 | 1블록 | 필요 메모리 카드 용량 | 돌비 서라운드 / 돌비 프로로직 II 지원 | 480p 프로그레시브 모드 지원

익스트림 G3

레이싱　　1~4인용　　6블록~　　어클레임 재팬　　2002년 3월 15일　　5,800엔

BOX ART & DISC

▲ 리그전에서 상위로 골인하면 상금을 받으니, 머신을 강화시켜 다음 레이스에 대비하자. 참가비를 지불해 상위 리그로 승급할 수도 있다.

높은 상공에 위치한 거대 인공 서킷이 무대인 바이크 레이싱 게임. 6개 팀 소속의 개성적인 라이더 12명 중 하나를 골라, 세세 각국에 설치된 10종류의 서킷에서 라이벌들과 초고속 배틀을 펼친다. 등장하는 머신은 모두 방호용 실드를 장비한 완전 무장형 몬스터 바이크다.

GROOVE ADVENTURE RAVE : 파이팅 라이브

3D 대전 액션　　1~4인용　　14블록　　코나미　　2002년 3월 20일　　6,800엔

BOX ART & DISC

▲ 등장 캐릭터들이 다들 개성적이라, 원작을 아는 사람을 위한 파티 게임이란 느낌이 강하다. 호쾌한 연출과 박력 있는 필살기도 특징이다.

주간 '소년 매거진'에서 연재했던 만화 'RAVE'의 게임판. 원작의 인기 캐릭터들이 싸우는 3D 대전격투 게임이다. 게임 모드로는 'STORY MODE', 최대 4명이 난투하는 'VS MODE', 임의의 캐릭터로 싸우는 'FREE MODE', 보너스 요소인 'EX OPTION MODE'가 있다.

NBA 스트리트

액션 스포츠　　1~2인용　　10블록　　일렉트로닉 아츠 스퀘어　　2002년 3월 22일　　5,800엔

BOX ART & DISC

▲ 일반적인 농구 게임과 달리 드리블로 상대를 날려버리거나 블로킹·스틸을 중시하는 등, 스트리트 테크닉 위주로 제작한 게임이다.

길거리 농구가 모티브인 농구 게임. 등장 캐릭터들의 패션과 BGM은 당시 미국의 길거리 문화를 잘 반영하고 있다. 게임 도중에 실존 NBA 선수도 등장한다. 마이클 조던이 워싱턴 위저즈 시절의 유니폼을 입고 등장하기도 해, NBA 매니아에겐 귀중한 타이틀이다.

HARDWARE
2001's SOFT
2002's SOFT
2003's SOFT
2004's SOFT
2005's SOFT
2006's SOFT
OVERSEA SOFT
SOFT INDEX

051

 GBA케이블지원　 모뎀어댑터지원　 브로드밴드어댑터 지원　 SD카드 어댑터 지원　 타루콩가 지원　 게임큐브 마이크 지원　 매트 컨트롤러 지원　지원 주변기기

HARDWARE

2001's SOFT

2002's SOFT

2003's SOFT

2004's SOFT

2005's SOFT

2006's SOFT

OVERSEA SOFT

SOFT INDEX

스타워즈 : 로그 스쿼드론 II

| 슈팅 | 1인용 | 3블록 | 일렉트로닉 아츠 스퀘어 | 2002년 3월 22일 | 6,800엔 |

DOLBY PRO LOGIC II · 480p 프로그레시브 모드 지원

BOX ART & DISC

▲ BGM에 영화의 사운드트랙을 사용해, 존 윌리엄스가 작곡한 중후한 배경음악 덕에 영화의 등장인물이 된 듯한 느낌이 든다.

영화 '스타워즈'의 에피소드 IV부터 VI까지를 원작으로 삼아 제작한 3D 슈팅 게임. 루크 스카이워커가 되어 X-윙을 조종해, 타이 파이터 및 스타 디스트로이어와 싸운다. 등장하는 전투기·함선을 세밀한 부분까지 리얼하게 모델링해, 게임 내에서 압도적인 박력을 보여준다.

바이오하자드

| 서바이벌 호러 | 1인용 | 8블록 | 캡콤 | 2002년 3월 22일 | 6,800엔 | ※ 메모리 카드 59 동봉 |

DOLBY SURROUND · 480p 프로그레시브 모드 지원

BOX ART & DISC

서바이벌 호러의 원점으로 돌아간 리메이크 작품. 정靜과 동動 사이에서 스며나오는 불안과 공포가 플레이어를 압박한다.

표류 끝에 낡은 서양식 저택으로 숨어들어온 특수작전부대 'S.T.A.R.S.'의 대원을 조작해 무사히 생환하는 것이 목표인, 걸작 서바이벌 호러 게임의 리메이크판. 리메이크되면서 그래픽의 대폭 강화, 필드의 확대, '리사 트레버' 등의 신규 크리처, 신무기 등 수많은 추가·변경을 가하여, 원작의 분위기는 남아있으나 사실상 신작에 가까운 작품이 되었다.

배경 그래픽에 동영상을 사용해 초목이 일렁이거나 창문·바닥에 물체가 반사되는 모습 등을 공들여 표현했고, 그래픽에 일부러 노이즈를 걸어 '생동감'을 연출하는 등, 〈그곳을 걷는다〉는 공포.'라는 선전 문구대로의 느낌을 게임 내에서 훌륭하게 표현해냈다. 원작 게임의 각종 해법도 대폭 변경하고, 쓰러뜨린 좀비가 오히려 고속 이동하는 '크림즌 헤드'로 부활하는 등으로 공략 순서도 완전히 바꾸어버려, 원작 경험자라도 신선한 재미를 느끼도록 했다. 그 외에, 아이템 박스 공간이 모두 분리돼 있고 자동조준도 없애는 등 원작 개발 당시의 미채용 사양을 부활시킨 초기 기획안 풍의 모드 '리얼 서바이벌 모드', 적이 투명화되는 '인비저블 에너미 모드' 등의 파고들기 요소도 있어, 반복 플레이해도 재미있는 작품이다.

▲ 원작과는 달리 실제 배우를 기용해 모션 캡처했기 때문에, 이벤트 신도 새로 다시 제작되었다.

▲ 「바이오하자드」, 원작의 디렉터였던 미카미 신지가 개발에 참가해, '생동감'의 연출에 공을 들였다.

▲ 쓰러뜨린 좀비를 소각 처리하지 않으면 민첩한 '크림즌 헤드'로 부활해, 계속 쫓아오며 플레이어를 괴롭힌다.

| 액션 | 게임 장르 | 1-2인용 | 플레이 명수 | 1블록 | 필요 메모리 카드 용량 | DOLBY SURROUND / DOLBY PRO LOGIC II | 돌비 서라운드 / 돌비 프로로직 II 지원 | 480p 프로그레시브 모드지원 | 프로그레시브 모드 지원 |

배틀봉신

| 액션 | 1인용 | 6블록 | 코에이 | 2002년 3월 29일 | 6,800엔 |

GBA케이블지원

▲ 시스템이 「무쌍」 시리즈 기반이라, 적과 아군이 뒤섞이는 경쾌한 배틀이 재미있다. 보패를 이용한 선술 공격으로 적의 대군세를 섬멸하자.

중국 4대 기서 중 하나인 '봉신연의'가 모티브인 액션 게임. 플레이스테이션으로 발매된 게임 「봉신연의」의 속편에 해당한다. 전작에 이어 태공망 등의 주인공 4명이, 부활한 '주왕' 및 새로운 적 '구룡파 사천왕'과 싸우게 된다. 스토리는 두 가지 시점으로 펼쳐진다.

NBA 코트사이드 2002

| 스포츠 | 1~4인용 | 7블록 | 닌텐도 | 2002년 3월 29일 | 6,800엔 |

▲ 자연스러운 조작감을 추구하면서도, 더블 클러치·앨리웁 등 고도의 플레이도 간단히 펼칠 수 있다. 자신만의 오리지널 선수 제작도 가능하다.

NBA 공인 농구 게임. 등장 팀·선수는 전부 실명으로 등장한다. 2020년 2월 사고로 별세한 코비 브라이언트를 비롯해 당시 NBA를 대표하던 선수들의 협력을 받아, 각 선수의 독특한 몸동작을 리얼하게 재현했다. 게임 모드로는 시즌 플레이, 3-on-3 등 4종류를 수록했다.

블러디 로어 익스트림

| 3D 수인격투 | 1~2인용 | 3블록 | 허드슨 | 2002년 4월 25일 | 6,800엔 |

▲ '수화(獸化)'하면 공격력·방어력이 향상되고, 강력한 이빨 혹은 손톱 공격이 가능해진다. 피 대신 노란 불꽃이 튀는 것도 이 게임의 특징.

캐릭터가 인간에서 수인(獸人)으로 변신 가능한 대전격투 게임이자, 시리즈 최초의 가정용 오리지널 외전작. 등장인물들이 수인 왕국에서 개최한 수인 토너먼트에 참가한다는 스토리다. 가정용임을 감안했는지 시스템에 커맨드 잡기를 추가하는 등, 전작들보다 게임 전개가 화려해진 편이다.

HARDWARE
2001's SOFT
2002's SOFT
2003's SOFT
2004's SOFT
2005's SOFT
2006's SOFT
OVERSEA SOFT
SOFT INDEX

HARDWARE

2001'S SOFT

2002'S SOFT

2003'S SOFT

2004'S SOFT

2005'S SOFT

2006'S SOFT

OVERSEA SOFT

SOFT INDEX

룬

| 카드 액션 RPG | 1~2인용 | 2블록 | 프롬 소프트웨어 | 2002년 4월 25일 | 6,800엔 |

BOX ART & DISC

▲ 'RPG 사상 최약체 주인공'이란 선전문구대로, 주인공 혼자서는 전투조차 불가능하다. 다양한 카드의 입수가 공략의 키포인트다.

얼핏 전형적인 RPG같지만, 액션성이 강하고 전투가 카드 배틀식인 RPG. 오랑쥬 왕국의 공주 '카티아'가 되어 '검은 안개'의 수수께끼를 풀어나간다는 스토리다. 독특한 게임 시스템이 특징으로, 등장 카드 105종류를 전부 활용해야만 하는 등 매우 전략적으로 플레이해야 한다.

2002 FIFA 월드컵

| 스포츠 | 1~4인용 | 49블록 | 일렉트로닉 아츠 스퀘어 | 2002년 5월 2일 | 5,800엔 |

BOX ART & DISC

▲ 리얼한 선수 모션으로 호평을 받아온 시리즈의 신작으로, 이번엔 '월드컵의 흥분을 체험시킨다'라는 컨셉에 집중하여 제작했다.

2002년 개최된 FIFA 월드컵을 소재로 삼은 타이틀. 출전한 32개국 국가대표팀과 선수가 모두 실명으로 등장하며, 시합이 진행되는 경기장들도 실명이고, 실제 대회와 동일한 스케줄로 시합이 진행된다. 대회 공식 테마송도 수록해, 기념작으로서도 가치가 있는 작품이다.

크레이지 택시

| 드라이브 | 1인용 | 8블록 | 세가 | 2002년 5월 30일 | 4,800엔 |

BOX ART & DISC

▲ 아케이드 게임인 원작은 운전 게임으론 드물게 서서 즐기는 기체였다. 게임큐브판은 가정용이라 앉아서 즐길 수 있고, 오리지널 코스도 있나.

운전사도 크레이지, 승객도 크레이지! 제한시간 동안 손님을 잇달아 태워, 온갖 목적지로 데려다주자. 속도위반은 기본이고, 역주행·추돌·빅 점프 등 수단을 가리지 않고 도착만 하면 되는 크레이지한 드라이빙 액션 게임. 인기 밴드 'The Offspring'의 곡을 기용해 화제가 되기도 했다.

| 액션 | 게임 장르 | 1~2인용 | 플레이 명수 | 1블록 | 필요 메모리 카드 용량 | DOLBY SURROUND / DOLBY PRO LOGIC II | 돌비 서라운드 / 돌비 프로로직 II 지원 | 480p | 프로그레시브 모드 지원 |

봄버맨 제네레이션

| 액션 | 1~4인용 | 3블록 | 허드슨 | 2002년 6월 27일 | 6,800엔 |

▲ 스테이지를 클리어하면 강력한 폭탄을 만들 수 있거나, '캐리봄'이란 이름의 아군이 들어오는 등의 새로운 시도도 다수 넣었다.

패미컴을 비롯하여 수많은 플랫폼으로 발매되며 인기를 얻은 「봄버맨」을 풀 폴리곤화한 작품. 폭탄으로 적과 장애물을 파괴하는 기본 룰은 동일하며, 툰 셰이딩을 사용한 정감 있는 그래픽으로 분위기를 연출했다. 최대 4인 대전이 가능한 '배틀 게임 모드'에선 신규 룰도 추가했다.

CAPCOM VS. SNK 2 EO : 밀리어네어 파이팅 2001

| 격투 액션 | 1~2인용 | 2블록~ | 캡콤 | 2002년 7월 4일 | 4,800엔 | ※ 메모리 카드 59 동봉(캐릭터 컬러 데이터 수록) |

▲ 등장 캐릭터가 증가했고, 스테이지와 승리 데모 등도 파워 업했다. 팀 조합에 전략성을 가미해, 오래 즐길 수 있는 작품이 되었다.

당시 격투 게임업계의 양대 산맥이었던 캡콤과 SNK의 인기 캐릭터들이 모여 싸운다. 시리즈 제 2탄으로, 캐릭터는 44(+4)명. 커맨드 입력을 간략화하는 시스템 'EO'(이오)를 탑재해, 복잡한 커맨드 기술도 간단히 쓸 수 있다. 연습 모드·서바이벌 모드 등, 가정용다운 모드도 충실하다.

실황 파워풀 프로야구 9

| 스포츠 | 1~2인용 | 48블록 | 코나미 | 2002년 7월 18일 | 6,800엔 |

▲ 게임보이 어드밴스로 발매된 「파워프로 군 포켓 4」와의 패스워드 공유도 가능하다. 선수를 「파워프로 군 포켓 4」로도 육성할 수 있는 것이다.

인기 야구 게임의 제 9탄. 페넌트레이스를 10년까지 즐길 수 있으며, 석세스 모드에서 육성한 캐릭터가 드래프트에도 등장하도록 했다. 강화된 석세스 모드는 5개 고교 중 하나를 골라 즐긴다. 애인 후보는 어느 학교든 나오지만, 매니저가 되는 소녀는 학교별로 고정된다.

 GBA케이블지원 모뎀어댑터지원 브로드밴드어댑터 지원 SD카드 어댑터 지원 타루콩가 지원 게임큐브 마이크 지원 매트 컨트롤러 지원 지원 주변기기

HARDWARE
2001's SOFT
2002's SOFT
2003's SOFT
2004's SOFT
2005's SOFT
2006's SOFT
OVERSEA SOFT
SOFT INDEX

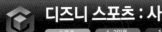

디즈니 스포츠 : 사커

`스포츠` `1~2인용` `15블록` 코나미 2002년 7월 18일 6,800엔

▲ 디즈니 세계관 기반이라 판타지 요소가 강한 게임이지만, 매직 기능을 OFF하여 평범한 축구 게임으로서 즐길 수도 있다.

미키 마우스와 도널드 덕 등이 등장하는 「디즈니 스포츠」 시리즈의 제 1탄. 개성만점의 10개 팀 중 하나를 골라 플레이한다. 특징은 '마

법'을 도입한 것으로서, 매직 아이템을 사용하는 슈퍼 플레이·슈퍼 슛 등, 다른 축구 게임과는 차별화된 화려한 시합을 즐길 수 있다.

비치 스파이커즈

`스포츠(비치발리볼)` `1~4인용` `3블록` 세가 2002년 7월 19일 6,800엔

▲ 2버튼＋레버라는 간단 조작계로 다양한 공격을 펼칠 수 있다. 능력치 배분 여하에 따라, 파트너와의 상성은 물론 액션도 바뀐다.

해변에서 즐기는 대표적인 스포츠, '비치발리볼'이 테마인 아케이드 게임의 이식작. 총 8개 팀 중 하나를 골라 진행하는 '아케이드 모드', 오

리지널 팀을 만들어 세계를 전전하는 '월드 투어' 등 4종류의 게임 모드를 수록했다. 파트너 AI를 육성해 시합을 유리하게 이끌어보자.

MUTSU와 노호혼

`커뮤니케이션어드벤처` `1인용` `30블록` 토미 2002년 7월 19일 6,800엔

 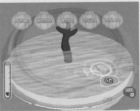 

▲ MUTSU에게 단어를 가르치자. 메모리 카드를 경유해 친구가 기른 MUTSU와도 대화할 수 있다. 점술·레이스 등의 미니게임도 있다.

토미 사의 인터랙티브 애완 완구 '워터 루퍼 MUTSU'와, 같은 회사의 전자 장난감 '노호혼 족'을 콜라보레이션한 타이틀. 신비한 생물

'MUTSU'와 커뮤니케이션하면서 12가지 신비한 세계를 모험해 보자. 아이템을 사용하면 MUTSU의 색 및 종류가 300가지로 변화한다.

`액션` 게임 장르 `1~2인용` 플레이 명수 `1블록` 필요 메모리 카드 용량 　DOLBY SURROUND　DOLBY PRO LOGIC II 돌비 서라운드 / 돌비 프로로직 II 지원 　**480p** 프로그레시브 모드 지원 프로그레시브 모드 지원

GAMECUBE SOFTWARE ALL CATALOGUE

슈퍼 마리오 선샤인

액션 | 1인용 | 7블록 | 닌텐도 | 2002년 7월 19일 | 6,800엔

◀ 마리오가 누명을 쓰고 재판에 회부되어 유죄가 선고되면서 시작하는, 이색적인 스토리다.

BOX ART & DISC

마리오가 피치 공주 일행과 함께 방문한 남국의 리조트 '돌픽 섬'이 무대인 오픈 월드 스타일의 3D 액션 게임. 「슈퍼 마리오 64」의 시스템을 답습하면서, '펌프 액션'을 새로 추가했다. 신비한 물감으로 그려진 낙서에 의해 섬의 수호신인 태양의 힘 '샤인'들이 몽땅 도망쳐버리는 피해가 발생한다. 게다가 마리오와 똑같이 생긴 녀석이 낙서범이

라는 목격자가 나와, 마리오는 섬을 완전히 복구해야만 떠날 수 있게 된다. 낙서를 펌프로 지우면서, 섬 이곳저곳에 흩어진 샤인 120개를 모두 모으고 진범을 찾아내자.

등에 멘 펌프로 물줄기를 쏘는 '펌프 액션'이 이 작품 최대의 특징. 물을 뿌려 낙서를 지우는 건 기본이고, 적을 공격하거나 '호버 노즐'로 비행하는 등의 액션도 가능하다. 요시 또한, 과일

을 먹고 다양한 주스를 발사하는 등의 남국 풍 신규 액션이 추가되었다. 돌픽 타운에서 시작해 거대 풍차가 늘어선 '비앙코 힐즈', 수많은 배가 정박해 있고 철골이 복잡하게 얽힌 '리코 하버', 유원지 '핀나 파크' 등 개성이 풍부한 스테이지들을 돌며 스테이지별 스토리를 공략해 보자.

▲ '가짜 마리오'가 온갖 곳에 낙서한 덕분에 주민들은 마리오를 의심 중이다. 꼭 찾아내 잡도록 하자.

▲ 등에 맨 펌프로 물을 쏘아 낙서를 지우거나 적을 쓰러뜨리며 섬 곳곳을 돌아다닌다.

▲ 가느다란 로프를 타고 건너는 등, 스테이지 곳곳에 액션과 장치가 풍부하다. 숨겨진 샤인과 코인을 모아보자.

신기세계 에볼루시아

RPG | 1인용 | 24블록~ | ESP | 2002년 7월 26일 | 6,800엔

BOX ART & DISC

▲ 1999년 드림캐스트로 발매했던 「신기세계 에볼루션」・「신기세계 에볼루션 2」 두 작품을 합본한 타이틀이다.

선사 초문명의 멸망 후 수만 년이 지난 세계가 무대인 RPG. 선사문명 유적에서 발굴된 행동지원 유닛 '사이프레임'을 조종하는 소년 모험가

'매그 런처'와, 신비한 힘을 지닌 소녀 '리니어'의 모험을 그린 이야기다. 입체적인 필드를 돌며 적을 물리치고 유적을 구석구석까지 탐험하자.

HARDWARE
2001'S SOFT
2002'S SOFT
2003'S SOFT
2004'S SOFT
2005'S SOFT
2006'S SOFT
OVERSEA SOFT
SOFT INDEX

디즈니의 매지컬 파크

파티게임　1~4인용　1블록　허드슨　2002년 8월 1일　6,800엔

BOX ART & DISC

▲ 친숙한 디즈니 캐릭터들은 물론, 오리지널 캐릭터 '빌리 스쿠프'도 나온다. 미니게임은 해적선을 포격하는 'Beat the Pirates!' 등이 있다.

스크루지 영감이 만든 유원지 '매지컬 파크'가 무대인 파티 게임. 룰렛을 돌려 4명이 함께 파크 안을 돌아다니며, 미니게임과 이벤트에서 얻은 아이템을 빙고 카드에 세팅해 남들보다 먼저 빙고를 완성해야 한다. 2인 플레이인 '페어 투어'와, 미니게임 경쟁 모드도 수록했다.

올스타 베이스볼 2003

스포츠　1~4인용　59블록~　어클레임 재팬　2002년 8월 8일　5,800엔

BOX ART & DISC

▲ 당시의 현역 선수는 물론, 마이크 슈미트·레지 잭슨 등 왕년의 명선수도 등장한다. 각 팀이 과거 사용했던 유니폼도 착용 가능하다.

메이저리그 30개 구단의 선수들이 실명으로 등장하는 야구 게임. 3D 사이버 스캔 기술로, 선수의 타격 폼과 투구 모션은 물론이고 얼굴 표정까지도 리얼하게 재현했다. 게임 모드로는 오픈 전과 시즌 전을 비롯해, 오리지널 선수를 제작하는 모드 등 10종류를 준비했다.

키와메 마작 DX II : The 4th MONDO21Cup Competition

마작　1인용　6블록　아테나　2002년 8월 9일　6,800엔

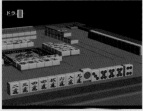

BOX ART & DISC

▲ 플레이어 레벨을 올리면, 추가 룰과 신규 작탁 등의 새로운 요소를 획득한다. 대전 정보를 저장해두면 상대의 실력 분석도 가능하다.

일본 SKY PerfecTV 279ch의 인기 프로 '마작 DX II MONDO21배'를 재현한 마작 게임. 실명으로 등장한 프로 작사 16명의 플레이스타일을 완전 시뮬레이트했다. 프로에서 인기였던 최신예 전자동 작탁도 재현했고, 종종 컷인 동영상도 삽입해 투패를 실제 프로처럼 연출한다.

미키 마우스의 신비한 거울

| 클릭 어드벤처 | 1인용 | 3블록 | 닌텐도 | 2002년 8월 9일 | 6,800엔 |

480p
프로그레시브 모드 지원
DOLBY SURROUND
GBA케이블지원

BOX ART & DISC

▲ '트릭'이란 신비한 힘을 이용해 거울 속 세계를 탐색한다. 원래 세계로 돌아가기 위해, 유령이 부숴버린 거울의 파편을 찾아 모으자.

화면 내를 클릭해, 미키 마우스에게 여러 액션을 취하도록 하며 진행하는 클릭 어드벤처 게임. 미키 마우스의 리액션이 매우 풍부해, 마치 애니메이션을 보는 듯한 감각으로 즐길 수 있다. 1시간 정도면 클리어 가능한 쉬운 난이도의 '키즈 모드'도 별도로 준비했다.

WTA 투어 테니스 : 프로 에볼루션

| 스포츠 | 1~4인용 | 3블록 | 코나미 | 2002년 8월 29일 | 6,800엔 |

480p
프로그레시브 모드 지원
DOLBY SURROUND

BOX ART & DISC

▲ 그랜드 슬램이 개최되는 영국·프랑스 등 세계 9개국의 10개 대회를 제패해, 세계 정상과 슈퍼스타 자리를 노려보자.

WTA 공식 라이선스를 취득해, 실존 선수 총 20명이 실명으로 등장하는 여자 테니스 게임. 컨트롤러 설정은 EASY/EXPERT로 전환 가능하며, 어떤 샷이든 버튼 하나로 낼 수 있다. 추가로 AI 기능도 탑재해, 선수의 표정부터 다양한 리액션까지 리얼하게 재현해냈다.

UFC 2 탭아웃 : 파이널 스펙

| 대전 격투 | 1~2인용 | 5블록 | 캡콤 | 2002년 9월 5일 | 6,800엔 |

480p
프로그레시브 모드 지원
DOLBY SURROUND

BOX ART & DISC

▲ 선수의 모델링이 근육의 섬유까지 보일 만큼 치밀하다. 'E. 혼다'와 '장기에프' 등의 친숙한 캡콤 캐릭터도 참전했다.

미국의 종합격투기단체 'UFC'의 경기를 재현한 대전격투 게임. 물어뜯기 외에는 뭐든 허용되는 '발리투도' 룰로서, 상대의 기술을 받아 내거나 반격하며 빈틈을 노리는 격투기의 매력을 체험한다. 모든 기술에 반격기가 있다는 게 특징으로, UFC의 심오한 세계를 맛볼 수 있다.

HARDWARE
2001's SOFT
2002's SOFT
2003's SOFT
2004's SOFT
2005's SOFT
2006's SOFT
OVERSEA SOFT
SOFT INDEX

조이드 버서스

| 3D 대전 액션 | 1~2인용 | 10블록 | 토미 | 2002년 9월 6일 | 6,800엔 |

DOLBY SURROUND / 480p

▲ 수록된 조이드는 40종류. TV 애니메이션에서 활약한 '라이거 제로'를 비롯해, 인기 조이드 '고쥬라스'와 '아이언 콩' 등이 나온다.

1982년 등장 이래 일본에서 절대적인 인기를 누렸던 장난감 '메카 생체 조이드'가 테마인 3D 배틀 게임. 플레이어는 조이드 워리어가 되어 조이드를 조종해, AI 조이드와 태그를 맺고 2 : 2로 싸운다. 상대를 이겨서 받는 배틀 포인트로, 장비를 추가하거나 새로운 조이드를 살 수도 있다.

BOX ART & DISC

레슬매니아 X8

| 프로레슬링 | 1~4인용 | 14블록 | 유크스 | 2002년 9월 6일 | 6,800엔 |

DOLBY SURROUND / 480p

▲ 등장 슈퍼스타는 40명. '스톤 콜드' 스티브 오스틴과 더 락을 비롯해, nWo 붐이 한창이면 시절의 헐크 호건도 등장한다.

미국 최대의 프로레슬링 단체 WWE를 소재로 삼은 프로레슬링 게임. 이 해 개최했던 WWE 최대급 이벤트를 게임화했으며, 원하는 슈퍼스타를 선택해 싸우는 '싱글 매치', 흉기 사용이 가능한 '하드코어', 철망 데스매치인 '스틸케이지' 등 8종류의 시합 형식을 준비했다.

BOX ART & DISC

에이틴 휠러

| 레이싱 | 1~2인용 | 3블록 | 어클레임 재팬 | 2002년 9월 12일 | 5,800엔 |

DOLBY SURROUND / 480p

▲ 게임 시작 시 제공되는 4종의 트레일러 중 하나를 골라 플레이한다. 라이벌 차량 'Lizard Tail'보다 먼저 골인하자.

아케이드 게임의 이식작. 초대형 트레일러를 운전하는 레이싱 게임으로, 방해 차량을 물리치며 미 대륙을 동에서 서로 횡단한다. 준비된 코스는 4종류. 오리지널 모드로 주차 기술을 겨루는 '파킹 챌린지'와 '스코어 어택'을 추가했다. 2인 플레이 시엔 화면이 상하로 분할된다.

BOX ART & DISC

액션 게임 장르 | 1~2인용 플레이 명수 | 1블록 필요 메모리 카드 용량 | DOLBY SURROUND DOLBY PRO LOGIC II 돌비 서라운드 / 돌비 프로로직 II 지원 | 480p 프로그레시브 모드 지원 프로그레시브 모드 지원

판타지 스타 온라인 EPISODE Ⅰ&Ⅱ

DOLBY PRO LOGIC II | 480P 프로그레시브 모드 지원

| 온라인 RPG | 1~4인용 | 28블록 | 세가 2002년 9월 12일 6,800엔 |

키보드 컨트롤러 지원

GBA케이블지원 | 모뎀어댑터지원 | 브로드밴드어댑터 지원

◀ 게임큐브판은 화면 분할로 다인 플레이가 가능해, 오프라인으로 파티 플레이를 즐길 수 있다.

BOX ART & DISC

드림캐스트용으로 발매해 대히트 했던 같은 제목의 게임에 신규 요소를 추가한 작품. 행성 라그올이 무대인 3D 액션 RPG다. 게임 초반의 캐릭터 메이킹도 이 작품의 묘미로서, 플레이어의 성장 과정에서 특수기능을 보조하는 '마그'의 강화 방법과, 공격용 무기인 검·총기의 활용법도 다양하고 풍부하여, 유저의 취향에 맞춘 캐릭터를 제작·육

성할 수 있다.

기본적으로는 필드에 출현한 적을 물리쳐 레벨 업하며 스테이지 보스를 찾아 이동하는 전형적인 RPG지만, 솔로 플레이보다 파티 플레이 쪽이 훨씬 재미가 있어 별매품인 키보드로 실시간 채팅을 하며 숙련자의 지도를 받아 캐릭터를 성장시키는 유저도 있었다. 시나리오 클리어까지의 소요시간도 비교적 짧아, 당시 일본에서는 NTT의

심야시간대 정액제 온라인 서비스 '텔레호다이'(당시엔 아직 전화선 접속 위주였다)로 매일 밤마다 플레이하는 팬도 있었고, 정기적으로 온라인 제공되는 시나리오를 기다리던 유저들이 십(우주선 내부)을 대화방 삼아 온라인으로 친해진 다른 유저와 커뮤니케이션하곤 하는 모습도 흔했었다.

▲ 모험을 시작하기 전에 거치는 장소. 온라인일 때는 모험 룸이 열리며, 임의의 룸을 유저가 골라 참여한다.

▲ 검은 접근전일 때 위력을 발휘하지만, 총기를 쓰는 유저와 협력 플레이하면 더욱 수월하게 진행할 수 있다.

▲ 필드에 설치된 잠금장치를 해제하여 각 지역의 문을 열며 전진해, 각 스테이지 마지막의 보스에게로 가자.

캡틴 츠바사 : 황금세대의 도전

DOLBY SURROUND | 480P

| 스포츠 시뮬레이션 | 1인용 | 17블록 | 코나미 2002년 9월 12일 6,800엔 |

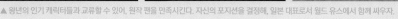
▲ 왕년의 인기 캐릭터들과 교류할 수 있어, 원작 팬을 만족시킨다. 자신의 포지션을 결정해, 일본 대표로서 월드 유스에서 함께 싸우자.

같은 제목의 만화가 원작인 축구 게임. 원작의 '월드 유스 편' 스토리가 무대로서, 플레이어가 직접 오리지널 캐릭터로서 참전하여 인기 캐

릭터들과 함께 월드 유스 우승을 노린다. 주인공이 선수들과 함께 일본 대표팀과 합숙 생활하며 스킬을 연마해 가는 육성계 게임이다.

BOX ART & DISC

HARDWARE | 2001'S SOFT | 2002'S SOFT | 2003'S SOFT | 2004'S SOFT | 2005'S SOFT | 2006'S SOFT | OVERSEA SOFT | SOFT INDEX

HARDWARE

2001'S SOFT

2002'S SOFT

2003'S SOFT

2004'S SOFT

2005'S SOFT

2006'S SOFT

OVERSEA SOFT

SOFT INDEX

디즈니 스포츠 : 스케이트보딩

스포츠 | 1인용 | 7블록 | 코나미 | 2002년 9월 19일 | 6,800엔

▲ 화려한 트릭은 경험을 쌓으면 마스터할 수 있다. 고득점을 얻어 스테이지의 기준을 넘겨 클리어하면, 새로운 보드나 웨어도 얻게 된다.

디즈니 캐릭터들이 대활약하는 스케이트보드 게임. 스케이트보드를 타고 준비된 스테이지를 달리며 화려한 트릭을 성공시켜 득점을 겨루는 작품이다. 캐릭터별로 슈퍼 트릭이 존재하며, 관중을 열광시키면 그만큼 높은 점수를 획득한다. 스테이지는 총 6종류를 수록했다.

영세명인 VI

쇼기 | 1~2인용 | 3블록 | 코나미 | 2002년 9월 26일 | 6,800엔

▲ 박보장기 모드는 쇼기 초보자에게 매우 유용하다. 박보장기 문제들로 실력을 연마해, 대인전·컴퓨터전 승리를 향해 수행하자.

일본 게임 역사에 남을 유명한 쇼기(일본 장기) 게임 시리즈 중 하나인, 코나미의 「영세명인」 시리즈 6번째 작품. 음악이 수려하고, 착수시 여성 보이스로 수를 읽어준다. 게임 모드는 일반 대국 외에 박보장기 문제집, 에디트, 기보 재현, 정석 가이드, 눈가리개 대국 등이 준비되어 있다.

세가 사커 슬램

초인 축구 배틀 | 1~4인용 | 6블록 | 세가 | 2002년 9월 26일 | 5,800엔

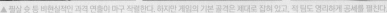

▲ 필살 슛 등 비현실적인 과격 연출이 마구 작렬한다. 하지만 게임의 기본 골격은 제대로 잡혀 있고, 적 팀도 영리하게 공세를 펼친다.

근미래가 무대인 축구 게임. 한 팀이 3명 + 골키퍼로 편성된 변칙 룰이며, 어떻게든 공을 상대의 골에 차 넣기만 하면 되는 게임이다. 다만 반칙도 무한 허용이라, 킥을 쓰든 펀치를 쓰든 자유. 옐로카드도 레드카드도 없는, 문자 그대로 '완전 무규칙의 단순무식 축구경기'가 펼쳐진다.

액션 게임 장르 | 1~2인용 플레이 명수 | 1블록 필요 메모리 카드 용량 | DOLBY SURROUND / DOLBY PRO LOGIC II 돌비 서라운드 / 돌비 프로로직 II 지원 | 480p 프로그레시브 모드 지원 프로그레시브 모드 지원

에그매니아 : 집어서! 돌려서! 냅다 끼우는 퍼~즐!!

퍼즐 | 1~2인용 | 4블록 | 켐코 | 2002년 9월 27일 | 4,800엔

▲ 시간이 지날수록 서서히 차오르는 물 등, 다양한 방해요소가 등장한다. 블록을 재빨리 선별하는 판단력이 중요한 게임.

위에서 떨어지는 다양한 형태의 블록들을 빈틈없이 쌓아올려, 최상단의 골 지점에 도달하는 게 목표인 대전 퍼즐 게임. 빈칸이 긴 열이 8열 이상이면 쌓아올린 블록이 무너져버린다. 블록이 떨어지는 속도가 느린 '반숙 달걀', 8명이 겨루는 '토너먼트' 등 8종의 모드를 수록했다.

스타폭스 어드벤처

액션 어드벤처 | 1인용 | 3블록 | 닌텐도 | 2002년 9월 27일 | 6,800엔

▲ 원래는 「스타폭스」와는 무관한 작품으로 개발을 시작했었기에 시리즈 중에선 이색작이지만, 「스타폭스」다운 3D 슈팅 스테이지도 있다.

고대 세계를 연상케 하는 공룡들의 행성 '다이노서 플래닛'을 무대로, 폭스를 비롯한 시리즈 인기 캐릭터들이 모험을 펼치는 3D 액션 어드벤처 게임. '크리스탈 스태프'라 불리는 지팡이로 발동 가능한 7가지 마법과 공방 액션을 구사하며 모험을 진행한다.

주 큐브

퍼즐 | 1~4인용 | 2블록 | 어클레임 재팬 | 2002년 10월 25일 | 5,800엔

▲ 큐브의 한 면에 동물 파츠가 6개 붙으면 게임 오버. 2인 협력 플레이 외에, 화면분할로 최대 4명까지의 동시 대전 플레이도 가능하다.

2002년 E3(세계 최대의 비디오 게임 엑스포)에서 베스트 퍼즐 게임 상을 수상한 타이틀. 큐브를 회전시켜 각 면마다 동물을 붙여가며, 같은 동물을 2개 붙여 지우는 입체 퍼즐 게임이다. 동물에 붙이면 얻게 되는 아이템에는 포인트·파워 업 등의 추가 효과가 있다.

BOX ART & DISC

HARDWARE
2001's SOFT
2002's SOFT
2003's SOFT
2004's SOFT
2005's SOFT
2006's SOFT
OVERSEA SOFT
SOFT INDEX

풀 엣지

당구시뮬레이션 | 1~2인용 | 1블록 | 미디어카이트 | 2002년 10월 25일 | 6,800엔

DOLBY SURROUND | 480p

BOX ART & DISC

▲ 당구장을 아름다운 그래픽으로 묘사했고, 홀과 바는 물론 수족관에 군사기지까지 다양한 장소를 리조트처럼 만끽할 수 있다.

당구공의 움직임은 물론, 쿠션까지도 리얼하게 시뮬레이트하는 당구 게임. 다채로운 샷을 구사하여 공을 포켓에 넣어보자. '어시스트 모드'를 탑재해, 찍어치기·쿠션 샷 등의 상급 테크닉도 익힐 수 있다. 그 외에 트릭 샷이나 토너먼트 등의 모드도 있다.

이터널 다크니스 : 초대받은 13인

사이코 어드벤처 | 1인용 | 15블록 | 닌텐도 | 2002년 10월 25일 | 6,800엔

DOLBY PRO LOGIC II | 480p 프로그레시브 모드 지원

◀ 닌텐도도 역사 고증에 협력하여 완성해낸, 기원전부터 현재까지를 무대로 삼은 장대한 싸움의 이야기다.

BOX ART & DISC

후일 「메탈기어 솔리드 : 더 트윈 스네이크스」의 개발에도 관여하는 실리콘 나이츠 사가 개발에 협력한 타이틀로서, 사람의 정신을 좀먹는 어둠의 존재 '에인션트'와 '선택받은 자들' 간의 천년 이상에 걸친 장대한 싸움을 그린, 총 12장 구성의 사이코 어드벤처 게임. '이터널 다크니스의 책'을 발견한 여대생 '알렉스'가, 선택받은 자들이 싸워온 기억을 공유하며 인류의 희망으로서 싸워 간다는 스토리다. 플레이어는 알렉스뿐만 아니라 과거부터 현재까지 존재해왔던 세계 각지의 선택받은 자들도 조작해 싸움의 역사를 체험한다. 참고로 대치하게 될 적은 3종류 중 선택 가능하며, 그 결과에 따라 동영상 및 적의 특성 등도 바뀌는 식이다. 크툴루 신화가 게임의 모티브라, 사악한 파동을 뒤집어쓰거나 불필요한 살인을 하면 플레이어 캐릭터의 새너티(이성) 수치가 줄어드는 시스템을 채용했다. 캐릭터별로 무기와 이동속도는 물론 새너티 최대치도 차별화돼 있으므로, 정신이 나가 환각에 빠지기 쉬운 캐릭터도 존재한다. 이러한 공포 묘사는 플레이어가 정신적으로 코너에 몰리게끔 공들여 제작했으며, 제작진의 목표였던 '문학적인 향취의 공포물'을 잘 구현한 요소 중 하나로 꼽힌다.

▲ 알렉스가 할아버지의 충격적인 죽음에 대해 알게 되면서 이야기가 시작된다. 연출에 영화적인 표현을 사용했다.

▲ 정신적인 공포로 플레이어를 동요시키는 스타일의 게임이라, 장르명을 '사이코 어드벤처'로 붙였다.

▲ 환각에 걸리면, 화면이 기울어지거나 '컨트롤러가 꽂혀있지 않다'라는 메시지가 출력되는 등의 기묘한 일이 일어난다.

액션 게임 장르 | 1~2인용 플레이 명수 | 1블록 필요 메모리 카드 용량 | DOLBY SURROUND DOLBY PRO LOGIC II 돌비 서라운드 / 돌비 프로로직 II 지원 | 480p 프로그레시브 모드 지원 프로그레시브 모드 지원

From TV animation ONE PIECE : 트레저 배틀!

| 팀 대전 액션 | 1~4인용 | 4블록 | 반다이 | 2002년 11월 1일 | 6,800엔 |

▲ '원피스 카드 게임'과 제휴해, 게임 내에서 카드를 수집하며 특정 카드를 모으면 숨겨진 요소가 개방되는 등의 효과가 발생한다.

오다 에이이치로 원작의 인기 애니 메이션을 게임화했다. 원하는 캐릭터 2명을 한 조로 짜, 2 : 2로 여러 게임에 도전하는 대전 액션이다. 보 물상자를 뺏고 뺏기는 '트레저 배틀', 대형 볼을 골에 넣는 '해적 사커' 등 7종의 게임이 있다. 협력이 중요한 파티 게임 일색이다.

마리오 파티 4

| 파티 게임 | 1~4인용 | 2블록 | 닌텐도 | 2002년 11월 8일 | 6,800엔 |

▲ 4명간의 순위다툼 외에 2 : 2 태그 매치도 등장한다. 그밖에도 미니게임 모드와 1인용 스토리 모드 등, 다양한 즐길거리가 있다.

거의 대부분이 신작인 미니게임을 60종류 이상 수록한 파티 게임. 시리즈 최초의 게임큐브용 작품으로, 하드웨어 발전에 맞춰 맵 등이 3D 화되었다. '큼직버섯'과 '꼬마버섯'으로 캐릭터 크기가 바뀌면 주사위 눈및 여러 칸들의 효과도 바뀌는 '큼직꼬마 시스템'을 채용했다.

슈퍼 몽키 볼 2

| 파티 게임 | 1~4인용 | 2블록~ | 세가 | 2002년 11월 21일 | 5,800엔 |

▲ 신규 요소인 '스토리 모드'는 10가지 월드로 나뉜 10스테이지를 순서대로 클리어하는 모드로서, 게임오버 개념이 없는 게 특징이다.

원숭이가 들어있는 볼을 굴려 골인을 노리는 액션 게임. 컨트롤러를 사용해 지면을 기울이며 제한시간 내에 골까지 이동시키자. 메인 게임에 신규 요소로 '스토리 모드'가 추가되었으며, 대전 모드가 없어지고 난이도 명칭이 변경되는 등 여러 부분이 개량되었다.

바이오하자드 0

| 서바이벌 호러 | 1인용 | 9블록 | 캡콤 | 2002년 11월 21일 | 7,800엔 | ※메모리 카드 59 동봉 |

▲ 개발자에 따르면, 리메이크판 「바이오하자드」와 개발시기가 겹쳤기에 리메이크판의 완성도를 보며 컨텐츠를 다듬기도 했다고 한다.

좀비가 득실대는 열차 내에서 마주친 S.T.A.R.S. 대원 '레베카'와 탈수 중인 사형수 '빌리'가 협력하며 탈출을 노리는 서바이벌 호러 게임. 스토리로는 초대 「바이오하자드」의 프리퀄에 해당한다. 약품 조제 등으로 특기가 다른 주인공 2명을 버튼 조작으로 교대해 진행한다.

머슬 챔피언 : 근육 섬의 결전

| 파티 스포츠 | 1~4인용 | 4블록 | 코나미 | 2002년 11월 21일 | 6,800엔 |

▲ 혼자 즐기는 모드는 경기를 이기면 돈을 번다. 모은 돈으로 SASUKE의 연습구역을 증설하거나 에디트 캐릭터용 아이템도 살 수 있다.

일본의 인기 TV프로 '근육 랭킹'·'스포츠맨 No.1 결정전' 내의 경기 등을 수록한 미니게임 모음집. 4명까지 참가 가능한 '머슬 챔피언' 모드의 수록 경기 중엔 삼진 아웃과 빙고의 융합 등, 다인용 경쟁과 방해에 특화시켜 파티 게임 용도로 내용을 개변한 경기가 많다.

근육맨 Ⅱ세 : 신세대초인 VS 전설초인

| 초인 태그 배틀 | 1~4인용 | 2블록 | 반다이 | 2002년 11월 21일 | 6,800엔 |

▲ 등장하는 초인은 20명 이상. 시합 스타일도 싱글·태그·배틀로얄 등 다양하다. 충격의 부자 태그나 금단의 사제 대결도 재미있다.

유데타마고 원작의 인기 애니메이션을 격투 게임화했다. 주인공 '킨니쿠 만타로' 등의 '신세대초인'이 시공을 뛰어넘어, 선대 근육맨 등의 '전설초인'에 도전하게 된다. '근육맨 지우개 모드'에서는 80년대 일본에서 큰 붐을 일으켰던 추억의 '근육맨 지우개'를 사모아 감상할 수 있다.

액션 게임 장르 | 1~2인용 플레이 명수 | 1블록 필요 메모리 카드 용량 | DOLBY SURROUND DOLBY PRO LOGIC II 돌비 서라운드 / 돌비 프로로직 II 지원 | 480p 프로그레시브 모드 지원

해리 포터와 비밀의 방

| 액션 어드벤처 | 1인용 | 4블록 | 일렉트로닉 아츠 스퀘어 | 2002년 11월 23일 | 6,800엔 | GBA케이블지원 |

▲ 어린이용으로 제작해 전반적으로 난이도가 낮다. 로딩도 짧고 액션에도 공을 들여, 동시 발매된 PS2판보다 진행이 쾌적하다.

J.K.롤링 원작의 판타지 영화 '해리 포터' 시리즈 2번째 작품의 게임판. 주인공 '해리'가 되어 호그와트 마법학교에서 잇달아 벌어지는 사건들의 범인인 '슬리데린의 후계자'의 정체를 추적해야 한다. 인기 캐릭터 '헤르미온느'·'론'과 함께 2학년 수업을 받으며 마법과 주문을 배우자.

와! 와! 골프

| 스포츠 | 1~4인용 | 10블록 | 에이도스 인터랙티브 | 2002년 11월 28일 | 6,800엔 |

▲ 등장하는 골퍼는 14명. 캐디도 6명이나 있다. 클럽·볼·액세서리 등을 사용해 캐릭터 커스터마이즈도 가능하다.

게임큐브 최초의 골프 게임. 가족·친구끼리 왁자지껄 즐길 수 있는 게임이며, 실제로 클럽을 스윙하는 감각으로 아날로그 스틱을 조작한다. 코스에서는 캐디도 서포트해 준다. 시간 개념과 계절, 캐릭터의 피로도 등도 구현했다. 실존 코스 기반의 7가지 코스가 등장한다.

모모타로 전철 11 : 블랙 봄비 출현! 편

| 보드 게임 | 1~4인용 | 5블록 | 허드슨 | 2002년 12월 5일 | 6,800엔 |

▲ 블랙 봄비의 '페인트 잇 블랙'은 대부분의 역을 위험한 흑색 칸으로 바꿔버리며, 도우미 카드 사용에도 제한을 건다.

주사위를 굴려 일본을 일주하는 보드 게임 제 11탄. 타이틀명대로, '블랙 봄비'가 게스트 캐릭터로 나온 첫 작품이다. 게임 모드는 기간을 정해 총액을 겨루는 '기본 모모테츠', 3년간의 총액을 겨루는 '모모테츠 공식전', 규슈를 무대로 술래잡기하는 '불의 나라 술래잡기' 등 6종류다.

HARDWARE
2001's SOFT
2002's SOFT
2003's SOFT
2004's SOFT
2005's SOFT
2006's SOFT
OVERSEA SOFT
SOFT INDEX

BOX ART & DISC

유희왕 펄스바운드 킹덤 : 허구에 갇혀버린 왕국

<DOLBY SURROUND> <480p>

| 필드 몬스터 배틀 | 1인용 | 3블록 | 코나미 | 2002년 12월 5일 | 6,800엔 |

BOX ART & DISC

▲ 170종 이상의 몬스터가 등장한다. 스토리는 '유우기 편'·'카이바 편' 중에서 선택 가능. 양쪽을 모두 클리어하면 '죠노우치 편'도 열린다.

게임큐브로는 유일한 '유희왕' 게임. 게임의 폭주로 가상세계에 갇혀버린 유우기 일행이 동료와 협력하며 탈출을 노린다는 스토리. 몬스터 3마리로 한 팀을 구성해, 육성·강화를 거듭하며 방대한 맵을 탐험하자. 전투 신에서는 몬스터들이 화려한 배틀을 펼친다.

FIFA 2003 : 유럽 사커

<DOLBY SURROUND> <480p>

| 스포츠 | 1~4인용 | 54블록 | 일렉트로닉 아츠 스퀘어 | 2002년 12월 6일 | 6,800엔 |

BOX ART & DISC

▲ 클럽 팀부터 세계 40개국 대표팀들까지 망라했다. 당시 일본대표로 활약했던 나카타 히데토시·이나모토 준이치 선수도 수록돼 있다.

FIFA 공인 축구 게임. 2002년부터 2003년까지의 1년간 유럽 16개국 리그에서 활약했던 총 350개 팀의 선수들이 전부 실명으로 등장한다. 게임 모드는 원하는 클럽을 골라 한 시즌간 뛰는 '시즌 모드', 유럽 최강의 18개 클럽이 겨루는 '클럽 챔피언십' 등을 준비했다.

에볼루션 스케이트보딩

<DOLBY PRO LOGIC II> <480p>

| 익스트림 액션 | 1~2인용 | 27블록 | 코나미 | 2002년 12월 12일 | 6,800엔 |

BOX ART & DISC

▲ 스테이지 16종류에 미션 수가 600개 이상이라 볼륨이 크다. 릭 맥크랭크, 아르토 사리 등의 인기 스케이트보더도 능상한다.

당시 코나미가 발매했던 '익스트림 액션' 시리즈 중 하나. 약 90종류의 트릭을 쓸 수 있는데 하나같이 연출이 과격한 편으로, 트릭을 연속 성공하면 '콤보'가 발생해 고득점을 얻는다. 「메탈기어 솔리드 2」와 콜라보하여, 솔리드 스네이크·라이덴 등의 캐릭터도 등장한다.

액션 게임 장르 | 1~2인용 플레이 명수 | 1블록 필요 메모리 카드 용량 | <DOLBY SURROUND> <DOLBY PRO LOGIC II> 돌비 서라운드 / 돌비 프로로직 II 지원 | 480p 프로그레시브 모드 지원

고질라 괴수대난투

| 괴수배틀 | 1~4인용 | 4블록 | 아타리 | 2002년 12월 12일 | 5,800엔 |

BOX ART & DISC

▲ 일본판에 등장하는 메카고질라는 같은 해 일본에서 개봉했던 영화 '고질라×메카고질라'의 3식기룡 버전, 서양판은 1993년 영화판 버전이다.

영화 '고질라' 시리즈 기반의 대전 격투 게임. 사용 가능한 괴수는 13마리. 고질라가 90년대판·밀레니엄판 2종류로 등장하는 것이 특징. 게임 모드는 일반적인 대전과, 오리지널 우주인 '볼타크'가 조종하는 괴수와 싸우는 모드, 건물들을 부숴 점수를 겨루는 모드 등이 있다.

젤다의 전설 바람의 지휘봉

| 액션 어드벤처 | 1인용 | 12블록 | 닌텐도 | 2002년 12월 13일 | 6,800엔 |

GBA케이블지원

© 2002 Nintendo

◀ 납치된 여동생을 구하러 가는 여행길이, 최종적으로는 세계를 구하는 대모험으로 바뀌어간다.

BOX ART & DISC

수많은 팬들을 보유한 세계적인 인기 시리즈 「젤다의 전설」은, 게임 내에 존재하는 다양한 수수께끼를 풀어가는 퍼즐 요소를 첨가한 액션 어드벤처 게임이다. 새 아이템을 입수하여 활동범위를 늘려가며, 시행착오를 반복하면서 게임에 몰두하는 매력이 특징인 시리즈다.

이번 작품의 무대는 드넓은 바다로서, 주인공 링크는 돛단배를 타고 수많은 섬들을 여행하게 된다. 배경인 바다 그 자체에도 숨겨진 보물 등이 잠들어 있어, 단순한 이동통로가 아니라 수많은 비밀이 숨어있는 탐색 대상이기도 하다. 부제목이기도 한 '바람의 지휘봉'은 특정한 용법으로 휘두르면 풍향이 바뀌거나 회오리가 일어나는 등 신비한 힘이 발동되는 아이템으로서, 이를 잘 활용해 모험을 진행해야 한다. GBA 케이블도 지원해, 게임보이 어드밴스 본체와 연동시키면 팅글과의 협력 플레이나 추가 이벤트도

즐길 수 있다. 예약특전이던 특전 디스크에는 닌텐도 64판 「젤다의 전설 시간의 오카리나」를 그대로 이식한 「젤다의 전설 시간의 오카리나 GC」와, 64DD용으로 개발했던 환상의 고난이도판으로서 던전 구조를 크게 변경한 「시간의 오카리나 GC MASTER QUEST」, 후일 개발 중지된 타이틀들이 포함된 신작 정보를 수록했다.

今日は、にいちゃんの誕生日だよ！

▲ CG를 애니메이션처럼 묘사하는 '툰 렌더링' 기술로, 애니메이션의 세계에 들어온 듯한 분위기를 자아낸다.

▲ 망원경으로 괴조의 발에 붙잡힌 사람 모습을 보았다! 이 사람은 앞으로 어떻게 되는 걸까?!

▲ 공격 버튼을 오래 누르면 강력한 회전베기를 쓴다! 스틱 1회전+공격으로도 나가니, 익숙해지면 즉시 발동도 가능하다.

HARDWARE
2001'S SOFT
2002'S SOFT
2003'S SOFT
2004'S SOFT
2005'S SOFT
2006'S SOFT
OVERSEA SOFT
SOFT INDEX

HARDWARE

2001'S SOFT

2002'S SOFT

2003'S SOFT

2004'S SOFT

2005'S SOFT

2006'S SOFT

OVERSEA SOFT

SOFT INDEX

디즈니 스포츠 : 아메리칸 풋볼

스포츠 / 1~4인용 / 41블록 / 코나미 / 2002년 12월 12일 / 6,800엔 / GBA케이블지원

▲ 얼핏 아동용 게임 같지만, 의외로 대전 세팅이 치밀하다. 포메이션은 물론, 선수 개개인의 움직임도 편집 가능한 디테일이 일품.

미키 마우스와 도널드 덕이 등장하는 미식축구 게임. '매직 아이템'을 도입해, 현실에서는 불가능한 화려한 플레이를 펼칠 수 있다. 팀별로 준비된 홈 경기장은 모두 3D화되어 있다. 리플레이 화면에서는 선수가 어떤 지시에 따라 움직였는지 확인할 수 있다.

실황 파워풀 프로야구 9 결정판

스포츠 / 1~2인용 / 48블록 / 코나미 / 2002년 12월 19일 / 6,800엔

▲ 실황 아나운서는 전작에 이어 츠지 요시나리가 맡았다. 전작에는 없었던 타이틀 콜이 부활했으며, 독특한 말투의 뜨거운 실황이 펼쳐진다.

같은 해 7월 발매했던 「개막판」의 마이너 체인지판. 게임보이 어드밴스판 「파워프로 군 포켓」 4·5편과의 패스워드 공유가 가능해졌다. 또한 전작의 '가라! 홈런 군' 모드를 개량해 '달려라! 홈런 군'으로 리뉴얼하는 등, 「개막판」의 결점을 보완해 시리즈의 기초를 완성시켰다.

소닉 메가 컬렉션

액션 / 1~2인용 / 2블록 / 세가 / 2002년 12월 19일 / 5,800엔

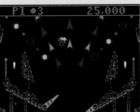

▲ 소닉이 핀볼의 공으로 대활약하는 「소닉 스핀볼」을 비롯해, 「플리키」 등의 숨겨진 게임도 수록돼 있다.

메가 드라이브로 발매되어 대히트한 「소닉 더 헤지혹」 관련 작품들 다수를 수록한 옴니버스 소프트. 소닉 관련작 7개 작품의 합본이지만, 원작에선 타이틀 2개를 합체해야 했던 '락온 시스템'계 타이틀은 양쪽 게임을 어느 정도 플레이해 출현조건을 충족시켜야 나온다.

액션 게임 장르 / 1~2인용 플레이 명수 / 1블록 필요 메모리 카드 용량 / 돌비 서라운드 / 돌비 프로로직 II 지원 / 480p 프로그레시브 모드 지원

HARDWARE

2001's SOFT

2002's SOFT

2003's SOFT

2004's SOFT

2005's SOFT

2006's SOFT

OVERSEA SOFT

SOFT INDEX

쵸로Q!

액션 레이싱 | 1~4인용 | 4~16블록 | 타카라 | 2002년 12월 19일 | 6,800엔

GBA케이블지원

▲ 미니카 형태의 수많은 쵸로Q로 다양한 코스를 달려보자. 어린이의 방 안에 만든 디오라마 코스 등, 쵸로Q다운 코스도 있다.

타카라 사가 일본에서 1980년경부터 발매한 미니카 완구 '쵸로Q'의 레이싱 게임. 차체의 외관과 성능을 바꿔 커스터마이징한 후, 아이템과 점프로 1위를 노리자. 점프 경기와 2인 협력 대전 모드가 새로 등장했고, 「쵸로Q 어드밴스」와의 연동 기능도 있다. 최대 4인 대전도 가능하다.

디즈니 스포츠 : 바스켓볼

스포츠 | 1~4인용 | 15블록 | 코나미 | 2002년 12월 19일 | 6,800엔

▲ 챌린지 컵을 제패하면 꿈의 올스타 팀과 대전 가능하다. 선호하는 캐릭터끼리 조합해 팀을 짤 수도 있다.

디즈니 캐릭터들로 플레이하는 스포츠 게임의 제 4탄. 친숙한 캐릭터로 3 : 3 대전을 즐기는 농구 게임이다. 등장하는 코트 9곳은 모두 디즈니 테이스트가 담뿍. 4인 동시 협력 플레이도 가능하다. 튜토리얼 모드를 탑재해, 초보자라도 조작을 처음부터 배워볼 수 있다.

탑블레이드 V : 열투! 마그네 태그배틀!

액션 | 1~4인용 | 7블록 | 타카라 | 2002년 12월 19일 | 6,800엔

GBA케이블지원

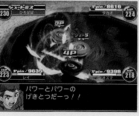

▲ 10연전 모드, 태그 모드 등 다양한 게임 모드를 준비했다. '탑블레이드 갤러리'에는 역대 탑블레이드가 모여 있다.

아오키 타카오 원작 인기 애니메이션 (원제는 '폭전슛 베이블레이드 2002')의 게임판. 최대 4인 대전 가능한 탑블레이드 게임이다. 등장 캐릭터는 13명이며, 플레이어가 직접 커스터마이징한 탑블레이드로 싸운다. 토너먼트를 이기면 파츠 구입용 포인트를 받는다. 캐릭터를 자유 사용하는 프리 모드도 있다.

봄버맨 제터즈

액션 | 1~4인용 | 2블록 | 허드슨 | 2002년 12월 19일 | 6,800엔

▲ 애니메이션 '봄버맨 제터즈'가 소재이며, 조작 캐릭터가 4등신으로 등장하는 게 특징. 폭탄을 잘 사용하여 공략하자.

패미컴으로 발매되어 대히트를 기록했던 허드슨의 인기 캐릭터 '봄버맨'이 활약하는 액션 게임. 비스듬한 탑뷰 시점으로 조작하지만, 봄버맨 중심으로 시점을 360도 돌릴 수 있으며, 이렇게 해야 발견되는 아이템이나 통로도 있다. 철저하게 탐색하며 각 스테이지를 클리어하자.

테트리스 월드

퍼즐 | 1~4인용 | 4블록 | 석세스 | 2002년 12월 20일 | 4,800엔

▲ 게임 모드는 일반적인 테트리스를 비롯해 6종류를 준비했다. 노멀·챌린지의 2가지 룰이 있어, 원하는 쪽을 고를 수 있다.

알렉세이 파지트노프가 고안한 명작에, 당시 새로 확립된 가이드라인과 6종류의 게임을 탑재한 낙하계 퍼즐 게임. 더 테트리스 컴퍼니가 제정한 가이드라인을 따른 작품으로, 이 작품에 도입된 룰 대부분이 후일 '세계 기준', 'TETRIS 2002 가이드라인' 등의 명칭으로 규격화됐다.

미스터 드릴러 드릴랜드

액션 퍼즐 | 1~4인용 | 3블록 | 남코 | 2002년 12월 20일 | 6,800엔

GBA케이블지원

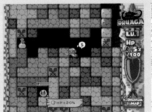

▲ GBA판 「미스터 드릴러 에이스 : 신비한 삐꼼테리아」와 연동해, 육성한 삐꼼테리아를 퍼레이드에 등장시킬 수도 있다.

여러 색깔로 나뉜 블록 지면을 파 내려가며 골 지점까지 진행하는 액션 퍼즐 게임. 같은 색 블록이 4개 이상 붙으면 소멸하고, 블록이 플레이어 머리 위로 떨어지기도 하며, '에어캡슐'을 제때 얻지 않으면 산소부족으로 쓰러진다. 이 작품에선 룰이 다른 5가지 어트랙션을 즐길 수 있다.

액션 게임 장르 | 1~2인용 플레이 명수 | 1블록 필요 메모리 카드 용량 | DOLBY SURROUND / DOLBY PRO LOGIC II 돌비 서라운드 / 돌비 프로로직 II 지원 | 480p 프로그레시브 모드 지원 프로그레시브 모드 지원

이터널 알카디아 레전드

`RPG` `1인용` `3블록~` 　세가 　2002년 12월 26일 　6,800엔

◀ 대지도 함선도 하늘을 활공하는 신비한 세계를 무대로, 꿈을 품은 소년이 하늘을 누비는 여행에 나선다.

BOX ART & DISC

드림캐스트로 발매되어 호평받았던 RPG에 신규 요소를 추가한 이식작. 공적(空賊)인 주인공 소년이 동료 겸 소꿉친구이자 고대문명의 후예인 소녀와 함께 드넓은 하늘을 누비는 모험 판타지물이다. 배틀의 경우 대인전뿐만 아니라, 적대적인 공적의 함선 혹은 거대 요새를 상대로 포격전을 펼치기도 하며, 조작하는 함선 역시 스토리를 진행할

수록 업그레이드되어 항행 가능한 공역이 확장되는 등, 로망이 넘치는 게임 시스템이다. 그 외에도 황술(이 게임의 마법에 해당)이나 기술 발동에 사용되는 '사기' 수치를 파티 전체가 공유하는 '사기 시스템', 전투 시의 도망이나 언동에 따라 주인공의 평가가 증감하는 '남자다움 시스템', 전투 중 캐릭터의 속성을 변경 가능한 시스템, 전달한 정보의 신선도에 따라 길드가 주

는 보수가 바뀌는 수집 요소 '발견물' 등등, 개성적인 특징과 요소가 여럿 있는 작품이다. 게임큐브판은 원작의 미니게임이었던 'VM 탐험대'를 삭제했지만, 시나리오를 일부 보완하고 로딩 속도도 단축하는 등 내용을 개선했으며, 추가 요소로서 지명수배자와의 전투 및 이에 연관한 신 캐릭터, 새로운 발견물을 다 수 넣었다.

▲ '사기'는 파티 전원이 공유하는 수치라, 신중히 판단하여 소비해야 한다. 잘 쓰면 강한 적도 이길 수 있다.

▲ 배틀에서는 상황에 따라 BGM이 변화하는 연출도 있어, 곡조만 듣고도 플레이어의 유·불리를 짐작할 수 있다.

▲ 주인공 일행인 '푸른 공적'은 의적에 가까운 활동을 하는지라, 나쁜 짓을 일삼는 '검은 공적'과는 적대하고 있다.

탑건 : 에이스 오브 더 스카이

`리얼 컴뱃 슈팅` `1인용` `3블록` 　타이터스 재팬 　2002년 12월 26일 　6,800엔

▲ 영화 자체보다는 분위기 쪽을 재현한 게임이다. 퀵 스타트 후 선택하는 '프리 플라이트 모드'에선 상황을 자유 설정해 플레이할 수도 있다.

BOX ART & DISC

1986년 개봉한 영화 '탑건'을 3D 슈팅 게임화했다. 리얼한 전투공간에서 실감나는 도그파이트를 즐기는 타이틀. 난이도는

'EASY'·'MEDIUM'·'HARD' 3종류 중에서 선택 가능하다. 과거와 현대, 근미래까지의 공중전이 모티브인 다채로운 미션이 36종류 수록되어 있다.

HARDWARE
2001'S SOFT
2002'S SOFT
2003'S SOFT
2004'S SOFT
2005'S SOFT
2006'S SOFT
OVERSEA SOFT
SOFT INDEX

HARDWARE

2001'S SOFT

2002'S SOFT

2003'S SOFT

2004'S SOFT

2005'S SOFT

2006'S SOFT

OVERSEA SOFT

SOFT INDEX

2003

NINTENDO GAMECUBE SOFTWARE ALL CATALOGUE

2003년에 발매된 게임큐브용 소프트는 총 97개 타이틀로서, 전년 대비로 순조롭게 증가해 라인업에 큰 활기가 느껴진 해였다. 타루콩기 컨트롤러로 모두 함께 즐기는 놀이법을 제공한 「동키 콩가」와, 오리지널 타이틀의 속편으로서 기대가 많았던 「조이드 버서스 II」·「룬 II」 등을 비롯해, 안정적인 위기 캐릭터물인 「포켓몬 채널」·「커비의 에어라이드」·「F-ZERO GX」 등 다양한 타이틀이 나와, 유저 입장에서도 대풍년이었다. 더불어 「바텐 카이토스 : 끝없는 날개와 잃어버린 바다」, 「뷰티풀 죠」 등의 완전 신규 타이틀도 이 해에 발매되었다.

스페이스 레이더스

슈팅　1~2인용　1블록　타이토　2003년 1월 9일　4,800엔

DOLBY SURROUND　480p 프로그레시브 모드 지원

BOX ART & DISC

▲ 원작의 느낌은 흔적조차 없긴 하나, 심플한 조작과 간결한 시스템 덕에 슈팅 본래의 매력인 공격·회피의 참맛은 살아있다.

전설의 명작 「스페이스 인베이더」의 25주년 기념작품. 원작의 게임성은 유지하되, 그래픽과 사운드를 대담하고도 장대하게 개변했다. 게임 모드는 스토리 모드와 서바이벌 모드로 2종류. 3D CG 크리에이터 아오야마 토시유키가 만든 동영상은, 작품의 세계관을 잘 표현한 걸작이다.

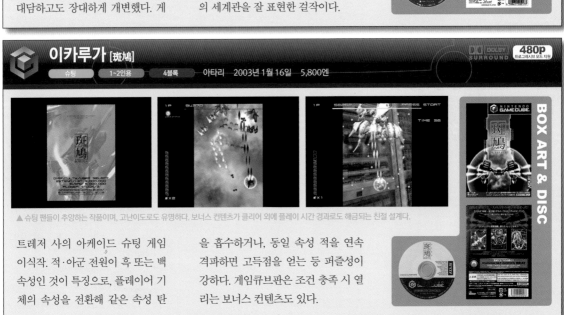

이카루가 [斑鳩]

슈팅　1~2인용　4블록　아타리　2003년 1월 16일　5,800엔

DOLBY SURROUND　480p 프로그레시브 모드 지원

BOX ART & DISC

▲ 슈팅 팬들이 추앙하는 작품이며, 고난이도로도 유명하다. 보너스 컨텐츠가 클리어 외에 플레이 시간 경과로도 해금되는 친절 설계다.

트레저 사의 아케이드 슈팅 게임 이식작. 적·아군 전원이 흑 또는 백 속성인 것이 특징으로, 플레이어 기체의 속성을 전환해 같은 속성 탄을 흡수하거나, 동일 속성 적을 연속 격파하면 고득점을 얻는 등 퍼즐성이 강하다. 게임큐브판은 조건 충족 시 열리는 보너스 컨텐츠도 있다.

액션　게임 장르　1~2인용　플레이 명수　1블록　필요 메모리 카드 용량　DOLBY SURROUND / DOLBY PRO LOGIC II　돌비 서라운드 / 돌비 프로로직 II 지원　480p 프로그레시브 모드 지원　프로그레시브 모드 지원

바이오하자드 2

서바이벌 호러 ｜ 1인용 ｜ 1블록 ｜ 캡콤 ｜ 2003년 1월 23일 ｜ 4,800엔

▲ 플레이스테이션판과의 내용 차이는 거의 없으나, 게임 시작 시의 타이틀 콜을 추가했다. 닌텐도 64판의 추가 요소는 수록하지 않았다.

BOX ART & DISC

플레이스테이션용 게임 「바이오하자드 2 : 듀얼쇼크 Ver.」의 이식판. 전작의 '저택 사건' 후 2개월이 지나, 바이러스 피해가 만연한 라쿤 시티에서 레온과 클레어가 분투한다는 스토리다. 주인공 2명을 교대로 조작해 메인·어나더 시나리오를 공략하는 '재핑 시스템'이 특징이다.

바이오하자드 3 : LAST ESCAPE

서바이벌 호러 ｜ 1인용 ｜ 1블록 ｜ 캡콤 ｜ 2003년 1월 23일 ｜ 4,800엔

▲ 플레이스테이션판의 이식작. 이식하면서 딱히 바꾼 부분은 없으나, 2편처럼 타이틀 콜을 신규 수록해 변경했다.

BOX ART & DISC

2편과 거의 동일 일시의 라쿤 시티를 무대로, '질 밸런타인' 시점에서 겪는 참극을 그린 속편. 일부 맵·인물 등도 공통이라, 2편의 어나더 스토리에 가깝다. 구역을 무시하고 쫓아오는 '추적자'의 존재, 각 총기별 탄약 분배를 플레이어에 일임하는 '탄약 생성 시스템' 등, 신규 요소도 많다.

월드 사커 위닝 일레븐 6 : 파이널 에볼루션

스포츠 ｜ 1~4인용 ｜ 98블록~ ｜ 코나미 ｜ 2003년 1월 30일 ｜ 6,800엔

▲ 일본 대표팀 공식 데이터 'JFA MAX'를 채용해 선수들의 능력치를 현실화했고, 선수의 얼굴 그래픽과 특징적인 모션도 충실히 구현했다.

BOX ART & DISC

전년 4월에 발매했던 「월드 사커 위닝 일레븐 6」의 최종 진화판이며, 게임큐브판은 일본에만 발매됐다. 에디트 모드에서 국가대표팀 유니폼을 제작할 수 있는 등, 몇 가지 기능을 강화했다. 이전엔 라이선스 문제로 넣지 못했던 브라질 대표팀의 실명도 이번 작품에선 제대로 나온다.

HARDWARE ｜ 2001's SOFT ｜ 2002's SOFT ｜ 2003's SOFT ｜ 2004's SOFT ｜ 2005's SOFT ｜ 2006's SOFT ｜ OVERSEA SOFT ｜ SOFT INDEX

HARDWARE
2001's SOFT
2002's SOFT
2003's SOFT
2004's SOFT
2005's SOFT
2006's SOFT
OVERSEA SOFT
SOFT INDEX

제네레이션 오브 카오스 익시드 : 어둠의 황녀 로제

| 시뮬레이션RPG | 1인용 | 17블록 | 아이디어 팩토리 | 2003년 2월 6일 | 5,800엔 |

DOLBY SURROUND · 480p 프로그레시브 모드 지원

▲ 내정과 타국 침략으로 자국의 세력을 강화시키자. 전투 신에선 캐릭터 고유 필살기를 애니메이션화해, 박력과 쾌감을 끌어올렸다.

2001년 PS2로 발매했던 「제네레이션 오브 카오스」의 이식판. 신규 요소로서, 게임 내에 약 100분 분량의 애니메이션 동영상을 추가했다. 판타지 세계가 무대인 시뮬레이션 RPG이며, 전략 파트와 던전 탐색 RPG로 나뉘어 있는 것이 특징. 영토를 확장해 대륙을 통일하는 것이 목적이다.

닌텐도 퍼즐 컬렉션

| 퍼즐 | 1~4인용 | 6블록 | 닌텐도 | 2003년 2월 7일 | 5,800엔 | ※ GBA 케이블 동봉 |

DOLBY SURROUND · 480p 프로그레시브 모드 지원 · GBA케이블지원

▲ 동봉된 GBA 케이블을 이용해, 게임보이 어드밴스 본체를 컨트롤러로 사용할 수도 있다. 손에 익숙한 쪽으로 플레이해 보자.

「닥터 마리오」·「요시의 쿠키」·「패널로 퐁」을 리메이크해 합본한, 닌텐도 퍼즐 게임 옴니버스 모음집. 2~4명 대전 플레이를 지원하는 게임큐브판과, 게임보이 어드밴스로 전송시켜 즐길 수 있는 1인용 '조이 캐리' 판을 각각 수록했다. 명작 퍼즐 게임에 몰입해보자.

스파이더맨

| 액션 | 1인용 | 2블록 | 캡콤 | 2003년 2월 13일 | 6,800엔 |

DOLBY SURROUND · 480p 프로그레시브 모드 지원

▲ 오리지널 스토리를 추가했고, 새로운 빌런도 등장한다. 빌딩 사이를 웹 스윙으로 통과하는 액션도 영화 느낌 그대로 재현했다.

2002년 개봉한 샘 레이미 감독의 같은 제목 영화를 게임화했다. 주인공 '피터 파커'가 되어, 뉴욕의 그림자에 숨어든 악을 물리쳐야 한다. 특수능력 '스파이더 센스'와, 손목에서 사출되는 튼튼한 웹으로 적을 물리치자. 웹은 이동수단부터 적의 무력화에까지 다용도로 쓰인다.

액션 게임 장르 | 1~2인용 플레이 명수 | 1블록 필요 메모리 카드 용량 | DOLBY SURROUND / DOLBY PRO LOGIC II 돌비 서라운드 / 돌비 프로로직 II 지원 | 480p 프로그레시브 모드 지원

반지의 제왕 : 두 개의 탑

| 액션 RPG | 1인용 | 4블록 | 일렉트로닉 아츠 스퀘어 2003년 2월 14일 6,800엔 |

DOLBY SURROUND · 480P

BOX ART & DISC

▲ 영화의 세계를 재현한 3D 공간을, 검·활·마법으로 적을 물리치며 탐색하자. 속편 '왕의 귀환'의 미공개 장면도 영상특전으로 수록했다.

J.R.R.톨킨 원작의 판타지 영화를 게임화했다. 이 작품은 원작의 1·2부에 해당하며, 플레이어는 '원정대 동료'가 되어 영화의 스토리를 따라 가게 된다. 간달프의 단독 여정 루트, 프로도·샘과 함께 반지 파괴를 위해 운명의 산으로 가는 루트 등 3종류의 스토리 분기가 있다.

메트로이드 프라임

| 슈팅 어드벤처 | 1인용 | 3블록 | 닌텐도 2003년 2월 28일 6,800엔 |

DOLBY PRO LOGIC II · 480P · GBA케이블지원

◀ 「메트로이드 퓨전」과 연동시키면 초대 「메트로이드」를 즐길 수 있다. 이를 클리어하면 특전도 받는다.

BOX ART & DISC

주인공 '사무스 아란'이 1인칭 시점으로 미지의 행성을 탐색하는 3D 슈팅 어드벤처 게임. 우주해적 잔당을 포착한 사무스가 새로운 싸움에 투신한다는 스토리다. 싸움의 주무대인 행성 '탤런 IV'에는 조인족의 유적과, 운석에 의해 발생한 미지의 에너지 물질 '페이존'이 잠재돼 있고, 페이존으로 돌연변이화된 생물들도 활보 중이다. 플레이어는 사무스를 조작해 행성 탤런 IV의 진실을 밝혀내고, 페이존을 만들어내는 원인인 '메트로이드 프라임'을 파괴해야만 한다. 이 작품에선 게임 화면이 곧 사무스의 시야라는 점을 살려, 사무스의 헬멧 '바이저'를 게임 시스템에 적극적으로 결합시켰다. 적의 약점 파악, 열탐지, X선 투시 등 다양한 기능의 바이저가 존재하며, 특정 바이저로는 일반적으로 보이지 않는 적을 발견할 수 도 있다. 게임 내에서 이런 바이저들과 다양한 빔을 구사해 전투하는 것은 물론, 퍼즐을 풀어야 할 때도 있다. 사무스의 장비가 강화됨에 따라 행동범위가 점차 넓어지는 시스템은 「메트로이드」 시리즈의 공통된 특징이기도 하다. 그밖에 게임보이 어드밴스용 게임 「메트로이드 퓨전」과의 연동 기능도 마련했다.

▲ 우주해적의 연구소에서 온 조난 신호를 포착해, 이를 조사하러 찾아온 사무스. 바이저 너머로 맨얼굴이 살짝 보인다.

▲ 표준 장비인 '컴벳 바이저' 상태의 시야. 일반 전투시에는 보통 이 바이저를 쓰게 된다.

▲ '스캔 바이저' 상태의 시야. 스캔 완료된 적은 정보가 표시된다. 뭐든지 일단 조사해보는 것이 중요하다.

HARDWARE · 2001'S SOFT · 2002'S SOFT · 2003'S SOFT · 2004'S SOFT · 2005'S SOFT · 2006'S SOFT · OVERSEA SOFT · SOFT INDEX

HARDWARE

2001'S SOFT

2002'S SOFT

2003'S SOFT

2004'S SOFT

2005'S SOFT

2006'S SOFT

OVERSEA SOFT

SOFT INDEX

슈퍼 퍼즐 보블 올스타즈

퍼즐 ｜ 1~4인용 ｜ 1블록 ｜ 타이토 ｜ 2003년 2월 27일 ｜ 6,800엔

DOLBY SURROUND ｜ 480p

▲ 1인 플레이·대전 등 기존의 게임 모드는 물론, 신규 요소로서 화면 분할식의 최대 4인 동시 플레이와 슈팅 퍼즐 모드도 수록했다.

액션 게임의 명작 「버블 보블」의 캐릭터를 활용한 퍼즐 게임. 화면 위에서 서서히 내려오는 '버블' 뭉치에 같은 색 버블을 쏘아 붙여 터뜨리는 게임이다. 총 275스테이지로서, 제각기 독특한 스타일의 장치가 가득하다. 시리즈 특유의 개성 만점 캐릭터들이 재등장한다.

제로 파이터 격추전기

플라이트 슈팅 ｜ 1~2인용 ｜ 4블록 ｜ 글로벌 A 엔터테인먼트 ｜ 2003년 3월 6일 ｜ 6,800엔

DOLBY SURROUND ｜ 480p

▲ 2차대전의 유명한 작전 및 당시 발발했던 사건이 모티브인 16종류의 미션을 수록했다. 모두 클리어하면 새로운 맵이 출현한다.

제2차 세계대전 당시의 명 전투기를 조종해 미션을 클리어하는 플라이트 슈팅 게임. 등장하는 기종은 총 33종류로서, 미군의 'P-38'·'헬캣', 일본군의 '제로센 21형', 독일군의 '메서슈미트' 등을 조종해볼 수 있다. 역사에 이름을 남긴 기체를 타고, 항공기의 로망을 만끽하자.

록맨 EXE : 트랜스미션

데이터 액션 슈팅 ｜ 1인용 ｜ 3블록 ｜ 캡콤 ｜ 2003년 3월 6일 ｜ 5,800엔

DOLBY SURROUND ｜ 480p

▲ GBA로 발매했던 「배틀 네트워크 : 록맨 EXE」1편과 2편 사이의 스토리이며, 록맨이 활약할 컴퓨터 세계가 이야기의 중심이다.

「록맨 EXE」 시리즈의 번외편. 「록맨」·「록맨 X」와 동일한 횡스크롤 액션 게임이며, 오프닝 무비 등에 같은 시기 일본에서 방영했던 TV 애니메이션판의 동영상을 사용했다. '칩 배틀 시스템'의 도입으로 전략성과 다채로운 액션이 만들어졌으며, 전투 연출이 화려해졌다.

액션 ▶ 게임 장르 ｜ 1~2인용 ▶ 플레이 명수 ｜ 1블록 ▶ 필요 메모리 카드 용량 ｜ DOLBY SURROUND DOLBY PRO LOGIC II ▶ 돌비 서라운드 / 돌비 프로로직 II 지원 ｜ 480p ▶ 프로그레시브 모드 지원

THE BASEBALL 2003 배틀 볼 파크 선언 : 퍼펙트 플레이 프로야구

| 스포츠 | 1~2인용 | 58블록 | 코나미 | 2003년 3월 20일 | 6,800엔 |

BOX ART & DISC

▲ 아나운서로 히라카와 켄타로, 해설자로 카케후 마사유키·호리우치 츠네오 등 실제 프로를 진행했던 인물을 기용, 판권물의 강점을 살린 야구 게임.

일본의 니폰 TV에서 방송하던 프로야구 중계 프로와 제휴해 제작한 야구 게임. 페넌트레이스·대전과, 시합으로 선수를 단련하는 '엠페러 컵' 모드를 수록했다. 「실황 파워풀 프로야구 9」의 석세스 모드용 패스워드도 사용 가능한데, 이때는 선수의 얼굴이 파워프로 군으로 바뀐다.

스타워즈 : 클론 전쟁

| 액션 슈팅 | 1~4인용 | 3블록 | 일렉트로닉 아츠 | 2003년 3월 20일 | 6,800엔 |

BOX ART & DISC

▲ 탱크·건십·스피더 등의 탈것을 조종하는 슈팅 모드가 기본인 게임. 물론 라이트세이버를 휘두르는 액션 모드도 있다.

SF 영화 '스타워즈' 시리즈의 스핀오프작인 '클론 전쟁'을 게임화했다. 아나킨 스카이워커·오비완 케노비 등의 제다이 기사들과, 두쿠 백작이 이끄는 분리주의 연합 간의 전쟁을 그린 타이틀이다. 게임은 슈팅과 액션, 두 가지 시스템으로 구성되어 있다.

히카루의 바둑 3

| 하이퍼 바둑 | 1~4인용 | 2블록 | 코나미 | 2003년 3월 20일 | 6,800엔 |
※ 「히카루의 바둑 3」 전용 조이 캐리 카트리지 동봉

BOX ART & DISC

▲ 게임 패키지 내에 전용 '조이 캐리' 카트리지를 동봉했으므로, GBA 케이블을 사용해 GBA 본체에 게임을 전송시켜 즐길 수 있다.

같은 제목의 인기 바둑 만화를 게임화했다. 게임보이 어드밴스용 게임 「히카루의 바둑 2」의 속편에 해당하며, 원작에 등장하는 캐릭터들과 오리지널 스토리로 대전할 수 있다. 초보자용 '튜토리얼' 모드를 탑재하였으며, 사고 루틴도 고속화시켰다.

HARDWARE
2001'S SOFT
2002'S SOFT
2003'S SOFT
2004'S SOFT
2005'S SOFT
2006'S SOFT
OVERSEA SOFT
SOFT INDEX

배트맨 : 다크 투모로우

| 액션 어드벤처 | 1인용 | 3블록 | 켐코 | 2003년 3월 21일 | 6,800엔 |

BOX ART & DISC

▲ 원작을 답습한 다크한 분위기로 진행되는 게임. 배트맨 특유의 소도구와, 조커·미스터 프리즈 등의 개성적인 악역도 등장한다.

DC 코믹스를 대표하는 크라임 히어로를 게임화했다. 완전 오리지널 스토리로, 손에 땀을 쥐는 잠입 액션이 전개된다. 시나리오에 「파이널 판타지」 1~3편의 테라다 켄지를 기용하는 등 호화 제작진이 집결했으며, 게임 도중의 연출에는 총합 50분 남짓의 애니메이션도 삽입했다.

워리어 블레이드 : 라스턴 vs 바바리안 편

| 격투 액션 | 1~4인용 | 3블록 | 타이토 | 2003년 3월 27일 | 6,800엔 |

BOX ART & DISC

▲ 캐릭터는 QUEST 모드에서 아이템을 입수하면 레벨 업한다. 매직 포인트를 소비하여 마법도 사용할 수 있다.

1987년에 가동된 아케이드 게임 「라스턴 사가」의 명칭과 캐릭터를 계승한 대전격투 액션 게임. 총 11 스테이지를 제패하여, 세계를 파멸시키려 하는 마법사 조크를 타도하자. 게임 모드는 'QUEST 모드'를 비롯해, 최대 8명의 캐릭터로 대전하는 'VS 모드' 등 5종류를 마련했다.

소울 칼리버 II

| 3D 무기격투 | 1~2인용 | 4블록 | 남코 | 2003년 3월 27일 | 6,800엔 |

BOX ART & DISC

▲ '8WAY-RUN' 등의 기본 시스템은 전작을 더욱 발전시킨 형태로 수록해, 필드 내를 자유롭게 움직이며 전술적으로 격투할 수 있다.

아케이드용 게임의 이식작. 무기를 사용하는 3D 대전격투 게임 「소울」 시리즈의 3번째 작품으로, 미츠루기 헤이시로·타키 등의 정규 캐릭터들은 물론이고, 가정용판 추가 캐릭터로 소피티아 등이 등장한다. 또한 게임큐브판 전용 캐릭터로서, 「젤다의 전설」의 링크가 참전했다.

액션 게임 장르 1~2인용 플레이 명수 1블록 필요 메모리 카드 용량 DOLBY SURROUND / DOLBY PRO LOGIC II 돌비 서라운드 / 돌비 프로로직 II 지원 480p 프로그레시브 모드 지원

P.N.03

| 슈팅 액션 | 1인용 | 5블록 | 캡콤 | 2003년 3월 27일 | 5,800엔 |

DOLBY PRO LOGIC II · 480p 프로그레시브 모드 지원

BOX ART & DISC

▲ 바네사가 착용하는 'AEGIS SUITS'는 총 11종류로, 저마다 성능이 다르다. 2가지 무기와 조합해 전투를 유리하게 이끌자.

「바이오하자드」 시리즈의 프로듀서, 미카미 신지가 제작에 참가한 신감각 액션 게임. 여전사 '바네사'가 되어, 폭주한 병기관리 시스템과 싸우자. 바네사의 무기는 음악에 맞춰 춤을 추면서 손바닥에서 발사하는 '팜 샷'과, 여러 적에 큰 피해를 주는 '에너지 드라이브'다.

샤먼킹 : 소울 파이트

| 샤먼 육성 배틀 | 1~2인용 | 7블록 | 반다이 | 2003년 3월 28일 | 6,800엔 |

DOLBY SURROUND · 480p 프로그레시브 모드 지원

BOX ART & DISC

▲ 개성만점의 캐릭터들이 3D 툰 렌더링 그래픽으로 구체화되어, 원작의 매력을 그대로 살린 대박력 배틀을 전개한다.

타케이 히로유키 원작 인기 애니메이션의 게임판. 원작자가 직접 집필한 오리지널 시나리오라, 만화와도 애니메이션과도 다른 샤먼 파이트가 펼쳐진다. 좋아하는 샤먼을 미니게임으로 수행시키자. 전투는 실시간 배틀이며, 적·아군 샤먼이 근거리·원거리·반격 등의 공격을 펼친다.

도카퐁 DX : 세상에 도깨비가 온통 한가득

| RPG적 보드게임 | 1~4인용 | 10블록 | 아스믹 에이스 엔터테인먼트 | 2003년 4월 10일 | 6,800엔 |

DOLBY SURROUND · 480p 프로그레시브 모드 지원

BOX ART & DISC

▲ 게임 모드는 3가지 룰로 최대 4명까지 동시 플레이하는 '배틀 모드'와, RPG 풍으로 진행하는 '스토리 모드'로 2종류가 있다.

판타지 세계관으로 전개되는 RPG 풍 보드 게임. 주사위를 굴려 나온 눈만큼 맵을 이동해, 몬스터를 물리치거나 던전을 공략하는 등으로 돈을 벌자. 은행을 습격하거나 마법으로 아이템을 훔치거나 킬러를 고용하는 등, 라이벌을 방해할 수단을 다양하게 마련한 것이 특징이다.

HARDWARE
2001's SOFT
2002's SOFT
2003's SOFT
2004's SOFT
2005's SOFT
2006's SOFT
OVERSEA SOFT
SOFT INDEX

NARUTO -나루토- : 격투 닌자대전!

3D닌자대전격투 | 1~2인용 | 2블록 | 토미 | 2003년 4월 11일 | 6,800엔

▲ 시리즈 첫 작품. 원작에서 등장했던 각 캐릭터별 인술을 충실하게 재현했다. 수리검이나 수질포정으로 투척무기 상쇄가 가능한 것도 특징이다.

만화 'NARUTO'가 소재인 작품. 물의 나라 편까지의 내용 기준이며, 숨겨진 캐릭터 3명을 포함한 10명의 캐릭터가 참전하고, 스토리 모드도 있다. 일반적인 대전격투 게임의 초필살기 게이지격인 '차크라'를 모은 후, 차크라를 소비하여 분신·오의를 발동해야 하는 시스템이다.

기프트피아

얼터너티브 RPG | 1인용 | 6블록~ | 닌텐도 | 2003년 4월 25일 | 6,800엔

◀ 일반적인 RPG의 표준과는 다른 특징을 지니고 있어, '얼터너티브 RPG'라고 장르명을 붙였다.

어른이 되기 위한 전통 의식 '어른식' 참석에 지각하여 반역죄로 감옥에 갇힌 소년 '포클'이 주인공인 RPG. 게임의 목적은 '포클이 어른이 되는 것'으로서, 포클은 여자친구의 질타와 격려를 받으며 어른이 되기 위해 분투한다. 최종 목적은 게임 내에서 다양한 경험을 하면서 섬에 사는 사람들의 소망을 이루어주거나, 돈을 모아 다시 어른식을 진행하는 두 가지 방법으로 달성 가능하다. 어떤 수단을 사용했느냐로 엔딩 내용도 분기된다. 인디언의 성인식인 '비전 퀘스트'로부터 착상했다는 '어른'에 관한 독특한 해석을 바탕으로 구축한, 아이와 어른은 무엇이 다른가, 왜 다른 취급을 받는가 등을 잘 함축해 담아낸 스토리가 이 게임의 특징으로서, 일반적인 RPG에 흔한 레벨이나 전투 개념이 아예 존재치 않는다. 조건을 충족시키면 '꼬맹이'부터 '철든 녀석'까지의 여러 단계를 차례차례 거쳐 성장하는 시스템인 것이다. 소년이 '아이'에서 '어른'으로 성장하는 모습을 그리면서도, 한편으로는 돈으로 문제를 해결해도 엔딩을 볼 수 있도록 한 디테한 '어른스러움'이나, 미성년자인 포클이 죄를 범하면 윤리적인 배려로 모자이크를 걸어버리는 묘사 등, 블랙 유머를 듬뿍 담은 것도 특징인 작품이다.

▲ 신의 섬인 '나나시 섬'은 자질구레한 규칙이 많아, 의식에 지각하거나 수상한 버섯을 주워 먹어도 죄가 된다.

▲ 이 작품의 특징적 액션인 '물건을 보여준다'를 사용하면, 섬 주민들의 다양한 반응을 관찰할 수 있다.

▲ 주인공에게 모자이크가 걸리면 게임 속의 사람들에게도 그렇게 보이며, 여자친구가 깜짝 놀라기도 한다.

HARDWARE
2001'S SOFT
2002'S SOFT
2003'S SOFT
2004'S SOFT
2005'S SOFT
2006'S SOFT
OVERSEA SOFT
SOFT INDEX

시코쿠 순례 체험 게임 : 순례자 ~발심의 도장(아와노쿠니) 편~

DOLBY SURROUND | 480p 프로그레시브 모드 지원

| 시코쿠순례 체험게임 | 1인용 | 3블록 | 핀 체인지 | 2003년 4월 24일 | 8,800엔 | ※ 메모리 카드 59 동봉 ※ '인로 군' 및 '보탄 씨' 지원 |

BOX ART & DISC

▲ 반야심경 낭독이 흘러나오는 시작 화면이 개성만점. 실제 시코쿠 지방 촬영 사진과 함께 텍스트 해설을 읽으며 게임으로 순례여행을 체험한다.

사찰 순례자가 되어 시코쿠 지방을 걷는 시뮬레이션 게임. 인롱형 만보계 '인로 군'을 동봉한 기본 세트와, 걷기 운동용 버튼 컨트롤러 '보탄 씨'도 동봉한 3점 세트도 발매했다. 인로 군은 소비 칼로리 계산과 건강 체크 기능이 있으며, 차고 걸으면 기록된 거리만큼 게임에 반영된다.

SPECIAL 인생게임

DOLBY SURROUND | 480p 프로그레시브 모드 지원

| 보드 게임 | 1~4인용 | 10블록 | 타카라 | 2003년 5월 1일 | 6,800엔 | GBA케이블지원 |

BOX ART & DISC

▲ 미니게임이 풍부한 작품. mini 인생게임을 즐긴 결과를 게임큐브 쪽에 반영해 환원시킨 포인트로 가구를 구입할 수도 있다.

유명 보드 게임의 게임큐브판. '운'이 이벤트 내용에 영향을 주는 시스템을 도입했다. 게임 모드는 8가지로, 목표 달성을 노리는 모드, 카드 모드, 미니게임이 많은 모드 등 내용이 다채롭다. 게임보이 어드밴스와의 연동 기능이 있어, 연결하면 'mini 인생게임'을 즐길 수 있다.

패밀리 스타디움 2003

DOLBY SURROUND | 480p 프로그레시브 모드 지원

| 스포츠 | 1~2인용 | 14블록 | 남코 | 2003년 5월 30일 | 6,800엔 | GBA케이블지원 |

BOX ART & DISC

▲ 일본 프로야구 12개 구단은 물론, 올 센트럴·올 퍼시픽·남코 스타즈 팀도 등장한다. 선수촌에서 오리지널 팀도 짤 수 있다.

2003년도 데이터를 채용하고, 시리즈 최초의 실황 기능도 추가한 야구 게임. 게임 모드는 엑시비션·페넌트레이스·트레이닝이 있으며, 페넌트레이스에는 시합이 없는 날에 선수촌에서 선수를 육성하는 기능도 있다. GBA를 연결하여 '요정 퀘스트' 등을 플레이할 수도 있다.

룬 II : 코르텐의 열쇠의 비밀

| 액션 RPG | 1~2인용 | 3블록 | 프롬 소프트웨어 | 2003년 5월 23일 | 6,800엔 |

BOX ART & DISC

◀ 플레이어끼리 대전하는 기능이나 카드 수집 등, 본편 외에도 즐길거리가 제법 있는 작품이다.

카드 게임 요소를 첨가한 액션 RPG 「룬」의 200년 후가 무대인 속편. 대륙을 통치하는 마법도구인 '열쇠'의 모조품을 코르텐이 만들어낸 것을 계기로 분쟁이 발생하던 와중, 도적단의 소녀 '리즈'가 출생의 비밀을 찾아 여행을 떠난다는 스토리다. 「룬」 시리즈는 크리처를 카드로 소환하여 싸우는 시스템이 특징인 작품으로, 무기나 회복수단 용도의 카드와 크리처를 직접 소환하는 카드는 물론, 리즈 자신이 변신하는 카드 등도 폭넓게 활용할 필요가 있다. 덱을 미리 짜두거나 경험치가 충분히 모인 카드를 클래스 체인지시키는 등의 사전준비도 해둬야 하지만, 전투 시에 카드를 버리거나, 2배의 MP를 소비해 강화하는 'Z-이펙트'를 적시에 사용하는 판단력도 중요하다. 카드는 전작 대비로 대량 추가되어 200종류 이상이나 되고 디자인도 리뉴얼했으며, 새로운 카드 속성인 '기계 속성'도 등장한다.

전투가 필드 상에서 펼쳐지는 시스템으로 바뀌어 적 크리처를 포획하려면 캡처 카드가 있어야 하는 점 등, 시스템 면에서도 변경점이 많다. 스토리 모드를 비롯한 다른 플레이어와 체력이 바닥날 때까지 싸우는 'VS 모드'를 수록했고, 카드를 BET하거나 캡처 ON/OFF를 설정해 싸울 수도 있다.

▲ 버튼 하나로 크리처를 소환 가능. 카드의 속성은 쓸수록 성장하고 쓰지 않을수록 하락하므로, 밸런스를 맞추는 것도 중요하다.

▲ 시나리오를 클리어하면 카드를 입수하게 된다. 클리어 시의 평가인 ★의 개수만큼 카드를 얻는다.

▲ 선택 가능한 스테이지는 맵 상에 아이콘으로 표시된다. 스테이지 도중에 포기하고 재도전할 수도 있다.

포켓몬 박스 : 루비 & 사파이어

| 유틸리티(툴) | 1인용 | 59블록 | 닌텐도 | 2003년 5월 30일 | 2,000엔 | ※ 메모리 카드 59 동봉 |

▲ 공식적으로는 「포켓몬스터 루비·사파이어」만 지원하지만, 후일 발매된 「포켓몬스터 파이어레드·리프그린」도 일부 제약만 감안하면 연동 가능.

BOX ART & DISC

「포켓몬스터」 시리즈 팬들을 위한 보조 유틸리티. GBA용 「포켓몬스터」에서 획득한 포켓몬들을, GBA 케이블 경유로 게임큐브의 메모리 카드에 저장 가능하다. 저장한 포켓몬은 정리·분류·검색하거나 같은 타입 포켓몬끼리 정렬할 수도 있고, 다양한 무대에 전시할 수도 있다.

액션 게임 장르 | 1~2인용 플레이 명수 | 1블록 필요 메모리 카드 용량 | 돌비 서라운드 / 돌비 프로로직 II 지원 | 480p 프로그레시브 모드 지원

프로거

| 액션 | 1인용 | 6블록 | 코나미 | 2003년 6월 5일 | 5,800엔 |

▲ 첫 스테이지의 무대는 원작 「프로거」를 연상시키는 정글이다. 여기서 조작법을 익혀, 후반 스테이지까지 갈 수 있도록 실력을 연마하자.

왕년의 명작 「프로거」의 대폭 업그레이드판. 플레이어는 개구리 '프로거'를 조작해, 곳곳의 코인을 획득하며 골로 향한다. 강을 건너려면 수면의 이파리 위로 올라타 타이밍에 맞춰 건너편으로 넘어가자. 도중에 코인을 모으면, 목숨을 늘리거나 상점에서 아이템을 살 수 있다.

ENTER THE MATRIX

| 액션 | 1인용 | 10블록 | 반다이 | 2003년 6월 19일 | 6,800엔 |

▲ 애니메이션 영화 '애니매트릭스'처럼, 영화 본편을 보완하는 중대한 내용을 포함시켰다. 게임 전용의 고화질 실사 동영상도 약 1시간에 달한다.

SF 영화 '매트릭스'의 세계를 무대로 삼은 액션 어드벤처 게임. 시리즈의 원작자·감독인 워쇼스키즈가 시나리오를 맡았으며, 등장 캐릭터도 영화판과 동일한 배우를 기용했다. 게임 내에 '매트릭스 3 : 레볼루션' 관련 비밀 영상도 수록했다.

마법의 펌프킨 : 앤과 그레그의 대모험

| 액션 | 1인용 | 1블록 | MTO | 2003년 6월 19일 | 6,800엔 |

▲ 스테이지는 각각 묘지·유령의 집·비밀 연구소를 모델로 했으며, 환상적인 분위기부터 공포적인 표현까지 3D로 묘사해냈다.

게임보이 어드밴스용 게임의 이식작. 타이틀명과 스토리는 동일하나, 3D 그래픽을 사용한 액션 게임으로 장르를 바꾸었다. 할로윈 날 밤을 무대로, 마법사로 변장한 소녀 '앤'과 소악마로 변장한 소년 '그레그'를 조작해 동상이 돼버린 친구들을 구하러 전진하자. 총 24스테이지 구성.

HARDWARE
2001'S SOFT
2002'S SOFT
2003'S SOFT
2004'S SOFT
2005'S SOFT
2006'S SOFT
OVERSEA SOFT
SOFT INDEX

소닉 어드벤처 DX

| 액션 | 1인용 | 1블록~ | 세가 | 2003년 6월 19일 | 6,980엔 |

GBA케이블지원

▶ '프티 게임'을 포함해 이 작품의 모든 컨텐츠를 개방하려면, 신규 요소인 '미션'을 필수로 공략해야 한다.

BOX ART & DISC

액션이 각기 다른 캐릭터 6명이 주인공으로 등장하여, 각자의 시점에서 방대한 스토리를 진행하는 3D 하이스피드 액션 게임 「소닉 어드벤처」의 이식작. 언어는 영어·일본어 2종류 중에서 선택 가능하다. 이식하면서 그래픽을 개량했고, 컨텐츠도 약간 수정하여 일부 지름길이 봉인되었다. 또한 신규 요소로서 클리어 후에 도전할 수 있는 '미션 모드', 게임 기어로 발매했던 「소닉」 시리즈 타이틀들을 즐길 수 있는 '프티 게임 컬렉션'을 추가했다. 프티 게임 컬렉션의 수록작품은 「소닉 더 헤지혹」·「소닉 드리프트」·「소닉 & 테일즈」·「소닉 스핀볼」·「소닉 래버린스」·「소닉 더 헤지혹 2」·「닥터 에그맨의 민빈 머신」·「소닉 & 테일즈 2」·「소닉 드리프트 2」·「테일즈의 스카이 패트롤」·「G 소닉」·「테일즈 어드벤처」로 총 12개 타이틀. 이들은 본편에서 엠블렘을 모으거나, 미션을 달성해 조건을 만족시키면 개방된다. 게임보이 어드밴스용 게임 「소닉 어드밴스」 시리즈와의 연동 기능도 있어, '차오의 프티 가든'을 통해 「소닉 어드벤처 2 배틀」과 차오를 교환할 수 있도록 했다.

 ▲ 하이스피드 경쟁, 도망, 개구리 낚시 등 유저에게 다양한 액션을 요구한다. 어드벤처 게임 요소도 있다.

▲ 처음부터 플레이 가능한 캐릭터는 '소닉' 하나뿐. 다른 캐릭터들은 본편을 진행하다 보면 고를 수 있게 된다.

▲ 그래픽을 개선해 더욱 깔끔해진 이벤트 화면에도 주목하자. 모션도 원작보다 약간 더 부드러워졌다.

GT CUBE

| 레이싱 | 1~4인용 | 2블록 | MTO | 2003년 6월 20일 | 6,800엔 | ※ SPEED FORCE 지원 |

BOX ART & DISC

▲ 툰 렌더링으로 묘사한 애니메이션 풍 그래픽이 특징. 드리프트 콤보 모드는 드리프트를 연속 성공한 횟수를 겨루는 모드다.

일본의 자동차 제조사 10개 사의 실차 75종류가 등장하는 레이싱 게임. 스포츠카뿐만 아니라 패밀리 왜건, 올드 카 등도 구비되어 있다. 챔피언십 모드·퀵 레이스 모드·타임어택 모드·드리프트 콤보 모드·리플레이 시어터·VS 모드가 있으며, 총 20종류의 코스를 제공한다.

HARDWARE / 2001'S SOFT / 2002'S SOFT / 2003'S SOFT / 2004'S SOFT / 2005'S SOFT / 2006'S SOFT / OVERSEA SOFT / SOFT INDEX

| 액션 | 게임 장르 | 1~2인용 | 플레이 명수 | 1블록 | 필요 메모리 카드 용량 |

DOLBY SURROUND / DOLBY PRO LOGIC II 돌비 서라운드 / 돌비 프로로직 II 지원

480p 프로그레시브 모드 지원

뷰티풀 죠

| VFX 액션 | 1인용 | 4블록 | 캡콤 | 2003년 6월 26일 | 6,800엔 |

DOLBY SURROUND | 480p 프로그레시브 모드 지원

BOX ART & DISC

▲ 스테이지 내에서 발생하는 '태스크'를 달성해 호평을 얻으면, 환호와 함께 죠의 파워 업에 필요한 'V-포인트'가 늘어난다. 멋지게 싸우도록.

영화의 세계에서 싸우는 액션 게임. 주인공 죠의 'VFX 파워'는 VFX(특수효과)처럼 화면 속도를 증감하거나 클로즈업하는 능력인데, '필살기 사용 시의 클로즈업'이란 단순 연출이 아니라 '클로즈업되면 공격력이 상승하는' 효과로서 연출하는 등, VFX와 액션을 잘 융합시켰다.

동물의 숲 e+

| 커뮤니케이션 | 1인용 | 57블록~ | 닌텐도 | 2003년 6월 27일 | 6,800엔 |

※ 카드e 리더+ 동봉

DOLBY SURROUND | 480p 프로그레시브 모드 지원

GBA케이블지원 | 카드e 리더+ 지원 | SD카드어댑터 지원

◀ 카드e 리더+를 동봉한 패키지로만 발매했다. 카드를 사용하면 새로운 만남이 기다리고 있다.

BOX ART & DISC

「동물의 숲+」를 기반으로 하여, 이 게임과 동시 발매된 주변기기 '카드 리더+'를 사용하는 신 기능 등을 추가한 작품. 패키지 내에 카드e 리더+뿐만 아니라 '동물의 숲 카드e+' 6장, '포켓몬 배틀 카드e+' 4장, '게임&워치 카드e+' 1장, '하키 카드e+' 1장을 동봉했다. 동물의 숲 카드e+는 K.K.의 신곡 등의 추가요소를 게임 내에 나오도록 해주는 카드와 캐릭터 카드로 2종류가 있다. 캐릭터 카드는 다른 동물이 보낸 편지를 받게 해주거나, 소원의 샘에서 사용해 마을의 새 주민으로 불러오는 카드다. 카드e 리더+와는 무관한 부분에도 신규 요소가 많은데, 신규 이벤트 및 100종류 이상의 추가 아이템, 대화 내용 변경 등이 그것이다. 게임보이 어드밴스와의 연동 기능도 「동물의 숲+」과 마찬가지로 존재하며, 마을 바깥에 있는 섬으로의 이동은 연동 없이도 가능해졌고, 동물과 미니게임을 즐기거나 자작 디자인 도안을 그리는 기능을 추가했다. 발매 당시에는 공식 홈페이지를 통해 동물들과의 아이템 교환이나 장식품 배포 이벤트가 진행되기도 했을 만큼(현재는 서비스 종료), 완전 신작까지는 아니긴 하나 새로운 즐거움으로 가득한 작품이었다.

▲ 일본판의 경우 이 작품부터 텍스트에 한자가 사용되어, 전작보다 대사를 읽기가 편해졌다.

▲ 동물들이 감기에 걸리기도 하고, 2명 이상의 대화에 참여할 수도 있는 등, 주민들과의 새로운 교류가 재미있다.

▲ 섬을 구입하는 비용도 들기 때문에, 대출 총액은 전작보다 올랐다. 빚쟁이 탈출의 길은 멀고도 험하다.

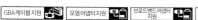   

GBA케이블지원 | 모뎀어댑터지원 | 브로드밴드어댑터 지원 | SD카드 어댑터 지원 | 타루콩가 지원 | 게임큐브 마이크 지원 | 매트 컨트롤러 지원 | 지원 주변기기

HARDWARE

2001's SOFT

2002's SOFT

2003's SOFT

2004's SOFT

2005's SOFT

2006's SOFT

OVERSEA SOFT

SOFT INDEX

토니 호크의 프로 스케이터 3

액션 | 1~2인용 | 9블록~ | 석세스 | 2003년 6월 27일 | 5,800엔

BOX ART & DISC

▲ 토니 호크는 당시 엄청난 인기를 자랑했던 프로 스케이터로서, 1999년 X게임에서 2바퀴 반(900°) 회전에 성공해 유명해졌다.

스케이트보드계의 유명 선수 '토니 호크' 등의 인기 스케이터들이 실명으로 등장하는 타이틀. 새로운 트릭을 추가해, 더욱 화려한 플레이를 즐길 수 있게 했다. 대전용 모드인 '킹 오브 힐'과 '튜토리얼' 모드를 탑재했고, 숨겨진 캐릭터로서 '스타워즈'의 다스 몰이 등장한다.

아우토 모델리스타 U.S.-tuned

480p
프로그레시브 모드 지원

레이싱 | 1~2인용 | 19블록 | 캡콤 | 2003년 7월 3일 | 4,800엔 | ※ SPEED FORCE 지원

BOX ART & DISC

▲ 드리프트를 간단히 구사할 수 있도록 개량해, 더욱 과격한 질주가 가능해졌다. 네트워크 모드로 최대 8인 온라인 대전도 가능했다.

2002년 플레이스테이션 2로 발매했던 타이틀의 마이너 체인지판. 쉐보레·닷지 등의 차종과 3종류의 코스를 추가했다. 코믹스 풍의 툰 렌더링 그래픽이 게임의 특징이기도 한데, 개발사는 이를 '아티스툰'으로 명명했다. 개러지 라이프 모드의 드레스업용 아이템도 추가했다.

허드슨 셀렉션 Vol.1 : 큐빅 로드 러너

480p
프로그레시브 모드 지원

액션 퍼즐 | 1인용 | 2블록~ | 허드슨 | 2003년 7월 10일 | 3,000엔

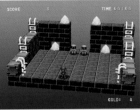

BOX ART & DISC

▲ 타이틀 화면의 BGM은 패미컴판 오프닝 사운드에서 어레인지 BGM으로 부드럽게 전환되어, 「로드 러너」의 진화를 알려준다.

세계적으로 대히트하여 수많은 PC·게임기로 이식된 '로드 러너'가, 기본 룰은 유지하면서도 3D 시점의 완전 신작으로 거듭났다. 적이 공중에서 떨어질 때는 착지할 지점에 그림자가 표시되니 미리 구멍을 파고 대기하자. 게임 도중 각 방향으로 카메라 시점을 전환할 수도 있다.

액션 게임 장르 | 1~2인용 플레이 명수 | 1블록 필요 메모리 카드 용량 | DOLBY SURROUND / DOLBY PRO LOGIC II 돌비 서라운드 / 돌비 프로로직 II 지원 | 480p 프로그레시브 모드 지원 프로그레시브 모드 지원

허드슨 셀렉션 Vol.2 : 스타 솔저

슈팅 | 1인용 | 8블록 | 허드슨 | 2003년 7월 10일 | 3,000엔

▲ 초대 「스타 솔저」 당시 어린이들이 파고들었던 2분·5분 모드도 있다. 스테이지 1의 보스는 초근거리에서 5방향 샷으로 신속하게 물리처라!

1980년대 중반, 패미컴 붐을 타고 발매되어 일본에서 대히트했던 「스타 솔저」가 대폭 파워 업했다. 기본 룰은 동일. 입체감 넘치는 캐릭터와 편곡된 BGM, 신무기 '블래스터', 2P 컨트롤러가 필요한 신규 요소 '어시스트 연사'를 체험해 보자. 캐러밴 모드도 수록돼 있다.

V-RALLY 3

랠리 시뮬레이션 | 1~4인용 | 158블록 | 인포그람 재팬 | 2003년 7월 10일 | 5,800엔 | ※ SPEED FORCE 지원

▲ 플레이어 시점도 전환되니, 적절한 플레이 환경으로 세팅하자. 코스 아웃으로도 게임 오버되니 스피드를 너무 내지 않도록.

본격적인 오프로드 레이스를 즐기는 랠리 게임 시리즈 제 3탄. 쉬운 조작을 추구한 타 게임들과 달리, 3D 물리엔진을 새로 구축하기까지 하며 리얼함을 고집한 작품이다. 코스 자체의 난이도와 차량의 조작성에도 공을 들여, 오래 즐길 수 있다. 고독한 싸움을 이겨내 골인을 노리자.

개골개골 킹 DX

개골프 게임 | 1~4인용 | 4블록 | 반다이 | 2003년 7월 11일 | 6,800엔

▲ '골프'가 아니라, 연못에 공이 빠져도 상관없는 스포츠인 '개골프'다. 개구리가 도중에 궤도를 트는 등의 함정도 있으니, 잘 계산해 샷을 날리자.

골프를 방불케 하는 '개구리 쳐 날리기' 게임으로서, 작품 내에서는 '개골프'로 칭하는 스포츠에 도전하는 타이틀. 플레이어(개골퍼)는 지면을 해머로 쳐서 그 반동으로 개구리를 날려 보내 '개굴 인'시켜 각 코스의 홀을 공략하며, 다른 개골퍼들과 득점을 경쟁하게 된다.

HARDWARE | 2001's SOFT | 2002's SOFT | 2003's SOFT | 2004's SOFT | 2005's SOFT | 2006's SOFT | OVERSEA SOFT | SOFT INDEX

HARDWARE
2001's SOFT
2002's SOFT
2003's SOFT
2004's SOFT
2005's SOFT
2006's SOFT
OVERSEA SOFT
SOFT INDEX

커비의 에어라이드

| 액션 레이싱 | 1~4인용 | 4블록 | 닌텐도 | 2003년 7월 11일 | 5,800엔 |

브로드밴드어댑터 지원

◀ 3종류의 모드를 즐길 수 있는 레이싱 게임. 카피 능력이나 적 밸어내기로 상대를 방해할 수도 있다.

BOX ART & DISC

커비가 탑승한 에어라이드 머신을 조작하는 액션 레이싱 게임. 왼쪽 스틱과 A 버튼만 사용하므로 조작이 간단해, 누구나 즐길 수 있는 타이틀이다. A 버튼은 커비가 머신을 발로 누르는 '푸시'로서, 이때 브레이크가 걸리면서 동시에 차지도 모인다. 푸시를 사용해 커브를 드리프트로 통과하다, 커브가 끝나는 순간 차지를 해방시키는 것이 기본

테크닉이다. 게임 모드는 총 3종류로서, 타임 어택 등 다양한 룰의 레이스를 플레이어 후방 시점으로 즐기는 '에어라이드', 탑뷰 형태의 한 화면 내에서 레이스를 즐기는 '탑라이드', 시티에서 여러 아이템들을 모아 스타디움에서 결판을 짓는 '시티 트라이얼'이다. 에어라이드 머신은 10종류 이상으로 다양하며, '워프스타'와 '윌리 바이크' 등 시리즈 팬에게 친숙한 머신뿐만 아니라 상자형·유선형 머신도 있고, 부품을 모두 모아야 사용 가능한 전설의

에어라이드 머신 등도 준비돼 있다. 머신들은 각자 사용 가능한 게임 모드가 한정적이거나, 공격력·방어력·활공능력·그립력·가속성능 등이 차별화돼 있어 개성이 넘친다. 탑승하는 커비 자신도 '소드'나 '플라즈마' 등의 카피 기술을 직접 입수 가능해, 다채로운 플레이스타일을 모색할 수 있다.

▲ 에어라이드 모드에서는 타임 어택, 일반 레이스 등의 다양한 룰로 승부를 벌일 수 있다.

▲ 즐길 수 있는 코스도 아이템도 다채롭다. 시스템이 심플하면서도 꽤 깊이가 있어 많은 인기를 모았다.

▲ 레이스를 계속 클리어해 숨겨진 과제 '클리어 체커'를 채우는 파고들기 요소도 있으니, 꼭 정복해보자.

실황 파워풀 프로야구 10

| 스포츠 | 1~2인용 | 95블록 | 코나미 | 2003년 7월 17일 | 6,980엔 |

모뎀어댑터지원   브로드밴드어댑터 지원

BOX ART & DISC

▲ 야구계의 레전드와 시합하는 '대결! 전설의 선수'와 '페넌트 & 마이 라이프' 등의 신규 게임 모드도 추가해, 오래 즐길 수 있는 작품이기도 하다.

코나미의 간판 야구 게임 '파워프로' 시리즈 제 10탄. 귀여운 2.5등신 캐릭터들로 야구를 즐기는 게임이다. 일반 시합뿐만 아니라, 한 명

의 선수로서 야구인생을 살아가는 신규 모드 '마이 라이프'가 추가됐으며, 3년 내에 팀을 우승시켜야 하는 '석세스 모드'도 대폭 강화되었다.

액션 게임 장르   1~2인용 플레이 명수   1블록 필요 메모리 카드 용량   DOLBY SURROUND / DOLBY PRO LOGIC II 돌비 서라운드 / 돌비 프로로직 II 지원   480p 프로그레시브 모드 지원 프로그레시브 모드 지원

세발자전거 히어로

| 세발자전거배틀레이싱 | 1~4인용 | 2블록~ | 반프레스토 | 2003년 7월 17일 | 6,800엔 |

▲ 타이틀 화면에 히어로와 괴수가 한데 모였다. '가면라이더 구 1호'의 필살기는 유명한 '라이더 킥'. 잘 활용해 라이벌을 따돌리자.

'가면라이더'·'울트라맨' 시리즈의 가면라이더 구 1호·울트라맨·발탄 성인 등이 SD화되어 세발자전거 레이스로 승부하는, 귀여움이 가득한 캐릭터 레이싱 게임. 각 캐릭터의 필살기로 라이벌을 물리치고 1위를 노리자. 그랑프리·배틀 레이스·타임 트라이얼 모드가 있다.

도라에몽 : 모두 함께 즐기자! 미니도랜드

| 액션 | 1~4인용 | 2블록 | 에포크 사 | 2003년 7월 18일 | 6,800엔 |

▲ 매년 개봉되는 '도라에몽' 극장판처럼, 우정이 테마인 작품이다. 친숙한 '비밀도구'를 사용하여 즐기는 어트랙션들이 재미있다.

22세기의 테마파크 '미니도랜드'의 사전 개장행사에 당첨된 도라에몽이, 친구들과 함께 어트랙션에 도전한다. 1~4인 동시 플레이로, '비밀도구'를 사용하며 각 스테이지에서 골인하자. 도중에 미니도라와 만나면 숨겨진 문이 열린다. 교체되기 전의 초대 TV판 성우들을 기용했다.

포켓몬 채널 : 피카츄와 함께!

| 커뮤니케이션 | 1인용 | 22블록 | 닌텐도 | 2003년 7월 18일 | 5,800엔 |

※ 확장 디스크 및 카드e+ 3장 동봉

GBA케이블지원 | 카드e 리더+ 지원 | SD카드어댑터 지원

▲ 피카츄와 친해지면 다양한 동작과 표정을 보여준다. 등장 포켓몬은 모두 3D화했으며, 목소리도 애니메이션과 동일한 성우가 맡았다.

피카츄와 생활하는 커뮤니케이션 게임. TV 프로를 함께 보며 피카츄와 친해지자. 피카츄는 시간 경과로 성장하며, 자신만의 애칭도 붙일 수 있다. 피츄 형제가 나오는 신작 애니메이션과 퀴즈·뉴스 등 10종 이상의 프로가 있다. 야생의 포켓몬은 100종류 이상이 등장한다.

HARDWARE

2001'S SOFT

2002'S SOFT

2003'S SOFT

2004'S SOFT

2005'S SOFT

2006'S SOFT

OVERSEA SOFT

SOFT INDEX

F-ZERO GX

레이싱　｜　1~4인용　｜　22블록~　｜　닌텐도　2003년 7월 25일　5,800엔　　※SPEED FORCE 지원

DOLBY SURROUND　480p 프로그레시브 모드 지원

BOX ART & DISC

▲ 이때다 싶으면 부스트를 걸어 단숨에 가속! 하이퀄리티 그래픽과 짜릿한 테크노 사운드를 벗 삼아 내달려보자.

인기 SF 레이싱 게임이자 시리즈 최초로 스토리 모드를 넣은, 닌텐도와 세가의 콜라보 작품. 커스터마이즈 모드에선 취향대로 머신을 구축할 수 있다. 같은 시기의 아케이드 게임 「F-ZERO AX」와도 연동되며, 시리즈로는 드물게 스티어링 컨트롤러 'SPEED FORCE'를 지원한다.

봄버맨 랜드 2 : 게임 사상 최대의 테마파크

버라이어티　｜　1~4인용　｜　5블록~　｜　허드슨　2003년 7월 31일　5,980엔

DOLBY SURROUND　480p 프로그레시브 모드 지원

GBA케이블 지원

 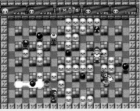  

BOX ART & DISC

▲ 만화가 무사시노 아츠시가 그린 4컷만화까지 수록해, 볼륨이 빵빵한 작품. GBA 연동 기능도 있어, GBA로 게임을 전송해 즐길 수 있다.

플레이스테이션으로 발매했던 봄버맨 미니게임 모음집 「봄버맨 랜드」의 속편. 어트랙션에 도전하여 피스를 많이 모아 '피스 킹'이 되는 게 목표인 '봄버 랜드' 모드를 비롯해, 기존의 대전 모드와 '패닉 봄버', '봄버맨 카트', '서바이벌 봄버맨' 등의 모드도 즐길 수 있다.

모노폴리 : 노려랏!! 대부호 인생!

보드 게임　｜　1~4인용　｜　7블록　｜　토미　2003년 7월 31일　6,800엔

DOLBY SURROUND　480p 프로그레시브 모드 지원

BOX ART & DISC

▲ 목표 금액·시간제한의 설정이 가능해, 단시간에 즐기기에도 좋다. CPU도 플레이스타일에 개성이 있어, 인원이 적어도 재미있다.

대부호가 되는 게 목표인 인기 보드 게임의 게임큐브판. '모노폴리'·'모노폴리 재팬'(2002년 디자이너즈 에디션)·'모노폴리 주니어'를 비롯해, 초보자~초상급자가 즐길 수 있는 개변 맵도 다수 수록했다. 옵션에서 룰을 확인할 수 있는 등, 처음 즐기는 사람도 충분히 배려했다.

액션　게임 장르　1~2인용　플레이 명수　1블록　필요 메모리 카드 용량　DOLBY SURROUND　DOLBY PRO LOGIC II　돌비 서라운드 / 돌비 프로로직 II 지원　480p 프로그레시브 모드 지원　프로그레시브 모드 지원

루팡 3세 : 바다로 사라진 비보

| 애니메이션 어드벤처 | 1인용 | 4블록 | 아스믹 에이스 엔터테인먼트 | 2003년 7월 31일 | 6,800엔 |

▲ 커맨드 선택에 따라 전개가 분기되는 풀보이스 애니메이션 어드벤처 게임. 루팡 일행과 교류하며 퍼즐을 풀어보자. 엔딩은 총 6종류다.

인기 애니메이션 기반의 오리지널 스토리 어드벤처 게임. 지중해의 항구마을을 무대로, 해양민족의 보물을 노리는 루팡 일행에 맞서는 적과의 대결을 소년 '테오'의 시점으로 그렸다. 애니메이션은 TV 시리즈와 동일하게 도쿄 무비가 제작했다.

바이오하자드 컬렉터즈 박스

| 서바이벌 호러 | 1인용 | 2블록~ | 캡콤 | 2003년 8월 7일 | 19,800엔 |

▲ 크리스 일행의 숙적인 '알버트 웨스커'의 시점에서 사건을 정리한 소책자 '웨스커즈 리포트 Ⅰ·Ⅱ'를 특전으로서 박스에 동봉했다.

게임큐브로 발매된 「바이오하자드 0~3」 4개 작품과 「바이오하자드 코드 : 베로니카 완전판」, 메모리카드 2개, 특전 소책자를 엄브렐러 사의 심볼 마크가 붙은 박스에 수납한 수량 한정판이다.

바이오하자드 코드 : 베로니카 완전판

| 서바이벌 호러 | 1인용 | 6블록 | 캡콤 | 2003년 8월 7일 | 4,800엔 |

▲ 다단 히트하는 나이프와 2마리를 동시 공격 가능한 쌍권총 등, 시리즈 중에서도 유독 개성이 강한 작품이다. 드라마틱한 스토리도 호평받았다.

드림캐스트판의 이식작. 절해의 고도를 무대로, 어느 천재를 부활시킨다는 '코드 : 베로니카' 계획에 말려든 크리스·클레어 남매의 활약을 그린 스토리다. 웨스커가 강화되는 신규 동영상 대체 등의 변경점이 있는, 완전판 기반의 이식작이다.

HARDWARE

2001'S SOFT

2002'S SOFT

2003'S SOFT

2004'S SOFT

2005'S SOFT

2006'S SOFT

OVERSEA SOFT

SOFT INDEX

드래건 드라이브 : 디마스터즈 샷

| 드라마틱 3D 슈팅 | 1~2인용 | 3블록 | 반다이 | 2003년 8월 8일 | 6,800엔 |

GBA케이블지원

BOX ART & DISC

▲ 빛의 용 '센코쿨러'를 조작해 뜨거운 배틀을 펼치자. '레이지'와 '꼬마'의 싱크로 게이지가 MAX이면 최강의 필살기를 쓸 수 있다.

사쿠라 켄이치 원작의 인기 애니메이션을 게임화했다. 리얼하게 모델링된 드래곤으로 3D 공간을 날아다니는 플라이트 슈팅 게임이다. 센

코쿨러·캄파를 비롯해, 적으로 43종류의 드래곤이 등장한다. 스토리는 기본적으로 원작대로이지만, 플레이어의 선택으로 'if' 세계도 즐길 수 있다.

파이널 판타지 크리스탈 크로니클

480p

| RPG | 1~4인용 | 22블록 | 스퀘어 에닉스 | 2003년 8월 8일 | 6,800엔 | ※ GBA 케이블 동봉 |

GBA케이블지원

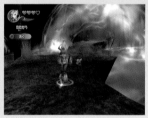

BOX ART & DISC

▲ 이 게임의 최대 특징은 게임보이 어드밴스를 컨트롤러 용도로 연결하여 즐기는 멀티플레이다. 최대 4인 파티로 동시에 플레이할 수 있다.

서정적인 세계관이 매력인 멀티플레이 RPG로, 친구들과 실제로 대화하며 플레이하는 게 묘미다. 목적은 캐러밴 일원이 되어 여러 몬스터와

싸우고 퍼즐을 풀어, 마을을 독기로부터 지켜주는 '크리스탈'에 '미르라'라는 액체를 주는 것. 다인 플레이가 전제이지만, 싱글 플레이도 가능하다.

테일즈 오브 심포니아

480p

| RPG | 1~4인용 | 3블록 | 남코 | 2003년 8월 29일 | 6,800엔 |

BOX ART & DISC

▲ 스토리의 메인 테마가 '차별'이라, 인간·드워프·하프엘프 등 종족도 입장도 다른 캐릭터들이 극중에 다수 등장한다.

게임큐브의 유일한 「테일즈 오브」 시리즈로, 「테일즈 오브 판타지아」의 과거를 다룬 작품. 적과 아군을 잇는 직선 위를 이동하며 싸우는

'멀티라인 리니어 모션 배틀' 시스템의 경쾌한 전투와 동료와의 연계기, 시리즈 최초의 '비기' 추가가 특징이다.

액션 게임 장르 | 1~2인용 플레이 명수 | 1블록 필요 메모리 카드 용량 | DOLBY SURROUND / DOLBY PRO LOGIC II 돌비 서라운드 / 돌비 프로로직 II 지원 | 480p 프로그레시브 모드 지원 프로그레시브 모드 지원

조이드 버서스 II

3D 대전 액션 | 1~2인용 | 10블록 | 토미 | 2003년 9월 5일 | 6,800엔

BOX ART & DISC

▲ 캐릭터가 50명 이상, 기본 조이드도 40종 이상, 바리에이션은 100종 이상이나 등장해, 다채로운 패턴을 조합하여 전투가 가능하다.

2002년에 발매했던 「조이드 버서스」의 속편. 시스템을 개량했고 신기체도 15종 이상 추가했다. 전작의 데이터가 든 메모리 카드가 있으면 숨겨진 캐릭터도 사용 가능. 데스자우러·울트라자우루스 등의 대형 조이드 조작은 물론, 대전 모드로 거대 조이드간 대결도 즐길 수 있다.

마리오 골프 패밀리 투어

골프 게임 | 1~4인용 | 13블록 | 닌텐도 | 2003년 9월 5일 | 6,800엔 | GBA케이블지원

BOX ART & DISC

 ▲ 마리오·와리오 등의 시리즈 인기 캐릭터를 조작해, 마리오 게임답게 다채로운 장치가 가득한 코스에서 골프를 즐길 수 있다.

'마리오' 시리즈 캐릭터로 즐기는 골프 게임. 플레이 모드가 다양하며, 초보자는 A 버튼 2번으로 샷이 나가는 '간단 샷'을, 상급자는 A·B 버튼을 3번 눌러 세심하게 샷을 치는 '테크니컬 샷'을 쓸 수 있다. 「마리오 골프 GBA 투어」와 연동시켜, 육성한 캐릭터를 전송할 수도 있다.

격투 프로야구 : 미즈시마 신지 올스타즈 VS 프로야구

액션 스포츠 | 1~2인용 | 26블록 | 세가 | 2003년 9월 11일 | 6,980엔

BOX ART & DISC

▲ 유일무이라 할 만한 이색 야구 게임. 미즈시마 캐릭터는 툰 세이딩 기술로 표현해, 파워 넘치는 캐릭터의 매력을 화면으로 보여준다.

'야구짱! 도카벤'·'야구광의 노래' 등으로 유명한 야구만화 거장 미즈시마 신지의 캐릭터들이 한데 모여 발매 당시의 현역 선수들과 대전하는 야구 게임. '실제 프로야구에 미즈시마 만화의 선수들이 등장한다면?'이란 컨셉의 작품으로, 가상의 선수를 실존 프로구단에 넣어 활약시킬 수 있다.

HARDWARE | 2001'S SOFT | 2002'S SOFT | 2003'S SOFT | 2004'S SOFT | 2005'S SOFT | 2006'S SOFT | OVERSEA SOFT | SOFT INDEX

목장이야기 : 원더풀 라이프

| 시뮬레이션 | 1인용 | 47블록 | 마벨러스 인터랙티브 | 2003년 9월 12일 | 6,800엔 |

GBA케이블지원

BOX ART & DISC

▲ 스토리는 총 6장. 주인공은 파트너와 결혼해, 아이도 낳아 기르며 가족을 꾸려간다. 자식의 호감도가 낮으면 싸움 이벤트가 나기 쉽다.

시리즈 제 10탄. 가상의 토지 '물망 골짜기'를 무대로, 자유롭게 목장 을 경영하는 시뮬레이션 게임이다. 플레이 기간은 30년. 시간이 갈수 록 주인공 등의 등장인물이 늙어가며 그래픽도 바뀌는 게 특징이다. GBA판 「목장이야기 : 미네랄 타운의 친구들」 과의 연동도 가능하다.

천외마경 II : MANJI MARU

| 순 일본풍 RPG | 1인용 | 2블록~ | 허드슨 | 2003년 9월 25일 | 4,980엔 |

BOX ART & DISC

▲ 분위기 자체는 '일본 풍'이지만 어딘가 무국적인 느낌의 나라 '지팡구'를 무대로, 하이텐션 캐릭터들이 펼치는 모험 활극이다.

PC엔진으로 발매된 「천외마경 II : 만지마루」의 리메이크판. 기본 시 스템은 원작과 같지만, 시스템을 개 선하고 배경을 3D화하는 등 게임 큐브의 성능에 맞춰 강화했다. 불의 일 족의 후예인 주인공 만지마루가, 거대 한 꽃 '암흑란'과 이를 이용하는 뿌리 의 일족을 타도하는 게 목적이다.

천재 비트 군 : 글라몬 배틀

| 낙서 대전 게임 | 1~2인용 | 56블록 | 타이토 | 2003년 10월 3일 | 5,800엔 |

BOX ART & DISC

▲ 사이버 공간의 미개척지 '비트랜드'를 무대로, 비트랜드의 주민 '엔젤 베어'와 '하피리'가 수수께끼의 파괴자 '하그하그 대왕'과 싸운다는 스토리다.

일본 NHK 교육TV(현 E텔레비전)의 인기 프로 '천재 비트 군' 내의 인기 코너 '글라몬 배틀'을 게임화했다. 플레이어가 게임 상에서 직접 그린 낙서를 입체화시켜 조작해 싸울 수 있 다. 그 외에도 글라몬 카드를 수집·열 람 가능한 '뮤지엄' 등, 파고들기 요소 도 가득하다.

| 액션 게임 장르 | 1~2인용 플레이 명수 | 1블록 필요 메모리 카드 용량 | DOLBY SURROUND / DOLBY PRO LOGIC II 돌비 서라운드 / 돌비 프로로직 II 지원 | 480p 프로그레시브 모드 지원 |

자이언트 에그 : 빌리 해처의 대모험

| 3D 액션 | 1~4인용 | 2블록 | 세가 | 2003년 10월 9일 | 6,980엔 |

DOLBY PRO LOGIC II 프로그레시브 모드 지원 | 480p

GBA케이블지원

BOX ART & DISC

▲ 달걀을 굴리면서 과일을 모으자. 달걀이 성장하면 공격력이 상승한다. 끝까지 성장한 달걀은 부화시킬 수 있다.

거대한 달걀을 굴리거나 부화시키면서 스테이지를 진행하는 3D 액션 퍼즐 게임. 닭들이 사는 나라 '모닝 랜드'를 무대로, 전설의 닭 슈츠를 입은 주인공 '빌리'가 활약한다는 스토리다. 달걀을 거대화시키면 특수한 힘을 지닌 '에그 애니멀'이 탄생하여, 진행이 유리해진다.

모여라!! 메이드 인 와리오

| 순간 액션 파티 | 1~4인용 | 4블록 | 닌텐도 | 2003년 10월 17일 | 3,800엔 | ※ '와리오 말판놀이' 동봉 |

DOLBY SURROUND | 480p

GBA케이블지원

Press Start
©2003 Nintendo

◀ 와리오 컴퍼니의 사원이 만든 '초미니게임'의 모음집, 어라!? 어디서 본 것 같은 게임도……

BOX ART & DISC

와리오가 제작한!? 초미니게임

GBA로 발매된 인기작이 파티 게임화되어 재등장했다. 수록된 모든 게임은 '최다'·'최단'·'최속'이란 세 키워드가 특징이라, 5초 정도로 끝나버리는 것들뿐이다. 4인 동시 플레이도 지원하며, 4분할 화면 대전은 물론이고 한 사람이 초미니게임을 플레이할 때 다른 멤버들이 우왕좌왕하며 방해할 수도 있어, 여럿이서 와자지껄 즐길 수 있다.

'피해라!', '멈춰라!' 등, 간단히 제시되는 목적을 폭탄이 터지기 전까지 달성하면 되는, 미니게임보다 더 작은 '초미니게임'을 다량 수록했다. 이 작품 특유의 뛰어난 접근성이, 훗날 유저가 직접 초미니게임을 만드는 닌텐도 DS용 게임 「메이드 인 나」(※ 한국 미발매)의 바탕이 되었다.

▲ 얼핏 단순한 게임 같지만 실은… 역시나 단순명쾌! 좌우 방향키를 조작해 균형을 잘 잡으면 된다.

HARDWARE

2001's SOFT

2002's SOFT

2003's SOFT

2004's SOFT

2005's SOFT

2006's SOFT

OVERSEA SOFT

SOFT INDEX

식신의 성 II

480p 프로그레시브 모드 지원

3D 종스크롤 슈팅 · 1~2인용 · 12블록 · 키즈 스테이션 · 2003년 10월 24일 · 6,800엔

BOX ART & DISC

▲ 파고들기 요소 중 하나로서, 기체를 적탄에 근접시키면 공격력이 강화되는 'TBS(텐션 보너스 시스템)'을 잘 이용하면 많은 점수를 벌 수 있다.

신들과 인간이 싸우는 암흑시대가 배경인, 아케이드판 원작의 탄막계 종스크롤 슈팅 게임. 플레이어는 '식신 공격'을 구사하는 쿠가 코타로 등의 캐릭터를 선택·조작해 괴물로 변한 신들을 속속 격파한다. 캐릭터별 공격 패턴의 특징을 연구해 스테이지와 보스를 공략하자.

레슬매니아 XIX

480p 프로그레시브 모드 지원

프로레슬링 게임 · 1~4인용 · 20블록 · 유크스 · 2003년 11월 7일 · 6,800엔

BOX ART & DISC

▲ 시리즈 최초로 유혈 시스템을 탑재했고, 잡기를 강·약 두 종류로 나누는 등 시스템도 확장했다. 에디트 기능으로 자신만의 캐릭터도 만들 수 있다.

미국을 대표하는 프로레슬링 단체, WWE가 개최했던 이 해 최대의 이벤트를 게임화했다. 더 락, '스톤 콜드' 스티브 오스틴, 헐크 호건 등의 WWE 슈퍼스타 40명이 당시 최고의 그래픽으로 등장한다. 대회장인 세이프코 필드(현 T-모바일 파크)의 열기를 리얼하게 재현해낸 타이틀이다.

마리오 카트 더블 대시!!

480p 프로그레시브 모드 지원

액션 레이싱 · 1~4인용 · 3블록~ · 닌텐도 · 2003년 11월 7일 · 5,800엔 · ※ SPEED FORCE 지원

브로드밴드 어댑터 지원

 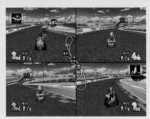 

BOX ART & DISC

▲ 이 작품 최대의 특징은 2인간의 '협력'. 아이템도 둘이 하나씩 소지하며, 2인 협력 플레이일 때는 아예 '운전'과 '아이템 사용'을 분담할 수도 있다.

2인승 카트로, 운전자를 교체하면서 협동하여 골인을 노리는 레이싱 게임. 카트는 직접 선택 가능하며, 캐릭터 사이즈에 따라 경량급·중량급·무제한급으로 나뉜다. 참가 캐릭터는 기본 16명과 숨겨진 캐릭터 4명. 그랑프리 외에, 3종류의 룰로 싸우는 배틀 모드도 준비했다.

액션 게임 장르 · 1~2인용 플레이 명수 · 1블록 필요 메모리 카드 용량 · DOLBY SURROUND / DOLBY PRO LOGIC II 돌비 서라운드 / 돌비 프로로직 II 지원 · 480p 프로그레시브 모드 지원 프로그레시브 모드 지원

해리 포터 : 퀴디치 월드컵

액션 / 1~2인용 / 3블록 / 일렉트로닉 아츠 / 2003년 11월 13일 / 5,800엔
GBA케이블지원

▲ 우선 호그와트 마법학교에서 퀴디치의 기초를 배우자. 이후 소속되는 국가별 대표팀은 저마다 독자적인 스페셜 무브를 가지고 있다.

소설 '해리 포터' 시리즈의 세계에서 개최되는 마법 경기를 게임화했다. '퀴디치'란, 하늘을 나는 빗자루를 타고 스니치가 잡히기 전까지 '퀴플'이라는 볼을 골에 집어넣어 득점을 겨루는 게임이다. 디테일한 그래픽으로 작품의 세계를 체험하며, 독특한 마법 경기를 즐겨보자.

스타워즈 : 로그 스쿼드론 III

3D 슈팅 / 1~2인용 / 5블록 / 일렉트로닉 아츠 / 2003년 11월 21일 / 6,800엔
GBA케이블지원

▲ X-윙과 Y-윙 등, 다양한 기체를 조종 가능하다. 무수한 적기가 엇갈리는 공중전은 물론, 미션에 따라서는 기체에서 내려 전투하기도 한다.

영화 '스타워즈'의 에피소드 IV부터 VI까지의 세계를 배경으로 게임화했다. 연합군 측 시점으로 진행되며, 신규 요소로서 2인까지의 협력 플레이와 대전 플레이도 가능해졌다. 숨겨진 요소이긴 하나, 아케이드 게임 3작품의 이식판을 플레이 가능한 것도 이 작품의 큰 특징이다.

포켓몬 콜로세움

대전·RPG / 1~2,4인용 / 48블록 / 닌텐도 / 2003년 11월 21일 / 5,800엔
※ 클리어 블랙 메모리 카드 59 동봉
GBA케이블지원 / 카드e 리더+ 지원

▲ 모든 포켓몬을 3D화했으며, 사이즈도 충실하게 재현했다. GBA와 연동시켜, 3D 화면을 사용한 대전이나 본격적인 RPG도 즐길 수 있다.

2000년 닌텐도 64로 발매됐던 「포켓몬 스타디움 금은」의 후속작. 「포켓몬스터 루비·사파이어」에 등장하는 포켓몬들이, 콜로세움을 무대로 뜨거운 대결을 펼친다. 이 작품에 등장하는 다크 포켓몬은, '스내치'로 입수한 다음 '리라이브'가 완료되면 동료로 삼을 수 있다.

HARDWARE

2001's SOFT

2002's SOFT

2003's SOFT

2004's SOFT

2005's SOFT

2006's SOFT

OVERSEA SOFT

SOFT INDEX

R : RACING EVOLUTION

레이싱 | 1~2인용 | 2블록~ | 남코 | 2003년 11월 27일 | 6,800엔 | ※ SPEED FORCE 지원

BOX ART & DISC

▲ 「릿지 레이서」 시리즈의 외전적 작품. 30종 이상의 차량과 14종의 코스를 준비한, 충실한 볼륨의 타이틀이다.

실존하는 차량과 코스가 등장하는 리얼 지향의 레이싱 게임. '휴먼 레이스 도큐먼트'로 명명한, 인간과 차량이 함께 성장해 나가는 드라마틱한 레이스가 전개된다. 게임 모드는 주인공이 일류 드라이버를 목표로 삼는 '스토리', 오락실 풍으로 가볍게 즐기는 '아케이드' 등 5종류가 있다.

가챠 포스

3D 대전 액션 | 1~4인용 | 10블록 | 캡콤 | 2003년 11월 27일 | 6,800엔

◀ 소년이 파트너인 보그와 함께 동료를 모아, 악의 보그 군단 '데스 포스'와 싸운다는 스토리.

BOX ART & DISC

사격/격투가 자동 전환되는 심플한 조작계, 점프 시의 부스트 게이지 소모

손바닥 크기의 기계생명체 '가챠 보그'를 조작해 싸우는 3D 로봇 대전 액션 게임. 코스트 제한 내에서 자신의 군대(포스)를 구성해 적의 가챠 보그들에 도전하는 시스템이다. 일본에서 아케이드로 대히트했던 「기동전사 건담 vs.」를 아동용 게임으로 재구성해 보자는 기획에 따라 해당 작품의 스탭들 다수가 참가해 개발한지라, 표적과의 거리에 따라

등, 기본 시스템 면에서 공통점이 많다. 기체별 개성의 폭은 이 작품 쪽이 압도적으로 넓어, 보그가 총 206종류에 종족은 무려 20가지나 준비됐으며, 레어 및 색상이 다른 버전에 이르기까지 선택지가 다채롭다. 보그는 기본적으로는 손바닥 사이즈지만, 개중에는 합체하는 보그나 전함 크기의 보그도 있어 스케일이 큰 로봇 배틀도 즐길 수 있다. 시간을 멈출 수 있거나 이동

이 불가능한 등 성능이 극단적으로 치우친 보그에, 이들과는 천적인 보그까지도 있을 만큼, 성능 면에서도 각자 개성이 강하다. 보그는 '스토리' 모드로 수집할 수 있으며, 반복 플레이도 지원해 다회차를 돌며 난이도를 올릴 수도 있다. 과제를 클리어하는 '챌린지', 최대 4인 참가가 가능한 '대전'도 수록했다.

▲ 아이들이 세계를 구한다는, 우정이 가득한 스토리. 파워 업 이벤트 등의 피가 끓는 전개도 펼쳐진다.

▲ 스토리는 몇 번이고 반복 플레이 가능하다. 육성한 보그의 세이브 데이터로 친구와 대전해보자.

▲ 점프하면 소모되는 부스트 게이지는 화면 하단에 표시된다. 이동법, 모으기 기술 유무 및 발동법은 보그 별로 다양하다.

액션 게임 장르 | 1~2인용 플레이 명수 | 1블록 필요 메모리 카드 용량 | DOLBY SURROUND / DOLBY PRO LOGIC II 돌비 서라운드 / 돌비 프로로직 II 지원 | 480p 프로그레시브 모드 지원

판타지 스타 온라인 EPISODE Ⅰ&Ⅱ plus

DOLBY PRO LOGIC Ⅱ | 480p 프로그래시브 모드 지원

온라인 RPG | 1~4인용 | 28블록 | 세가　2003년 11월 27일　3,980엔

※ 키보드 컨트롤러 지원

GBA케이블지원 | 모뎀어댑터지원 | 브로드밴드어댑터 지원

BOX ART & DISC

▲ 2007년까지 온라인 서비스를 제공했다. 당시엔 파티 단위의 모험은 물론, 따로 약속을 잡아 플레이어끼리 모여 채팅하는 광경도 흔했다.

전년에 발매했던 「판타지 스타 온라인 EPISODE Ⅰ&Ⅱ」의 염가판으로서 출시된 타이틀. 온라인으로만 제공했던 퀘스트 중 일부를 오프라인으로도 즐길 수 있도록 수록했고, 고난이도의 '챌린지 모드'를 추가했다. 이전판의 세이브 데이터를 불러와 계속 진행할 수도 있었다.

판타지 스타 온라인 EPISODE Ⅲ : 카드 레볼루션

DOLBY PRO LOGIC Ⅱ | 480p 프로그래시브 모드 지원

온라인 택티컬카드게임 | 1~4인용 | 32블록 | 세가　2003년 11월 27일　6,980엔

※ 키보드 컨트롤러 지원

모뎀어댑터지원 | 브로드밴드어댑터 지원

BOX ART & DISC

▲ 카드 게임으로 장르가 바뀌어, 신선한 느낌으로 즐길 수 있는 작품. 캐릭터 메이킹 화면 등의 BGM은 「EPISODE Ⅱ」와 같다.

「판타지 스타 온라인」의 3번째 작품으로서 발매된 타이틀로, 세계관은 이어지지만 이번에는 400종류 이상의 카드를 사용하는 카드 게임이다. 시리즈의 친숙한 적과 아이템은 여전히 게임에 등장한다. 온라인 모드일 때는 「EPISODE Ⅰ&Ⅱ」의 플레이어와 로비를 공유했다.

드래곤볼 Z

DOLBY SURROUND | 480p

격투 액션 | 1~2인용 | 2블록 | 반다이　2003년 11월 28일　6,800엔

BOX ART & DISC

▲ '드래곤볼 Z' 원작의 사이어인 편부터 인조인간 편까지의 스토리다. 캐릭터는 툰 셰이딩으로 제작해, 원작의 느낌을 충실히 재현했다.

토리야마 아키라 원작 대히트 애니메이션의 3D 격투 게임판. 오공·베지터 등 인기 캐릭터 23명이 등장하고, '대전'·'천하제일무도회' 등 5종의 모드가 있다. 스토리는 원작에 충실하며, 명장면도 풀보이스로 재현했다. 한 번 클리어하면 각 캐릭터별 시점의 스토리도 즐길 수 있게 된다.

GBA케이블지원 | 모뎀어댑터지원 | 브로드밴드어댑터 지원 | SD카드 어댑터 지원 | 타루콩가 지원 | 게임큐브 마이크 지원 | 매트 컨트롤러 지원 | 지원 주변기기

지원 주변기기

HARDWARE
2001's SOFT
2002's SOFT
2003's SOFT
2004's SOFT
2005's SOFT
2006's SOFT
OVERSEA SOFT
SOFT INDEX

메다로트 BRAVE

| 액션 RPG | 1~2인용 | 3블록~ | 나츠메 | 2003년 11월 28일 | 6,800엔 |

「ロボトルラリー」が ひらかれるのよ!

▲ 개성적인 메다로트를 3D 공간에서 자유 조작하는 것이 특징. 애니메이션·만화판처럼, 파츠 성능과 지형을 이용하는 전투가 재미있다.

「메다로트」 시리즈 최초의 3D 액션 RPG. 플레이어가 직접 메다로트를 조작해, 무대인 토르토르 랜드에 설치된 각 스테이지를 제패해야 한다.

스테이지로 '어트랙션'과 '전투 아레나' 2종류가 존재하며, 메다로트는 부품을 조합하여 다양한 타입으로 커스터마이즈할 수 있다.

BOX ART & DISC

마리오 파티 5

| 파티 게임 | 1~4인용 | 5블록 | 닌텐도 | 2003년 11월 28일 | 5,800엔 |

키노피오 스타트!

▲ 닌텐도의 인기 캐릭터들이 대집합! 키노피오·부끄부끄·미니쿠파도 새로 참가했다. 즐거운 미니게임으로 친구들과 함께 놀아보자.

「마리오 파티」 시리즈 제 5탄인 3D 보드 게임. 마리오와 친구들이 우주 저편 '유메미루'에 있는 별의 요정이 주최하는 감사 파티에 초대받았

다는 스토리. 진행할 때마다 각종 미니게임이 펼쳐지며, 마리오 일행을 초대한 별의 요정이 사회자로 진행을 담당해 게임을 이끈다.

BOX ART & DISC

크래시 밴디쿳 4 : 작렬! 마신 파워

| 액션 | 1인용 | 2블록 | 코나미 | 2003년 12월 4일 | 4,800엔 |

▲ 각 지역별로 '땅의 마신'·'물의 마신' 등의 마신이 기다리는 월드가 다수 존재하며, 월드마다 여러 코스와 비밀의 보너스 에리어도 있다.

인기 캐릭터 '크래시'가 활약하는 시리즈의 제 4탄. 개발사가 바뀌었지만, 기본적인 게임 시스템은 전작과 공통이다. 신규 액션으로 살금살

금 걷기를 추가했다. 전작에서는 탈것 스테이지에서만 조작 가능했던 여동생 '코코'가, 이번엔 일부 액션 스테이지에도 등장한다.

BOX ART & DISC

액션 게임 장르 1~2인용 플레이 명수 1블록 필요 메모리 카드 용량 DOLBY SURROUND / DOLBY PRO LOGIC II 돌비 서라운드 / 돌비 프로로직 II 지원 480p 프로그레시브 모드 지원

NARUTO -나루토- : 격투 닌자대전! 2

| 3D 닌자 대전격투 | 1~4인용 | 2블록 | 토미 | 2003년 12월 4일 | 6,800엔 |

▲ 최대 4인 동시 대전이 가능하고, '팀 배틀'과 모두가 적인 '서바이벌'이 재미있다. 조작이 간단해, 초보자도 화려한 필살기를 쓸 수 있다.

키시모토 마사시 원작 애니메이션 기반의 3D 대전액션 게임 제 2탄. '우즈마키 나루토' 등 전작의 캐릭터는 물론, '휴우가 히나타'와 '야마나카 이노' 등 신 캐릭터를 다수 추가했고, 음성도 TV판과 동일한 성우를 기용했다. 스토리 모드는 원작의 중급 닌자 시험~나뭇잎 부수기 편까지다.

허드슨 셀렉션 Vol.3 : PC원인

| 액션 | 1인용 | 3블록 | 허드슨 | 2003년 12월 4일 | 3,000엔 |

 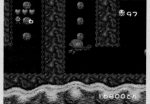 

▲ 원작인 PC엔진판 「PC원인」의 매력을 유지하면서도, 그래픽에 CG를 사용하고 사운드를 리뉴얼해 업그레이드시킨 타이틀이다.

원시시대를 사는 주인공 'PC원인'을 조작해, 납치된 '프린세스 드래곤'을 구출하러 가는 횡스크롤 액션 게임의 리메이크작. 점프 박치기 공격으로 적을 격파하고, 원시 고기를 먹어 파워 업하는 등, 코믹한 연출이 많은 게임이다. '갤러리'에 추억의 원작 발매 당시 TV광고 3종을 수록했다.

미키 & 미니 : 트릭 & 체이스

| 숨바꼭질 액션 | 1인용 | 3블록 | 캡콤 | 2003년 12월 4일 | 6,800엔 |

▲ 숲을 산책하던 미키·미니 앞에 나타난 거대 버섯이, 갑자기 UFO로 변해 미니를 납치했다. 일단 미키를 조작해 사랑하는 미니를 찾자.

미키와 미니 중 한쪽을 조작해, 의문의 생명체 '루루'에게 들키지 않게 조심하며 진행하는, '숨바꼭질'이 테마인 3D 스텔스 액션 게임. 필드에 있는 루루에게 들킬 것 같으면 '트릭'을 사용해 몸을 숨기자. 루루 중엔 발판으로 쓸 수 있는 것, 폭발하는 것 등 여러 종류가 있다.

HARDWARE | 2001'S SOFT | 2002'S SOFT | 2003'S SOFT | 2004'S SOFT | 2005'S SOFT | 2006'S SOFT | OVERSEA SOFT | SOFT INDEX

HARDWARE
2001's SOFT
2002's SOFT
2003's SOFT
2004's SOFT
2005's SOFT
2006's SOFT
OVERSEA SOFT
SOFT INDEX

메달 오브 아너 : 라이징 선

밀리터리 FPS　1~4인용　8블록　일렉트로닉 아츠　2003년 12월 4일　6,800엔

GBA케이블지원

BOX ART & DISC

▲ 게임에서 표현한 2차대전 관련 묘사는 방대한 역사자료와 현지취재를 바탕으로 했으며, 태평양전쟁 전문 연구자의 감수·시대고증도 거쳤다.

태평양전쟁이 무대인 밀리터리 FPS 게임. 주인공은 리얼한 3D 그래픽으로 그려진 전장에서 역사적 사실에 기반한 작전을 수행한다. 화면분할 형태의 대전 플레이가 가능하고, 게임보이 어드밴스를 연결하면 GBA 화면이 레이더가 되기도 한다.

바텐 카이토스 : 끝없는 날개와 잃어버린 바다

롤플레잉 게임　1인용　8블록　남코　2003년 12월 5일　6,800엔

480p 프로그레시브 모드 지원

▲ 신들의 세계관과 카드 배틀 풍의 전투 시스템이 특징인 판타지 RPG다. 한 세계관을 무대로 삼은 독특

BOX ART & DISC

「제노사가」 시리즈의 모놀리스 소프트 사와 「발키리 프로파일」 시리즈의 음악을 담당했던 트라이크레센도 사가 공동 개발한 작품. 공중에 부유한 다섯 대륙을 무대로, 소년 '칼라스'와 히로인 '셀라'가 각자의 목적에 따라 행동한다는 스토리다. 시나리오는 「제노기어스」의 카토 마사토가 맡아, 방대하면서도 치밀한 설정을 바탕으로 환상적인 세계관과 의표를 찌르는 스토리를 만들어 냈다. 또한 각 대륙별로도 특징을 설정하고, 주민의 복장과 풍경까지도 설정을 치밀하게 반영했다. 게임 면에서의 특징은, 장비·마법·아이템 등을 모두 '매그너스'라는 카드로 구성했다는 점. 이는 이 세계의 물질이 '매그너 에센스'로 구성돼 있다는 설정에서 유래한 것으로, 전투 시에도 매그너스로 덱을 짜서 싸운다. 종류도 풍부해, 매그너스 수집만으로도 상당한 깊이가 있다. 시스템과 세계관을 비롯해 모든 면에서 뛰어난 퀄리티를 자랑하는 작품이며, 게임큐브를 대표하는 대작으로서 손색없는 완성도를 자랑한다.

▲ 음악은 「스타 오션」 시리즈와 「발키리 프로파일」 시리즈로 유명한 사쿠라바 모토이가 맡았다.

▲ 전투 시스템은 '매그너스'를 이용하는 카드 배틀 풍으로 구성했다. 어떻게 덱을 짜느냐가 전황을 크게 좌우한다.

▲ 「바이오하자드」와 마찬가지로 동영상 배경 시스템을 채용해, '하늘에 떠있는 대륙'이란 독특한 세계를 구현했다.

액션　게임 장르　1~2인용　플레이 명수　1블록　필요 메모리 카드 용량　돌비 서라운드 / 돌비 프로로직 II 지원　480p 프로그레시브 모드 지원

니모를 찾아서

| 3D 액션 | 1인용 | 1블록 | 유크스 | 2003년 12월 6일 | 5,800엔 |

BOX ART & DISC

▲ 아름답고도 세밀하게 그려진 바다 속에서 여러 미션을 클리어하자. 중요한 장면에는 픽사의 원작 영화 본편의 동영상을 사용했다.

픽사 애니메이션 스튜디오가 제작한 극장판 애니메이션이 원작인 액션 게임. 주인공 말린을 조작해, 인간에게 잡혀간 니모를 구출하자. 길을 막는 가시복어와 곰치는, 빨리 헤엄치거나 말미잘 사이에 숨어 피해야 한다. 미션 도중엔 여러 미니게임도 즐길 수 있다.

더비츠쿠 3 : 더비 경주마를 만들자!

| 경주마육성시뮬레이션 | 1인용 | 20블록 | 세가 | 2003년 12월 11일 | 6,980엔 |

BOX ART & DISC

▲ 음성합성 시스템으로, 플레이어가 붙인 말 이름을 직접 불러준다. 실황은 당시 '라디오 탄파'의 경마중계 아나운서였던 야마모토 타츠아다.

마주 겸 브리더가 되어 경주마를 생산·육성해보는 경마 시뮬레이션 게임. 2003년도 데이터 기반으로, 3,000두에 달하는 경주마와 500두 이상의 종마·번식마, 기수 46명까지도 실명으로 등장한다. 경마장도 당시 막 리뉴얼했던 도쿄경마장 등, 일본 국내외 31곳의 경마장을 재현했다.

해리 포터와 마법사의 돌

| 액션 어드벤처 | 1인용 | 9블록 | 일렉트로닉 아츠 | 2003년 12월 11일 | 5,800엔 |

BOX ART & DISC

▲ 여전히 그래픽 퀄리티가 높아, '해리 포터'의 스토리와 세계에 자연스럽게 빠져든다. 난이도도 어렵지 않아, 퍼즐과 액션이 적당한 수준이다.

J.K.롤링 원작의 판타지 영화를 게임화했다. 주인공 해리를 조작하여 호그와트 마법학교를 탐색하자. 전형적인 어드벤처 게임으로, 새로운 장소에 오면 아이템을 얻어 수수께끼를 풀며 스토리를 진행한다. 성우는 영화관과는 다르나 호화 캐스팅이며, 거의 풀보이스로 진행된다.

HARDWARE
2001's SOFT
2002's SOFT
2003's SOFT
2004's SOFT
2005's SOFT
2006's SOFT
OVERSEA SOFT
SOFT INDEX

HARDWARE
2001's SOFT
2002's SOFT
2003's SOFT
2004's SOFT
2005's SOFT
2006's SOFT
OVERSEA SOFT
SOFT INDEX

모모타로 전철 12 : 서일본 편도 있습니다~!

| 보드 게임 | 1~4인용 | 6블록 | 허드슨 | 2003년 12월 11일 | 6,800엔 |

BOX ART & DISC

▲ '서일본 편'이라 지역이 한정적이지만, 맵 넓이는 전국 편 급이다. 특히 교토 역은 건물 수 40개로, 단일 역 기준으로는 시리즈 최대다.

시리즈 제 12탄. 주사위를 굴려 건물을 구입해 자산을 늘려가는 보드 게임이다. 츄고쿠·시코쿠·긴키 지방을 묶은 서일본 맵을 수록했다.

가난뱅이 신으로 '허리케인 봄비'와 '봄비 몽키'를 추가했고, 오리지널 캐릭터 '오사카 아줌마'가 등장해, 플레이어에 들러붙어 진행을 방해한다.

ONE PIECE 그랜드 배틀! 3

| 3D 대전 액션 | 1~2인용 | 2블록 | 반다이 | 2003년 12월 11일 | 6,800엔 | GBA케이블지원 |

BOX ART & DISC

▲ 캐릭터 게임의 성격이 강해져, 원작대로의 대립이 발생하기도 한다. 이벤트 배틀에서는 원작을 재현한 연출도 집어넣었다.

오다 에이이치로 원작의 인기 애니메이션을 게임화한 작품 제 3탄으로서, 전작의 시스템을 대담하게 개변해 3D 폴리곤화된 캐릭터가 전 방향으로 자유롭게 움직이는 프리 러닝 격투 게임이 되었다. 신규 게임 모드인 '그랜드 투어즈'를 비롯해, '그랜드 배틀'·'이벤트 배틀'이 있다.

SSX 3

| 액션 스노보드 | 1~2인용 | 8블록 | 일렉트로닉 아츠 | 2003년 12월 18일 | 6,800엔 |

BOX ART & DISC

▲ 위험한 점프대가 곳곳에 배치된 트리키한 코스는, 가볍게 즐기고픈 라이트 유저부터 리얼을 추구하는 코어 게이머까지도 커버한다.

2001년 발매했던 「SSX 트리키」의 속편. 눈길을 맹렬한 속도로 질주하며 화려하게 공중을 나는 쾌감을 맛보는 스노보드 게임이다. 트릭은 버튼 조합으로 간단히 구사할 수 있다. 고난이도 트릭을 성공시키면 레이스가 유리해지고, 복합 트릭이 성공하면 불리한 상황도 역전 가능하다.

액션 게임 장르 1~2인용 플레이 명수 1블록 필요 메모리 카드 용량 DOLBY SURROUND / DOLBY PRO LOGIC II 돌비 서라운드 / 돌비 프로로직 II 지원 480p 프로그레시브 모드 지원

동키 콩가

| 리듬 액션 | 1~4인용 | 3블록 | 닌텐도 | 2003년 12월 12일 | 6,800엔 | ※타루콩가 동봉 |

DOLBY SURROUND / 480p 프로그레시브 모드 지원 / 타루콩가 지원

◀ 손뼉 센서의 존재와 다인 플레이가 가능하다는 점이 큰 특징인 리듬 액션 게임.

BOX ART & DISC

남코와 닌텐도가 태그를 맺고 제작한 리듬 액션 게임으로서, 게임큐브 최초의 음악 게임이다. 폭넓은 연령층이 즐길 수 있게끔 동요·애니메이션·J-POP 등 9가지 장르의 총 32곡을 수록했으며, 전용 컨트롤러인 '타루콩가'도 사용할 수 있다. 타루콩가는 이 작품과 동시에 개발을 진행한 타악기형 컨트롤러로서, 콩가처럼 좌우의 나무통을 두드려 조작하며, 손뼉 센서가 있어 박수를 치면 소리를 감지해 리듬을 반영할 수도 있는 주변기기다. 게임 모드는 총 4가지로서, 클리어하면 칩을 받는 1인용 모드인 '스트리트 라이브', 메들리처럼 계속 이어지는 곡을 클리어하는 '챌린지', 2P와 동시 연주하며 실력을 경쟁하는 '배틀', 최대 4명까지 참가해 음악을 즐기는 '프리 세션' 등을 수록했다. 획득한 칩은 상점에서 최고 난이도인 '익스퍼트'의 악보와 콩가 효과음 변경 등을 구입하는 데 쓸 수 있다.

▲ 이 작품에 곡이 수록됐기에 게임 샘플을 원 작곡자인 층쿠♂에게 보낸 게, 훗날 「리듬 세상」의 기획으로 이어졌다.

▲ 메인 모드인 리듬 게임뿐만 아니라, 미니게임도 3종류 수록했다. 미니게임도 타루콩가로 플레이할 수 있다.

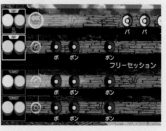
▲ 모든 곡에 4인용 악보가 존재하므로, 어떤 곡이든 프리 세션에서 최대 4명까지 함께 즐길 수 있다.

실황 파워풀 프로야구 10 초결정판 : 2003 메모리얼

| 스포츠 | 1~2인용 | 95블록 | 코나미 | 2003년 12월 18일 | 6,980엔 |

DOLBY PRO LOGIC II / 480p 프로그레시브 모드 지원

BOX ART & DISC

▲ 시리즈 10주년 기념작이기도 하거니와, '초결정판' 로고와 초기 커서 위치 등의 디테일에 개발진의 한신 타이거즈 팀 애호가 엿보인다.

7월에 발매했던 「실황 파워풀 프로야구 10」의 마이너 체인지판. 호평받은 부분은 유지하고, 플레이를 개선했다. 특징은 역대 석세스 모드에 등장했던 동료·라이벌을 고용할 수 있는 '석세스 올스타즈'. 꿈의 팀을 편성해 기존 12구단에 도전해보자. 「파워포켓」 쪽 선수도 등장한다.

HARDWARE

2001's SOFT

2002's SOFT

2003's SOFT

2004's SOFT

2005's SOFT

2006's SOFT

OVERSEA SOFT

SOFT INDEX

듀얼 마스터즈 : 열투! 배틀 아레나

| 버추얼 카드 게임 | 1~2인용 | 7블록 | 타카라 | 2003년 12월 18일 | 6,800엔 |

GBA케이블지원

BOX ART & DISC

▲ 3D화된 크리처들이 박력만점의 배틀을 전개한다. 게임보이 어드밴스를 연결하면 게임 내에서 '2P 대전 듀얼'도 즐길 수 있다.

미국산 TCG가 기반인, 마츠모토 시게노부 원작의 애니메이션을 게임화했다. 주인공 '키리후다 쇼부' 등의 인기 캐릭터들이 '실제를 초월한 듀얼'을 화면 내에서 펼친다. 등장하는 듀얼리스트는 16명이며, 카드 300종 이상을 수록했다. 라이벌의 덱도 60종류 이상 준비했다.

드림 믹스 TV : 월드 파이터즈

| 시골벽적 대전 액션 | 1~4인용 | 4블록 | 허드슨 | 2003년 12월 18일 | 6,800엔 |

BOX ART & DISC

▲ 신·구작들의 다양한 캐릭터들이 난투하는 '시골벽적 대전 액션' 게임. 상대에 혼을 빼앗기지 않고 끝까지 살아남은 캐릭터가 승자다.

코나미·타카라·허드슨 3개 회사의 공동개발 타이틀. 3개사의 간판 캐릭터들이 가상의 TV 방송국 '드림 믹스 TV'의 격투 프로에 출연, 열띤 배틀을 펼친다. 당시 코나미가 타카라와 허드슨의 모회사였기에 크로스오버가 가능했다. 리카 인형과 파워프로 군이 한 무대에서 싸우는 게임이다.

뷰티풀 죠 리바이벌

| VFX 액션 | 1인용 | 4블록 | 캡콤 | 2003년 12월 18일 | 3,980엔 |

BOX ART & DISC

▲ VFX 파워를 사용해, 온갖 멋을 부리며 플레이에 몰입해보자. 멋지게 플레이해야 게임이 유리해지고 보너스 점수도 많이 들어온다.

'일본의 특촬 히어로를 미국 코믹스 풍으로 표현한다'라는 컨셉의 액션 게임. '죠'가 구사하는 VFX 파워는 시간을 느리게 해 강력한 일격을 날리거나, 시간을 빨리 감아 연속기를 구사할 수도 있고, 퍼즐 해결에도 활용한다. 원작에 없었던 이지 모드 'SWEET'도 추가했다.

액션 게임 장르 | 1~2인용 플레이 명수 | 1블록 필요 메모리 카드 용량 | DOLBY SURROUND / DOLBY PRO LOGIC II 돌비 서라운드 / 돌비 프로로직 II 지원 | 480p 프로그레시브 모드 지원 프로그레시브 모드 지원

허드슨 셀렉션 Vol.4 : 타카하시 명인의 모험도

| 액션 | 1인용 | 2블록 | 허드슨 | 2003년 12월 18일 | 3,000엔 |

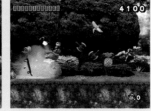

▲ 아케이드 게임 「원더 보이」의 캐릭터 교체 이식판을 리뉴얼한 작품으로, 입체감 넘치는 그래픽과 편곡한 각 스테이지 BGM 등이 특징이다.

80년대 중반 패미컴 붐 시대, 일본의 소년소녀 게이머들이 동경했던 '타카하시 명인'이 주인공인 횡스크롤 액션 게임의 업그레이드 이식판.

석기시대를 무대로 활약하는 타카하시 명인을 조작해, 손도끼로 적을 물리쳐 '티나'를 구출하자. 게임은 라이프제이며, 우유를 얻으면 회복된다.

니드 포 스피드 언더그라운드

| 레이싱 | 1~2인용 | 9블록 | 일렉트로닉 아츠 | 2003년 12월 25일 | 6,800엔 | ※ SPEED FORCE 지원 |

▲ 차량의 외관·거동은 물론, 아스팔트에 네온 빛이 반사되는 광경도 재현했다. 고속주행 시에 배경이 왜곡되는 묘사로 속도감을 연출한다.

심야의 네온 빛 거리가 무대인 공공도로 레이싱 게임. 일본차 등의 실존 차량이 등장한다. 레이스 도중 증감하는 스타일 포인트를 모으면

신규 파츠가 개방된다. 비주얼 파츠를 붙여 외관이 화려해지면 포인트 입수량이 늘어나므로, 속도뿐만 아니라 겉멋을 추구하는 것도 중요하다.

소닉 히어로즈

| 하이스피드 팀 액션 | 1~2인용 | 2블록~ | 세가 | 2003년 12월 30일 | 6,980엔 |

▲ 팀의 타입은 스피드·플라이·파워 3가지로 나뉜다. 포메이션을 짤 때 누구를 선두로 놓느냐로 액션 타입이 변화하게 된다.

「소닉 어드벤처 2」의 속편격 타이틀. 「소닉」 시리즈에 등장하는 주요 캐릭터들이 3명 단위로 한 팀을 짜, 각 캐릭터별 특기와 공격 등을 활용하여 스테이지 클리어를 노린다. 팀별로 마련된 테마 곡을 비롯해, 뛰어난 퀼리티의 BGM이 게임 분위기를 한껏 띄운다.

HARDWARE · 2001's SOFT · 2002's SOFT · 2003's SOFT · 2004's SOFT · 2005's SOFT · 2006's SOFT · OVERSEA SOFT · SOFT INDEX

HARDWARE

2001'S SOFT

2002'S SOFT

2003'S SOFT

2004'S SOFT

2005'S SOFT

2006'S SOFT

OVERSEA SOFT

SOFT INDEX

2004

NINTENDO GAMECUBE SOFTWARE ALL CATALOGUE

2004년에 발매된 게임큐브용 소프트는 총 43개 타이틀로서, 전년 대비로 절반 미만이라는 급격한 감소세를 보였다. 이 무렵은 라이벌 기종인 플레이스테이션 2가 일본 시장을 사실상 제패한데다, 닌텐도 역시 차세대 게임기 '레볼루션'의 개발을 발표했던 시기다. 따라서 개발사·유저들 어느 쪽이나, 개발·구매의욕에 브레이크가 걸릴 수밖에 없었던 상황이었다 하겠다.

그런 와중에서도 소프트 라인업 쪽은 원숙기에 접어들어, 「페이퍼 마리오 RPG」·「젤다의 전설 : 4개의 검 + 」·「기동전사 건담 : 전사들의 궤적」등의 명작들이 이 해에 출시되었다.

 반지의 제왕 : 왕의 귀환   DOLBY PRO LOGIC II   480p 프로그레시브 모드 지원

| 액션 어드벤처 | 1~2인용 | 6블록 | 일렉트로닉 아츠 | 2004년 1월 8일 | 6,800엔 |

GBA케이블지원

BOX ART & DISC

▲ 스테이지 상에 설치된 장치로 단숨에 적을 물리치거나, 원정대 동료들과 함께 적을 협공하는 등, 영화를 방불케 하는 전투가 펼쳐진다.

J.R.R.톨킨 원작 판타지 영화의 게임판. 2003년 발매된 「두 개의 탑」의 속편이며, 아라고른·김리·레골라스, 프로도와 샘, 그리고 간달프의 여행을 최후까지 체험한다. 시스템을 개선하고 스테이지 구성과 그래픽을 강화했다. 전작보다 난이도도 낮춰, 초보자라도 재미있는 타이틀이다.

 카이쥬의 섬 : 어메이징 아일랜드   DOLBY SURROUND   480p 프로그레시브 모드 지원

| 오리지널몬스터액션 | 1~4인용 | 13블록~ | 세가 | 2004년 1월 15일 | 5,980엔 |

GBA케이블지원

BOX ART & DISC

▲ 게임을 진행하다 막히면, 장로가 도움을 준다. '카이쥬 섬'의 장로는 박학다식하니, 그의 말을 잘 따르며 플레이하도록 하자.

카이쥬 섬에 도착한 주인공(플레이어)이 '카이쥬 에디터'로 자신 취향의 '카이쥬'(괴수)를 만들어 동료들과 함께 모험하는 게임. 동료들과 다양한 미니게임을 즐기며 스토리를 진행하자. 부분별로 플레이어가 직접 그림을 그려 골격부터 만드는 '카이쥬' 메이킹이 재미있다.

액션 게임 장르   1~2인용 플레이 명수   1블록 필요 메모리 카드 용량   DOLBY SURROUND / DOLBY PRO LOGIC II 돌비 서라운드 / 돌비 프로로직 II 지원   480p 프로그레시브 모드 지원 프로그레시브 모드 지원

더 심즈

라이프 시뮬레이션 | 1~2인용 | 161블록 | 일렉트로닉 아츠 | 2004년 1월 22일 | 6,800엔

▲ '심'은 자유의지가 있어, 그냥 놔두면 미리 설정된 성격에 따라 행동한다. 2인 협력 플레이라면, 장시간 시나리오라도 바로 클리어 가능하다.

자신의 분신 '심'(Sim)을 마을에 살도록 해, 그 심의 일상생활과 주변 캐릭터들을 관찰하는 라이프 시뮬레이션 게임. 스토리 모드에선 플레이어의 선택에 따라 120종류의 직업 중 하나에 취업할 수 있다. 프리 모드에선 부자가 되거나 가족을 만드는 등, 자유롭게 플레이 가능하다.

텐 에이티 : 실버 스톰

스포츠 | 1~4인용 | 3블록~ | 닌텐도 | 2004년 1월 22일 | 5,800엔

▲ 시속 100km 이상의 스피드로 설산을 활강하는 스릴을 체험하자. 브로드밴드 어댑터로, 최대 4인까지의 통신 플레이도 가능했다.

1998년 닌텐도 64로 발매되던 「텐 에이티 스노보딩」의 속편. 라이벌과 레이스하거나, 트릭을 성공시켜 점수를 겨루는 게임이다. 설산을 활강하는 질주감이 전작보다 향상됐고, 커맨드도 리뉴얼해 난해한 트릭에 도전하기도 쉬워졌으며, 코스도 모두 새로 디자인했다.

학원도시 바라누아르 로지즈

애니메이션게임(ADV+SLG) | 1인용 | 43블록 | 아이디어 팩토리 | 2004년 1월 23일 | 5,800엔

▲ 학교 내 대화와 던전 모험이 중심인 게임. 동료와 함께 던전을 탐색해 과제를 클리어하자. 특수한 아이템·마법도 획득 가능하다.

아이디어 팩토리 사가 당시 전개하던 '네버랜드' 시리즈 작품 중 하나. 학교생활 어드벤처와 시뮬레이션을 결합시킨 게임으로, 2002년 발매했던 PS2판에 애니메이션을 추가했다. 목적은 주인공 '뮤'를 학원도시에서 졸업시키는 것. 개성이 풍부한 캐릭터들이 다수 등장한다.

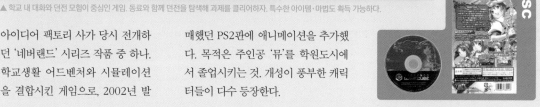

HARDWARE

2001'S SOFT

2002'S SOFT

2003'S SOFT

2004'S SOFT

2005'S SOFT

2006'S SOFT

OVERSEA SOFT

SOFT INDEX

007 에브리씽 오아 나씽

액션 | 1~4인용 | 5블록 | 일렉트로닉 아츠 | 2004년 2월 11일 | 6,800엔

BOX ART & DISC

▲ 이 작품의 '제임스 본드'는, 영화판의 5대 본드를 연기한 피어스 브로스넌이다. 본드 걸 '미스 나가이'는 일본의 배우 이토 미사키가 맡았다.

영화 '007'이 소재인 첩보 액션 게임. 게임 오리지널 시나리오라, 영화 및 이언 플레밍의 원작과는 별개의 작품이다. 플레이어는 영국의 첩보원 '007'이 되어 미션을 수행한다. 여타 TPS와는 달리 이 게임은 스파이물이므로, 기본적으로 무의미한 살생·파괴는 자제해야 한다.

로그 옵스

스텔스 액션어드벤처 | 1인용 | 6블록 | 켐코 | 2004년 2월 26일 | 6,800엔

BOX ART & DISC

▲ 총격전 중심의 게임이 아니므로, 적과 조우해도 격투 등으로 신속 돌파해야 한다. 난이도는 아마추어·에이전트·어쌔신의 3종류다.

스타일리시한 금발 여성이 활약하는 미션 클리어형 액션 게임. 주인공 '니키'는 전직 그린 베레로서, 남편과 딸이 눈앞에서 살해당한 과거가 있다. 시스템의 특징인 시점 변경과 레이더를 잘 사용해, 잠입 임무를 수행하자. 경계용 레이저 배리어를 돌파하는 아슬아슬한 긴장감이 일품이다.

로보캅 : 새로운 위기

액션 슈팅 | 1인용 | 4블록 | 타이터스 재팬 | 2004년 3월 4일 | 5,800엔

BOX ART & DISC

▲ 교회, 비밀 시설, OCP 등 총 9스테이지 구성이다. 지령사항을 엄수하며 경찰로서 미션을 수행하자. 다양한 무기도 나온다.

폴 버호벤 감독의 출세작인 같은 제목의 SF 영화를 새로운 시나리오로 게임화했다. 플레이어가 알렉스 머피, 즉 '로보캅'이 되어 네오 디트로이트의 거리에서 치안 유지를 위해 싸우는 건 슈팅 액션 게임. 영화의 익숙한 캐릭터들이 대활약한다. 출현하는 적도 30종류 이상에 달한다.

액션 게임 장르 | 1~2인용 플레이 명수 | 1블록 필요 메모리 카드 용량 | DOLBY SURROUND / DOLBY PRO LOGIC II 돌비 서라운드 / 돌비 프로로직 II 지원 | 480p 프로그레시브 모드 지원 프로그레시브 모드 지원

커스텀 로보 : 배틀 레볼루션

| 로봇 액션 RPG | 1~4인용 | 15블록 | 닌텐도 | 2004년 3월 4일 | 5,800엔 |

DOLBY SURROUND · 480p 프로그레시브 모드 지원 · GBA케이블지원

▲ 휴대용에서 가정용으로 플랫폼이 바뀐 덕분에, 그래픽과 사운드가 대폭 진화했다. 대전 플레이는 최대 4명까지 참가 가능하다.

「커스텀 로보」 시리즈 통산 4번째 작품. 로봇을 자유롭게 개조해 배틀시키는 액션 RPG이며, 그래픽을 근미래 풍 디자인으로 리뉴얼했다.

시나리오 모드에서 조작과 기본을 배워, 대전 모드와 아케이드 모드에 도전하자. 파츠는 약 200종류나 되며, 간단 조작으로 커스터마이즈할 수 있다.

메탈기어 솔리드 : 더 트윈 스네이크스

| 전술 첩보 액션 | 1인용 | 3블록 | 코나미 | 2004년 3월 11일 | 6,980엔 | ※ 한정판 '프리미엄 패키지'(21,000엔)도 동시 발매 |

DOLBY PRO LOGIC II · 480p 프로그레시브 모드 지원

「메탈기어」 시리즈 제 3탄인 플레이스테이션용 게임 「메탈기어 솔리드」를, 「메탈기어 솔리드 2」의 엔진·그래픽과 게임 시스템 기반으로 리메이크한 작품. 적지에 단독 잠입하여 들키지 않도록 은밀 진행하는 3D 스텔스 액션 게임이다. '주관 시점'·'홀드 업'·'매달리기' 등 「메탈기어 솔리드 2」에서 추가된 액션, 마취총 및 보스 배틀의

스태미너 게이지를 도입했고, 적 병사의 AI도 강화했다. 맵 구조는 원작과 기본적으로 동일하나, 일부 아이템의 추가와 매달리기로 이동 가능한 장소, 지름길이 추가된 장소 등 몇 가지 변경점도 있다. 난이도 설정이 가능해졌고, 영화감독 키타무라 류헤이가 연출한 신규 이벤트 동영상도 추가했다. BGM은 거의 대부분 리뉴얼했고, 캐릭터 보이스도 새로 재수록했다. 닌텐

도 게임기 발매작이라는 이점을 살려, 게임 내에 게임큐브 본체와 마리오·요시 인형이 등장하는 이스터 에그도 넣었다. FOXHOUND 부대 엠블럼이 페이스플레이트에 인쇄된 오리지널 사양의 게임큐브 본체를 동봉한 한정판 '프리미엄 패키지'에는, 특전으로 패미컴판 「메탈기어」의 복각판 디스크도 동봉했다.

▲ 하이테크 특수부대 'FOXHOUND'가 점거 중인, 혹한의 땅 알래스카의 핵병기 폐기시설에 단독 잠입한다.

▲ 모든 'PAL 키'를 찾아내 획득하여, 메탈기어를 이용한 핵 발사 기록 시스템을 해제해야 한다.

▲ '로이 캠벨'의 호적상 조카인 '메릴 실버버그'와의 협력 진행도, 스토리 진행상의 볼거리 중 하나이다.

HARDWARE / 2001'S SOFT / 2002'S SOFT / 2003'S SOFT / 2004'S SOFT / 2005'S SOFT / 2006'S SOFT / OVERSEA SOFT / SOFT INDEX

HARDWARE
2001's SOFT
2002's SOFT
2003's SOFT
2004's SOFT
2005's SOFT
2006's SOFT
OVERSEA SOFT
SOFT INDEX

기동전사 건담 : 전사들의 궤적

| 전술 액션 | 1인용 | 3블록 | 반다이 | 2004년 3월 18일 | 6,800엔 |

BOX ART & DISC

◀ 고난이도를 자랑하면서도 리얼 지향이라, 파고들수록 깊이가 느껴지는 매니악한 게임이다.

1년전쟁을 테마로 삼은 액션 게임. '기동전사 건담'을 비롯해 OVA 작품 '주머니 속의 전쟁'과 '제 08 MS 소대', 메카닉 디자인 기획물 'MSV'의 캐릭터 및 모빌슈트가 등장한다. 캐릭터별로 마련된 미션을 골라 클리어하면서 게임을 진행하며, 처음에는 지구연방군의 아무로와 지온 공국군의 샤아만 선택 가능하지만, 클리어하다 보면 다른 캐릭터도 선

택할 수 있게 된다. 이 작품만의 오리지널 미션 등을 비롯해 시나리오가 기본적으로 원작에 충실한 편이나, 지온 측이 승리했을 경우엔 「기렌의 야망」처럼 IF 엔딩이 나오는 구조다. 상대에 심리적인 압박을 걸거나 직격에 성공하면 크리티컬이 되는 시스템도 넣었다. 부록 콘텐츠인 'MS GRAPHICS'는 모빌슈트를 당시 일본의 인기 TV 프로였던 'CAR GRAPHIC TV' 풍으

로 소개하는 동영상으로서, 나레이션도 해당 프로의 나레이터이자 원작의 아무로 역인 후루야 토오루가 맡았다. 내용도 기본적인 기체 해설은 물론, 개발한 기업과 개발경위, 극중 활약에 대한 평가까지 자세히 알려주는 매니악한 영상이다. 참고로 원작의 세일러 마스 역을 맡았던 성우, 이노우에 요우의 유작으로도 유명하다.

▲ 건담의 매력인, SF적인 리얼함을 추구한 타이틀. 컷인 등의 연출도 효과적으로 사용했다.

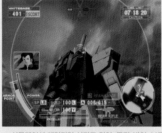

▲ 시뮬레이션 게임적인 성격도 있어, 공격·방어, 보급과 함포사격 등의 적절한 지원지시도 중요한 요소다.

▲ 공격이 명중하면 "직격인가!?" 등의 대사가 나온다. 다른 건담 게임과는 일선을 긋는 현장감이 있다.

젤다의 전설 : 4개의 검+

| 액션 어드벤처 | 1~4인용 | 3블록 | 닌텐도 | 2004년 3월 18일 | 5,800엔 | ※ GBA 케이블 동봉 |

GBA 케이블지원

▲ 젤다 시리즈로는 드물게, 여럿이 함께 플레이하는 게 전제조건인 액션 게임 모음집. GBA와의 연동 등으로, 최대 4명이 함께 즐길 수 있다.

닌텐도의 걸작 액션 어드벤처 게임 시리즈 통산 11번째 작품. 2003년 GBA로 발매했던 「신들의 트라이포스 & 4개의 검」에서 '4개의 검'

편의 컨텐츠를 독립시켜 확장했다. 게임 모드는 '4개의 검'의 속편격인 '하이랄 어드벤처', 대전 중심인 '섀도우 배틀'과 '내비 트래커즈' 등이다.

BOX ART & DISC

액션 게임 장르 | 1~2인용 플레이 명수 | 1블록 필요 메모리 카드 용량 | DOLBY SURROUND / DOLBY PRO LOGIC II 돌비 서라운드 / 돌비 프로로직 II 지원 | 480p 프로그레시브 모드 지원

뿌요뿌요 피버

액션 퍼즐　1~2인용　1블록~　세가　2004년 3월 24일　4,980엔

DOLBY SURROUND　480p 프로그레시브 모드 대응

BOX ART & DISC

▲ 원작의 배턴을 이어받은 세가가 개발했다. 일러스트 화풍 등은 바뀌었지만, 귀여운 뿌요는 여전하다. 대량연쇄로 상대를 격파하자.

대인기 낙하계 퍼즐 게임 「뿌요뿌요」 시리즈의 신작. 새로운 시스템인 '피버 모드'가 있어, 발동되면 대량연쇄가 가능하도록 미리 조합된 '뿌요' 묶음이 일시에 대거 투하된다. 연쇄 조합법을 막 배우기 시작한 초보자 플레이어를 배려한 작품으로, 상급자와도 즐겁게 대전할 수 있다.

미션 임파서블 : Operation Surma

스텔스 액션어드벤처　1인용　4블록　아타리　2004년 3월 25일　5,800엔

DOLBY SURROUND　480p 프로그레시브 모드 대응

BOX ART & DISC

▲ 화려한 총격전으로 적을 일소하기보다, 주변의 상황을 파악하며 적에게 들키지 않고 진행하는 것이 기본인 게임이다.

한국에선 '제 5전선'으로 방영했던 스파이 TV 드라마가 원작인 미국의 같은 제목 인기 영화를 게임화했다. 플레이어는 영화의 주인공인 실력파 스파이 '이단 헌트'가 되어, 잠입지에서 적에게 들키지 않도록 은밀하게 행동하며 여러 아이템을 입수해, 다양한 임무를 수행한다.

피크민 2

AI 액션　1~2인용　27블록　닌텐도　2004년 4월 29일　5,800엔(세금 포함)　※ '피크민 퍼즐 카드e+' 체험판 카드 동봉

DOLBY PRO LOGIC II　480p 프로그레시브 모드 지원

GBA케이블지원　카드e 리더+ 지원

BOX ART & DISC

▲ 피크민들이 모여 만드는 아름다운 타이틀 화면. 올리마를 돕는 피크민은 색깔별로 특성이 달라, 전기 내성이나 독성을 지닌 피크민도 있다.

대히트작 「피크민」의 속편. 이번엔 회사의 부채 청산을 위해 피크민 별에 온 올리마가 보물을 찾는다는 스토리다. 시스템은 전작을 계승했으며, 이번엔 동료 '루이'도 조작해 피크민을 유도하며 진행한다. 이번엔 신규 스테이지로, 자기장이 강력한 지하 동굴이 추가되었다.

GBA케이블지원 　모뎀어댑터지원 　브로드밴드어댑터 지원 　SD카드 어댑터 지원 　타루공가 지원 　게임큐브 마이크 지원 　매트 컨트롤러 지원 　지원 주변기기

HARDWARE

2001's SOFT

2002's SOFT

2003's SOFT

2004's SOFT

2005's SOFT

2006's SOFT

OVERSEA SOFT

SOFT INDEX

와리오월드

| 파워풀 액션 | 1인용 | 10블록 |

닌텐도　2004년 5월 27일　5,800엔(세금 포함)

BOX ART & DISC

▲ 미워할 수 없는 캐릭터 '와리오'. 게임 패키지도 번쩍번쩍한 금빛이다. 개그 한가득인 설명서 등, 도처에 코믹한 요소가 많다.

큰일이다! 와리오가 모아둔 전 세계의 보물들이 갑자기 몬스터로 변해버렸다! 와리오는 보물 탈환을 위해 성을 뛰쳐나가 다양한 세계를 모험한다. 「와리오 랜드」처럼 기본적으로 횡스크롤 액션 게임이지만, 도처에 등장하는 안쪽으로 들어갈 수 있는 지역에 비밀통로나 보물이 숨어있다.

레전드 오브 골퍼

| 골프 게임 | 1~4인용 | 57블록 |

세타　2004년 6월 17일　5,800엔(세금 포함)

BOX ART & DISC

▲ 일반적인 골프 게임과는 조작법이 달라, 아날로그 스틱을 좌우로 조작해 샷을 치는 것이 특징이다. 익숙해지면 자유로운 스윙이 가능하다.

아름다운 화면과 리얼한 묘사가 볼거리인 골프 게임. 순수한 골프 플레이뿐만 아니라, 선수 육성 시스템도 첨가했다. 조작 캐릭터의 용모와 복장 등을 메이킹하는 기능도 있으며, 플레이어의 분신이 일류 프로 골퍼가 되도록 트레이닝으로 단련시키는 것도 가능하다.

해리 포터와 아즈카반의 죄수

| 액션 어드벤처 | 1인용 | 4블록 |

일렉트로닉 아츠　2004년 6월 26일　6,800엔

BOX ART & DISC

▲ 게임보이 어드밴스 본체로 미니게임을 전송하는 기능은 물론, 애완 부엉이를 사용해 GBA판과 서로 연동시키는 기능도 있다.

세계적으로 대히트한 영화 '해리 포터' 시리즈 3번째 작품 기반의 액션 어드벤처 게임. 해리 일행이 모험 도중에 조우하는 적은, 다양한 마법을 습득하여 이를 활용해 물리치자. 도중에 종종 길을 가로막는 퍼즐도 물론 풀어야 한다. 본편 외에, 대전이 가능한 미니게임도 수록했다.

액션　게임 장르　1~2인용　플레이 명수　1블록　필요 메모리 카드 용량　DOLBY SURROUND / DOLBY PRO LOGIC II　돌비 서라운드 / 돌비 프로로직 II 지원　480p 프로그레시브 모드 지원

동키 콩가 2 : 히트송 퍼레이드

| 리듬 액션 | 1~4인용 | 5블록 | 닌텐도 | 2004년 7월 1일 | 4,500엔(세금 포함) |

타루콩가 지원

▲ 수록 곡수는 전작과 같은 32곡이지만, '비찌' · '춤추는 폼포코링' 등의 당시 인기곡으로 모두 물갈이했다. 기본 컨트롤러로도 즐길 수 있다.

BOX ART & DISC

나무통형 컨트롤러 '타루콩가'를 지원하는 리듬 액션 게임. 타루콩가 하나로 두 사람이 연주와 손뼉을 분담하는 '셰어' 모드, 점수와 시간에 구애받지 않고 자유 연주하는 '애들립 광장' 모드 등이 있어, 가족과 함께 즐기기 좋도록 구성했다. 스트리트 라이브 모드도 2인 플레이를 지원한다.

크래시 밴디쿳 : 폭주! 니트로 카트

| 레이싱 | 1~4인용 | 3블록~ | 코나미 | 2004년 7월 8일 | 5,800엔 |

GBA케이블지원

▲ 컨트롤러를 4개 연결하면 화끈한 4인 동시 대전도 가능하다. 아이템을 잘 사용해 상대의 주행을 방해하며 1위로 골인을 노려보자.

BOX ART & DISC

「크래시 밴디쿳」 시리즈로 친숙한 주인공 '크래시'를 비롯해, 시리즈의 인기 캐릭터들이 활약하는 카트 레이싱 게임. PS2판과 동시에 발매되었다. 스테이지 도중에 반중력 지대도 설치돼 있어, 천장이나 벽에 붙어 주행하는 경우도 있는 독특한 레이싱 게임이 되었다.

무적뱅커 크로켓! : 뱅 킹을 위기에서 구하라

| 액션 | 1~2인용 | 2블록 | 코나미 | 2004년 7월 8일 | 6,800엔 |

GBA케이블지원

▲ 1 : 1로 싸우는 서바이벌 모드와, 1인용인 스토리 모드를 수록했다. 이벤트 신에서는 TV 애니메이션과 동일한 성우진이 연기한다.

BOX ART & DISC

키시모토 마나부 원작의 인기 애니메이션을 게임화했다. '무적뱅커 크로켓!' 시리즈론 유일한 가정용판 3D 액션 게임으로서, 뱅 킹의 소멸을 막기 위해 크로켓이 데미그라 교단과 맞선다는 스토리다. GBA를 연결시키면 숨겨진 캐릭터 개방, 금화 획득률 상승 등의 특전이 있다.

HARDWARE

2001'S SOFT

2002'S SOFT

2003'S SOFT

2004'S SOFT

2005'S SOFT

2006'S SOFT

OVERSEA SOFT

SOFT INDEX

목장이야기 : 원더풀 라이프 for 걸

한가로운 생활 게임 | 1인용 | 28블록 | 마벨러스 인터랙티브 | 2004년 7월 8일 | 6,800엔 | ※ 사운드트랙 CD 동봉

GBA케이블지원

BOX ART & DISC

▲ 물망 골짜기의 새 슬로우 라이프. 신랑 후보는 3명이며, 이혼도 가능하다. 강아지 훈련 등 추가요소가 많아, 전작 경험자라도 느낌이 신선하다.

「목장이야기 : 원더풀 라이프」의 주인공을 여자로 바꾸고, 복장·가구의 양을 늘렸으며, 시스템도 개량한 타이틀. 신규 이벤트가 100종류 이상이나 되며, 엔딩 이후에도 플레이가 가능해졌다. 주인공 성별이 바뀌면서 주민들과의 관계도 변화했다.

실황 파워풀 프로야구 11

스포츠 | 1~2인용 | 103블록 | 코나미 | 2004년 7월 15일 | 6,980엔

BOX ART & DISC

▲ 「파워프로 군 포켓」 시리즈의 패스워드를 입력하면, 이 방법 외엔 획득 불가능한 초 특수능력을 지닌 선수를 사용할 수 있게 된다.

2004년도 시즌 개막시 데이터를 사용한 야구 게임. 실황은 카와지 나오키, 장내방송은 미츠이시 코토노·타니구치 히로아키가 맡았다. 신세대 대학야구 편을 수록한 '석세스', 프로야구 인생을 체험하는 '마이 라이프' 등 8개 모드가 있다. 2004년부터 도입된 플레이오프도 지원한다.

신세기 GPX 사이버 포뮬러 : Road To The EVOLUTION

레이싱 | 1~4인용 | 1블록~ | 선라이즈 인터랙티브 | 2004년 7월 29일 | 6,800엔

BOX ART & DISC

▲ 선행 발매된 PS2판은 오리지널 BGM이었지만, 게임큐브판은 애니메이션과 동일한 BGM을 사용했으며 일부 게임 시스템 등이 달라졌다.

같은 제목의 애니메이션이 소재인 근미래 레이싱 게임. 스파이럴 부스트(2단 부스트)로 초음속에 도달하는 속도감, 상대를 제칠 때의 컷인 연출 등으로 뜨거운 배틀의 분위기를 재현했다. 원작의 명장면 등을 수록한 그래픽 컬렉션과, 약 80종류의 머신을 수집하는 시스템도 있다.

액션 게임 장르 | 1~2인용 플레이 명수 | 1블록 필요 메모리 카드 용량 | DOLBY SURROUND DOLBY PRO LOGIC II 돌비 서라운드 / 돌비 프로로직 II 지원 | 480p 프로그레시브 모드 지원 프로그레시브 모드 지원

페이퍼 마리오 RPG

DOLBY PRO LOGIC Ⅱ | 480p 프로그레시브 모드 지원

액션 RPG | 1인용 | 17블록 | 닌텐도 | 2004년 7월 22일 | 5,800엔(세금 포함)

◀ '굼벨라'부터 그림자 일 족인 '불비안'까지, 매력적 인 동료들이 마리오의 모험 을 도와준다.

BOX ART & DISC

「마리오 스토리」의 설정을 계승한, 종이공작 풍 세계관의 RPG. 팝업 그림책 느낌의 패키지 커버와 타이 틀 로고에서부터 닌텐도의 정성이 엿보이는 개성파 타이틀이다. 행방 불명된 피치 공주를 찾기 위해 전 설의 보물을 쫓는다는 스토리로서, 고고학자를 지망하는 여대생 굼바 '굼벨라'를 비롯해 다양한 캐릭터들 이 동료가 되어준다. 게임 내의 거

의 모든 캐릭터가 종이인형 스타일이 기에, 고개를 돌릴 때도 캐릭터의 몸에 입체감이 없고 종이마냥 얄팍하게 묘 사된다. 덕분에 쇠창살 틈을 쉽게 빠 져나가거나 몸을 접어 배로 변신하는 등, 종이로 만들어진 몸을 액션 시스템 으로까지 활용하는 것도 큰 특징이다. 전투 시에는 극장을 무대로 사용한다 는 개성적인 시스템을 채용했다. 타이 밍에 맞춰 액션 커맨드를 입력하면 전

투의 관람객이 늘어나며, 관객에 잘 어필하면 스페셜 기술에 사용되는 스타 파워를 모을 수 있다. 초기에 는 체육관급의 작은 무대에서 전투 하지만, 마리오의 레벨이 오를수록 극장도 점차 호화로워진다. 관객 수 가 늘어나면 스타 파워가 잘 모이 지만, 매너가 나쁜 관객이 빈 깡통 을 무대로 던지는 위험도 생기기에 주의해야 한다.

▲ 세세한 부분의 연출까지 심혈을 기울여. 건물에 들 어가면 마치 종이상자가 짝 펼쳐지듯 건물 내부의 모 습이 드러난다.

▲ 굼벨라의 '분석하기' 커맨드로 타인이나 적을 조사 하면 다양한 반응을 보여주며, 공략의 힌트를 얻기도 한다.

▲ 극장에서 전투할 때는 리듬을 잘 타서 관객 증가를 노리자. 관객이 아이템을 던져주는 경우도 있다.

디지몬 배틀 크로니클

DOLBY SURROUND | 480p 프로그레시브 모드 지원

액션 | 1~4인용 | 1블록 | 반다이 | 2004년 7월 29일 | 6,800엔

BOX ART & DISC

▲ 애니메이션 '디지몬 어드벤처' · '디지몬 어드벤처 02' · '디지몬 테이머즈' · '디지몬 프론티어'의 인기 디지몬들이 한데 집결한다.

「대난투 스매시브라더스」와 유사한 스타일의 대전격투 게임. 수정을 모 아 채우는 진화 게이지를 소비하면, 디지몬을 성장기-성숙기-궁극체

순으로 진화시키거나, 체력 회복과 초 필살기 발동(궁극체일 때 한정)에 활용 할 수도 있다. 진화 상태일 때 쓰러지 면 한 단계 아래 형태로 부활한다.

HARDWARE

2001's SOFT

2002's SOFT

2003's SOFT

2004's SOFT

2005's SOFT

2006's SOFT

OVERSEA SOFT

SOFT INDEX

록맨 X : 커맨드 미션

| RPG | 1인용 | 10블록 | 캡콤 | 2004년 7월 29일 | 5,800엔 |

GBA케이블지원

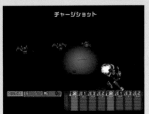

▲ 메인 보스는 총 8종. 록맨답게 스테이지를 왕복하며 진행되기도 한다. 전투 중에는 하이퍼 모드로 대폭 파워 업할 수 있다.

「록맨 X」 시리즈의 세계가 무대인, 시리즈 최초의 RPG. 인류와 기계생명체 '레플리로이드'가 공존하는 근미래를 무대로, 주인공 '엑스'가 파티를 짜 레지스탕스와 싸운다는 스토리다. GBA를 연결하면 트레저 내비가 작동해, 일반적으론 보이지 않는 아이템 박스의 발견이 가능해진다.

금색의 갓슈!! : 우정 태그 배틀 Full Power

| 육성형 대전격투 액션 | 1~2인용 | 2블록 | 반다이 | 2004년 8월 5일 | 6,800엔 |

▲ 1~2인 플레이와 미션 모드에서의 마물 육성, 조작 연습인 프랙티스 모드, 수집한 동영상 등을 보는 보너스 모드가 있다.

마물의 육성과, 육성한 마물끼리의 대인전이 가능한 2 : 2 대전격투 액션 게임. PS2용 게임 「금색의 갓슈!! : 우정 태그 배틀」의 마이너 체인지판이다. 우마곤·와이즈맨 등 신규 캐릭터를 추가하고, 오프닝 곡을 '너에게 이 목소리가 전해지도록'(TV판 2기)으로 변경했다.

버추어 파이터 사이버 제네레이션 : 저지먼트 식스의 야망

| 액션 RPG | 1인용 | 7블록 | 세가 | 2004년 8월 26일 | 6,800엔 |

▲ 와이어 액션의 도입도 작품의 특징 중 하나. 스테이지 내 이동은 물론, 전투 시에도 공중 공격과 상대 끌어당기기 등으로 활용한다.

「버추어 파이터」 시리즈 10주년 기념작품. 아키라 등, 「버추어 파이터」의 캐릭터가 전수해준 기술로 싸우는 액션 RPG다. 주인공인 소년 '세이'가 네트워크의 가상세계로 다이브해, 전설의 격투 토너먼트 및 전사들의 기술이 깃든 '버추어 소울'을 둘러싼 사건에 얽히게 된다는 스토리다.

액션 게임 장르 | 1~2인용 플레이 명수 | 1블록 필요 메모리 카드 용량 | SURROUND DOLBY / PRO LOGIC II DOLBY 돌비 서라운드 / 돌비 프로로직 II 지원 | 480p 프로그레시브 모드 지원 프로그레시브 모드 지원

조이드 버서스 Ⅲ

| 3D 대전 액션 | 1~4인용 | 10블록 | 토미 | 2004년 9월 30일 | 6,800엔 |

BOX ART & DISC

▲ 비행 조이드가 추가되어, 미사일의 성능이 비약적으로 올라갔다. 육상 조이드도 대책으로서 '슬라이딩 턴'이 추가되어, 반격이 쉬워졌다.

조이드를 조종해 싸우는 3D 대전 액션 게임 제 3탄. 이 작품부터 비행 조이드를 사용할 수 있고, 일부 조이드는 플라잉 유닛을 장비하면 일정 시간 비행이 가능해졌다. 이 해에 발매된 '레이즈 타이거'와 '레플러스'·'레들러' 등의 공중전 조이드를 추가, 총 150종 이상을 사용 가능하다.

쿠루링 스쿼시!

| 액션 게임 | 1~4인용 | 4블록 | 닌텐도 | 2004년 10월 14일 | 3,800엔(세금 포함) |

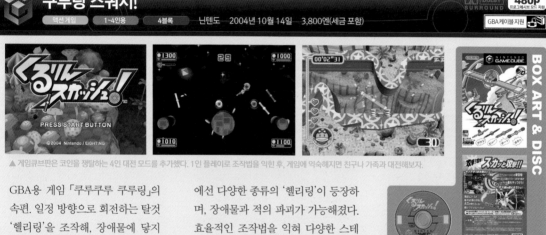

BOX ART & DISC

▲ 게임큐브판은 코인을 쟁탈하는 4인 대전 모드를 추가했다. 1인 플레이로 조작법을 익힌 후, 게임에 익숙해지면 친구나 가족과 대전해보자.

GBA용 게임 「쿠루쿠루 쿠루링」의 속편. 일정 방향으로 회전하는 탈것 '헬리링'을 조작해, 장애물에 닿지 않도록 조심하며 골인하자. 이 작품에선 다양한 종류의 '헬리링'이 등장하며, 장애물과 적의 파괴가 가능해졌다. 효율적인 조작법을 익혀 다양한 스테이지를 공략하자.

마리오 파티 6

| 파티 게임 | 1~4인용 | 5블록 | 닌텐도 | 2004년 11월 18일 | 5,800엔(세금 포함) | ※ 마이크 동봉 |

BOX ART & DISC

▲ 낮·밤의 두 버전으로 즐길 수 있는 신작 미니게임을 다수 수록했다. 자신의 목소리로 캐릭터를 움직이는 '마이크 모드' 등의 신규 요소도 있다.

80종류 이상의 미니게임을 즐기는, 「마리오 파티」 시리즈의 제 6탄. 태양 '솔루'와 달 '루루나'가 싸우는 바람에 밤낮이 뒤엉켜버린 세계를 원래대로 되돌리기 위해 마리오 일행이 스타를 모은다는 스토리다. 맵 상에서 낮과 밤이 교체되며, 이에 맞춰 미니게임 내용까지 변화한다.

HARDWARE

2001'S SOFT

2002'S SOFT

2003'S SOFT

2004'S SOFT

2005'S SOFT

2006'S SOFT

OVERSEA SOFT

SOFT INDEX

마리오 테니스 GC

테니스 게임 | 1~4인용 | 3블록 | 닌텐도 | 2004년 10월 28일 | 5,800엔(세금 포함)

◀ 게임을 진행할수록 캐릭터와 코트, 스페셜 게임이 계속 늘어나며 흥미진진해지는 작품.

BOX ART & DISC

닌텐도 64로 처음 시작된 「마리오 테니스」 시리즈의 신작. 기존 작품과 마찬가지로, '올어라운드'·'파워'·'트리키' 등 각기 성능이 다른 6가지 타입의 캐릭터들을 조작해 즐기는 테니스 게임이다. 다양한 롤로 최대 4명까지 함께 즐기는 '엑시비션', 선호하는 캐릭터로 대회에 도전하는 '토너먼트', 테니스를 소재로 삼은 다양한 게임을 즐기는 '스

페셜 게임'까지 3종류의 모드를 수록했다. 이 작품에서는 각 캐릭터에 개성을 부여하는 고유의 '스페셜 샷'이 새로이 도입되었다. 가령 '부끄부끄'의 경우 상대의 조작방향을 반대로 바꾸는 '합체 부끄부끄 샷'과 자기 쪽 코트가 부끄부끄로 가득차는 '한가득 부끄부끄 리시브'를 쓸 수 있는 등, 각 캐릭터마다 독특한 공격계·방어계 기술을 갖고 있다. 스페셜 샷은 랠리를 계속

이어 라켓이 빛나는 상태가 되면 발동할 수 있다. 코트 종류는 닌텐도 64판보다 줄었지만, 시합 도중인데도 유령이 방해해오는 '루이지 맨션 코트' 등 여러 「마리오」계 게임들에서 따온 재미있는 장치가 풍부하다. 특수 장치 위주의 코트를 사용하는 토너먼트인 '기믹 마스터즈'를 골랐다면, 승리를 위해 코트의 장치도 잘 활용하는 솜씨가 필수다.

▲ 스페셜 게임으로는 페인트 블로로 스퀴시하여 벽화를 완성시키는 '페인트 테니스' 등을 즐길 수 있다.

▲ 루이지 맨션 코트에서 펼쳐지는 '유령 버스터'는 1분 이내에 유령을 전부 퇴치해야 하는 게임이다.

▲ 랠리가 끊기지 않도록 분투해야 하는 '징오징오 챌린지'. 각 스페셜 게임은 조작방법 연습 용도도 겸한다.

NARUTO -나루토- : 격투 닌자대전! 3

3D닌자대전격투 | 1~4인용 | 2블록 | 토미 | 2004년 11월 20일 | 6,800엔

BOX ART & DISC

▲ 전설의 3닌자와 3대 호카게도 추가해, 원작의 주요 캐릭터를 망라했다. 신 스테이지 6종 추가, 연계오의 채용 등 여러 면에서 업그레이드됐다.

시리즈 제 3탄이자 시리즈의 집대성 성격으로, 등장 캐릭터가 29명으로 늘었고 모든 반이 3인 1조화되어 3:3 배틀이 완성됐다. 스토리 모

드는 원작의 중급닌자 시험 예선부터 츠나데의 5대 호카게 취임까지를 다뤘다. 이번 작품도 간단한 조작으로 화려한 기술을 구사할 수 있다.

액션 게임 장르 | 1~2인용 플레이 명수 | 1블록 필요 메모리 카드 용량 | DOLBY SURROUND DOLBY PRO LOGIC II 돌비 서라운드 / 돌비 프로로직 II 지원 | 480p 프로그레시브 모드 지원

인크레더블

| 3D 액션 | 1인용 | 10블록 | D3 퍼블리셔 | 2004년 12월 2일 | 5,800엔 |

BOX ART & DISC

▲ 영화의 스토리를 따라가는 액션 어드벤처 게임으로서, 주요 캐릭터는 모두 조작할 수 있다. 물론 슈퍼파워도 사용 가능하다.

아카데미상 장편 애니메이션상을 비롯해 여러 영화상을 받은 픽사의 3D 애니메이션 영화를 게임화했다. Mr.인크레더블 일행을 조작하여, 이어지는 스테이지를 클리어하자. 영화의 장면 일부를 그대로 동영상으로 삽입했으며, 영화 본편에서 밝혀지지 않았던 에피소드도 넣었다.

기동전사 건담 : 건담 vs. Z건담

| 팀 배틀 액션 | 1~4인용 | 7블록~ | 반다이 | 2004년 12월 9일 | 6,800엔 |

BOX ART & DISC

▲ 에우고/연방과 티탄즈/지온 중 한쪽 진영에 소속해 배틀을 벌인다. 대전 모드에서는 화면 분할로 최대 4인 동시 플레이가 가능하다.

아케이드용 게임 「기동전사 Z건담 : 에우고 vs. 티탄즈 DX」의 게임큐브판. 2 : 2 팀전으로 상대 팀을 격파하는 팀 배틀 액션 게임이다. 대미지를 입으면 축적되는 '각성 게이지' 시스템을 도입해, 각성을 잘 활용하면 전황을 호전시킬 수 있다. ZZ건담 등의 신 기종도 추가했다.

실황 파워풀 프로야구 11 초결정판

| 스포츠 | 1~2인용 | 103블록 | 코나미 | 2004년 12월 16일 | 6,980엔 |

BOX ART & DISC

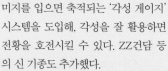  

▲ 석세스 모드에서 4년차 결승 상대팀으로 맞서게 되는 영광학원대학교 팀을 사용 가능해졌으며, 새로운 액션 등도 다수 추가했다.

「실황 파워풀 프로야구 11」의 컨텐츠를 일부 추가·변경한 타이틀. '대결! 전설의 선수' 모드와, 석세스 모드의 '영광학원대학교 편'이 추가되었다. 데이터는 2004년도 페넌트 레이스 종료 시점 기준으로 갱신했고, 2004년도의 모든 시합을 '어디서든 시나리오' 모드로 재현해볼 수도 있다.

HARDWARE
2001'S SOFT
2002'S SOFT
2003'S SOFT
2004'S SOFT
2005'S SOFT
2006'S SOFT
OVERSEA SOFT
SOFT INDEX

슈퍼로봇대전 GC

| 시뮬레이션 RPG | 1인용 | 15블록 | 반프레스토 | 2004년 12월 16일 | 7,800엔 |

▲ 신규 요소인 '포획' 시스템이 매우 유용하다. 포획한 적 유닛은 매각해 자금화하거나, 강화 파츠로 변환하거나, 아군으로 쓸 수도 있다.

여러 로봇 애니메이션에 등장하는 인기 기체들이 집결하는 전략 시뮬레이션 게임 신작. 신규 참전작은 '마징카이저'·'절대무적 라이징오'

등의 5작품. 설정만이 존재하는 환상의 기체 '파이널 단쿠가'의 등장도 특징이다. 신 시스템으로 부위 대미지제, 적 유닛 포획 등을 추가했다.

BOX ART & DISC

뷰티풀 죠 2 : 블랙 필름의 수수께끼

| VFX 액션 | 1인용 | 17블록 | 캡콤 | 2004년 12월 16일 | 6,980엔(세금 포함) |

▲ 영상미(view+beautiful)를 추구한 액션 게임의 속편. 영화 속의 세계 '무비 랜드'의 평화를 지키려, 두 명의 히어로가 적에 맞선다.

인기 영화의 패러디를 가득 담은 스토리와 액션, 미국 코믹스 풍 그래픽이 특징인 액션 게임의 속편. 이번엔 죠의 애인 '실비아'가 조작

캐릭터로 추가되어, 죠와 교대로 사용 가능해졌다. 실비아는 총이 무기이며, 공격력이 3배가 되는 고유의 VFX 파워 '리플레이'를 사용할 수 있다.

BOX ART & DISC

동키 콩 정글 비트

| 타루콩가 액션 | 1인용 | 3블록 | 닌텐도 | 2004년 12월 16일 | 5,800엔(세금 포함) |

타루콩가 지원

▲ 공중의 바나나를 한꺼번에 얻는 '클랩 캐치'와 '백 덤블링' 등, 콤보에 유용한 기술을 활용하자. 지면 등에 숨겨져 있는 바나나도 챙길 것.

타루콩가 조작을 지원하는 액션 게임. 타루콩가를 두들기거나 손뼉 치는 조작을 조합하면, 동키 콩이 다채로운 액션을 펼쳐 준다. 공중에서

콤보를 연결하며 바나나를 얻으면 비트(점수)가 늘어나는 시스템이며, 즐기다 보면 플레이어까지도 신명이 나는 디자인의 게임이다.

BOX ART & DISC

액션 게임 장르　1~2인용 플레이 명수　1블록 필요 메모리 카드 용량　DOLBY SURROUND / DOLBY PRO LOGIC II 돌비 서라운드 / 돌비 프로로직 II 지원　480p 프로그레시브 모드 지원

니드 포 스피드 언더그라운드 2

DOLBY PRO LOGIC II | 480P 프로그레시브 모드 지원

| 카 레이싱 | 1~2인용 | 7블록 | 일렉트로닉 아츠 | 2004년 12월 22일 | 6,800엔 | ※ SPEED FORCE 지원 |

BOX ART & DISC

▲ 밤의 도시를 누벼보자. 배틀 스팟에서의 레이스는 물론, 지나가던 라이벌과 일대일 대결하는 신 요소 '인카운트 배틀'에도 참가할 수 있다.

밤의 도시에서 스트리트 레이서들과의 경쟁에 도전하는 스트리트 레이싱 게임의 속편. 전작과 동일하게, 레이스로 포인트를 모아 신규 차량과 파츠를 개방해가는 시스템이다. 딜러·그래픽·커스텀 샵 등은 동료 등의 정보를 힌트삼아 방대한 도시를 누비며 직접 찾아내야 한다.

바이오하자드 : 더블 피처

DOLBY SURROUND | 480P 프로그레시브 모드 지원

| 서바이벌 호러 | 1인용 | 8블록 | 캡콤 | 2004년 12월 22일 | 4,980엔 |

BOX ART & DISC

▲ 「바이오하자드 4」의 체험판을 클리어하면 동영상 감상 모드와 하드 모드가 개방된다. 30000pts를 달성하면 숨겨진 요소도 열린다.

「바이오하자드 0」와 리메이크판 「바이오하자드」의 두 작품, 그리고 당시 개발 중이던 「바이오하자드 4」의 체험판 디스크를 동봉한 염가판. 「바이오하자드 4」 체험판에서는, 레온이 애슐리를 찾아 마을을 방문하는 초반부를 즐길 수 있다.

반지의 제왕 : 가운데땅 제 3시대

DOLBY PRO LOGIC II | 480P 프로그레시브 모드 지원

| 롤플레잉 | 1~2인용 | 10블록 | 일렉트로닉 아츠 | 2004년 12월 22일 | 6,800엔 |

BOX ART & DISC

▲ 오크가 마법을 쓰는 등 원작의 설정과는 다소 어긋나는 부분도 있지만, 스킬 트리와 능력치 배분 시스템 등 RPG로서의 완성도는 높다.

영화판 '반지의 제왕' 3부작에 기반한 오리지널 스토리가 전개되는 턴제 배틀 RPG. 간달프가 헤매던 길 등 영화에 등장했던 장소도 탐색 가능하며, 반지 원정대와 함께 싸우는 장면도 있다. 악의 세력 쪽을 조작하는 모드도 수록했다.

HARDWARE
2001'S SOFT
2002'S SOFT
2003'S SOFT
2004'S SOFT
2005'S SOFT
2006'S SOFT
OVERSEA SOFT
SOFT INDEX

2005

NINTENDO GAMECUBE SOFTWARE ALL CATALOGUE

2005년에 발매된 게임큐브용 소프트는 총 47개 타이틀로서, 급격하게 축소됐던 작년에 비해서는 약간이나마 늘어났다. 소프트 면면을 보면 저연령층용 만화·애니메이션의 판권물 타이틀이 안정적으로 투입되었고, 서양에서 개발되어 호평받았던 타이틀을 일본 시장으로 들여와 발매하는 케이스가 증가한 점도 눈에 띈다.

그런가 하면, 일본 내에서 개발된 게임큐브 오리지널 타이틀 중에도 뛰어난 작품이 여럿 나왔다. 믿고 즐기는 시리즈 최신작 「바이오하자드 4」는 물론이고, 「홈 랜드」·「꼬마로보!」·「전설의 퀴즈왕 결정전」 등의 개성적인 타이틀도 이 해에 발매되었다.

디지몬 월드 X

| 액션 RPG | 1~4인용 | 11블록 | 반다이 | 2005년 1월 6일 | 6,800엔 |

▲ 첫 탐색 시엔 액션 튜토리얼이 제공되므로 초보자도 안심. 선호하는 디지몬을 진하게 육성해 진화시킬 수 있다.

디지몬이 되어 디지몬의 세계를 모험하는 액션 RPG. 주인공은 '디지털 시큐리티 가드'가 되어, 디지몬이 의문의 신규 지역에서 행방불명되는 사건을 좇는다. 게임 시작 시 아구몬·길몬·돌몬·브이몬 중에서 플레이어 캐릭터를 고르며, 4명이 참가하는 협력 플레이도 지원한다.

BOX ART & DISC

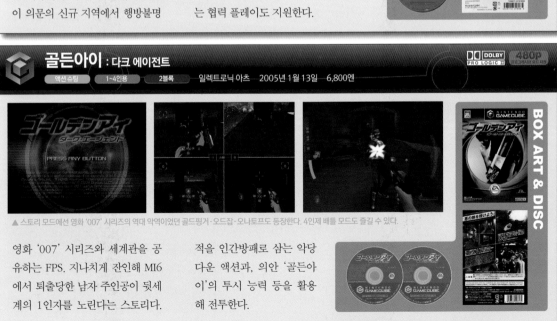

골든아이 : 다크 에이전트

| 액션 슈팅 | 1~4인용 | 2블록 | 일렉트로닉 아츠 | 2005년 1월 13일 | 6,800엔 |

▲ 스토리 모드에선 영화 '007' 시리즈의 역대 악역이었던 골드핑거·오드잡·오나토프도 등장한다. 4인제 배틀 모드도 즐길 수 있다.

영화 '007' 시리즈와 세계관을 공유하는 FPS. 지나치게 잔인해 MI6에서 퇴출당한 남자 주인공이 뒷세계의 1인자를 노린다는 스토리다. 적을 인간방패로 삼는 악당다운 액션과, 의안 '골든아이'의 투시 능력 등을 활용해 전투한다.

BOX ART & DISC

액션 게임 장르   1~2인용 플레이 명수   1블록 필요 메모리 카드 용량   DOLBY SURROUND / DOLBY PRO LOGIC II 돌비 서라운드 / 돌비 프로로직 II 지원   480p 프로그레시브 모드 지원 프로그레시브 모드 지원

The Urbz : 심즈 인 더 시티

| 어드벤처 | 1인용 | 107블록 | 일렉트로닉 아츠 | 2005년 1월 13일 | 6,800엔 |

BOX ART & DISC

▲ 게임보이 어드밴스 및 닌텐도 DS용으로 발매된 같은 제목 작품과는 별개의 게임. 다만 「더 심즈」의 속편이라는 점은 공통이다.

플레이어의 분신인 캐릭터 '어브'를 육성해 대도시의 인기인으로 만들어야 하는 시뮬레이션 어드벤처 게임. 목적을 달성하려면 돈·인맥·센스 세 가지를 얻는 게 중요하므로, 스킬 육성과 자금 확보, 헤어스타일·복장 코디네이트 등으로 주변의 평가를 올려야만 한다.

WWE 데이 오브 레커닝

| 프로레슬링 | 1~4인용 | 32블록 | 유크스 | 2005년 1월 13일 | 6,800엔 |

BOX ART & DISC

▲ 싱글 태그 매치, 트리플 스렛, 페이털 4웨이, 1 : 2 핸디캡, 로열 럼블 등의 다양한 룰로 플레이할 수 있다.

WWE가 소재인 프로레슬링 게임. 오리지널 선수를 육성하는 스토리 모드와 엑시비션 외에, 오리지널 슈퍼스타를 제작하는 기능도 탑재했다. 돈을 벌면 캐릭터 크리에이트용 파츠·기술, 시합장에다 반칙용 흉기까지도 구매 가능해, WWE의 분위기를 한껏 맛볼 수 있는 타이틀이다.

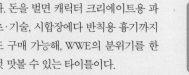

터미네이터 3 : 더 리뎀션

| 액션/슈팅 | 1~2인용 | 4블록 | 아타리 | 2005년 1월 20일 | 6,800엔 |

BOX ART & DISC

▲ 영화의 장면을 동영상과 액션 게임으로 재현했으며, 오리지널 스토리도 첨가한 작품. 탄량 무한인 총을 연사하며, 인류를 승리로 이끌자.

T-850이 되어 현대·미래의 LA에서 싸우는 액션 슈팅 게임. 표지판으로 적을 꿰버리거나 전투차량에 적을 매달고 질질 끄는 등의 터프한 액션이 가능하며, 피탄 시 기계부 노출 묘사 등으로 터미네이터다움을 재현했다. T-850의 능력에 포인트를 분배해 강화하는 시스템도 있다.

HARDWARE
2001'S SOFT
2002'S SOFT
2003'S SOFT
2004'S SOFT
2005'S SOFT
2006'S SOFT
OVERSEA SOFT
SOFT INDEX

HARDWARE
2001's SOFT
2002's SOFT
2003's SOFT
2004's SOFT
2005's SOFT
2006's SOFT
OVERSEA SOFT
SOFT INDEX

바이오하자드 4

서바이벌 호러 | 1인용 | 9블록~ | 캡콤 2005년 1월 27일 7,800엔

▲ 2편의 주인공 중 하나였던 레온이 재등장해, 자칫하면 바로 납치당하는 애슐리를 보호하며 위기에서 벗어나기 위해 싸운다.

BOX ART & DISC

시리즈의 특징이기도 했던 고정 카메라 시점을 버리고 완전히 원점에서 리뉴얼을 시도한, 시리즈 굴지의 인기작. 대통령의 딸이자 유괴당한 소녀 '애슐리'를 구출하러 유럽의 어느 외딴 마을을 방문한 레온이, 기생체 '플라가'를 연구하는 사교도와 대치한다는 스토리. 개발 당시, '빛과 그림자의 대비'라는 키워드로 대표되는 기존 시리즈의 '개성'은 간직하면서도 완전히 새로운 「바이오하자드」를 만들어내기 위해 게임을 여러 차례 다시 제작했으며, 그 과정에서 액션으로 비중이 너무 기울어진 버전을 독립시켜 2001년 「데빌 메이 크라이」라는 별개의 게임으로 발매했다는 에피소드도 있다. 반대로 기존 시리즈 작풍과 비슷했던 개발 중지판은, 초회특전인 '시크릿 DVD'에 수록된 동영상 '환상의 바이오하자드 4'에서 볼 수 있다. 이러한 시행착오의 결과로 TPS에 가까운 시스템을 채용해, 맨몸 기술로도 적을 격파할 수 있는 액션 슈팅 장르에 근접한 게임이 되었다. 시스템 면에서는, 게임 진행에 필수적인 '열쇠' 등의 아이템은 소지 제한을 없앤 대신 무기·탄약은 가방 내 공간에 수납해야 하긴 하나, 전작들에 비해 전반적으로 매우 쾌적해졌다.

▲ 2편의 레온은 경찰관이지만, 라쿤 시티에서 생환한 후 실력을 인정받아 특수요원이 되었다.

▲ 클리어 후에도 소지금과 최대 체력이 계승되며, 에이다 시점의 별도 모드와 미니게임 등도 개방된다.

▲ 이번 작품에는 좀비가 없으며, 대신 플라가에 침식된 인간 '가나도'가 적이 되어 레온을 막아선다.

카오스 필드 : 익스팬디드

슈팅 | 1인용 | 1블록 | 마일스톤 2005년 2월 24일 5,800엔

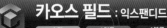

BOX ART & DISC

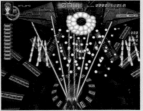

▲ 아케이드판에 없던 오리지널 모드도 추가한 탄막 슈팅 게임. 선택 가능한 기체는 3종류로 각자 샷이 다르나, 탄을 없앨 수 있는 소드는 공통이다.

잇달아 보스가 밀어닥치는 개성적인 스타일의 슈팅 게임. '카오스 필드'와 '오더 필드' 두 시공을 아우르는 싸움이라는 설정 상, 게임 도중 버튼 조작으로 시공을 왕래할 수 있다. 카오스는 적의 공격이 치열하지만 플레이어도 강해지며, 오더는 아이템이 잘 나온다는 특징이 있다.

액션 게임 장르 | 1~2인용 플레이 명수 | 1블록 필요 메모리 카드 용량 | DOLBY SURROUND / DOLBY PRO LOGIC II 돌비 서라운드 / 돌비 프로로직 II 지원 | 480p 프로그레시브 모드 지원

스타폭스 어설트

액션 슈팅 | 1~4인용 | 5블록 | 닌텐도 | 2005년 2월 24일 | 6,800엔(세금 포함)

BOX ART & DISC

◀ 전작에 등장했던 캐릭터 '크리스탈'도 전투에 참가해, 무선 대화가 더욱 시끌벅적해진 슈팅 게임.

닌텐도와 남코 양사 간 콜라보의 일환으로서, 남코가 개발한 작품. 전작은 어드벤처 게임이었지만, 유저들의 요망을 받아들여 원점 회귀시켜 기체 후방 시점의 3D 슈팅 게임으로 돌아왔다. 시리즈 감수 등을 담당한 이마무라 타카야가 제시한 '대전 요소의 강화'라는 방향성과 남코 측의 '갈아타기 액션' 시스템 도입이라는 기획이 합치되어, 대전에 중점을 둔 게임으로 완성되었다. 이 작품에서는 전투기 '아윙'을 타고 싸우는 공중전, 전차 '랜드마스터'를 사용하는 지상전, 맨몸으로 싸우는 백병전이 펼쳐지며, 전투 도중 다른 전투형태로 이행하는 신규 시스템 '갈아타기 액션'이 존재하는 게 특징이다. 스토리를 따라 진행하는 싱글 모드일 경우 백병전 중심의 미션에서만 갈아타기가 가능하지만, 2~4명이 대전하는 배틀 모드에서는 금지가 걸려있지 않다면 언제나 갈아탈 수 있어, 맨몸으로 전투기나 전차와 대결하는 황당무계한 전개도 자주 일어난다. 일정한 대전 횟수를 채우는 등의 조건을 충족하면 새로운 배틀 규칙과 무기·아이템·캐릭터·스테이지 등이 추가되므로, 오랫동안 파고들며 즐길 수 있다. 보너스 게임으로, 패미컴용 게임 「배틀 시티」·「제비우스」·「스타 러스터」 3종도 수록했다.

▲ 오이코니가 창설한 반란군 때문에 골머리인 페퍼 장군의 의뢰로, 스타폭스는 새로운 임무에 나선다.

▲ 전황에 따라 변화하는 무선 대화는 여전하다. 오인 사격 시 아군이 화를 내는 대사도 패턴이 풍부하다.

▲ 한 작품 내에서 3D 단방향 슈팅, 전방향 슈팅, TPS까지 3가지 장르를 다채롭게 즐길 수 있다.

샤크

버라이어티 액션 | 1인용 | 15블록 | 타이토 | 2005년 3월 3일 | 5,800엔

▲ 액션·댄스 등 다양한 장르의 미니게임을 즐기며, 사이사이의 동영상도 감상하자. 한 번 즐긴 스테이지는 자유롭게 드나들 수 있다.

BOX ART & DISC

같은 제목 애니메이션 영화의 일본 개봉 2일 전에 발매된 스토리형 미니게임 모음집. 물고기 '오스카'를 조작해, 스테이지별로 여러 미니게임을 즐기자. 3단계로 준비된 미션 중 하나를 성공하면 유명도가 오르고, 유명도와 필(돈)에 따라 설정자료·캐릭터 소개 등의 부록이 개방된다.

GBA케이블지원 | 모뎀어댑터지원 | 브로드밴드어댑터 지원 | SD카드 어댑터 지원 | 타루콩가 지원 | 게임큐브 마이크 지원 | 매트 컨트롤러 지원 | 지원 주변기기

Left sidebar tabs:

HARDWARE
2001's SOFT
2002's SOFT
2003's SOFT
2004's SOFT
2005's SOFT
2006's SOFT
OVERSEA SOFT
SOFT INDEX

목장이야기 : 행복의 노래

한가로운 생활 게임 | 1~4인용 | 53블록 | 마벨러스 인터랙티브 | 2005년 3월 3일 | 6,800엔

BOX ART & DISC

▲ 남녀 주인공 중 하나를 골라 플레이한다. 4명까지 즐기는 파티 게임 '푸치 매치'에서는 동물 수 맞추기 등의 미니게임도 나온다.

돌이 돼버린 여신을 회복시키기 위해, 목장을 경영하며 '행복의 음색'을 모으는 게 목적인 시뮬레이션 게임. 시리즈 최초로 라이벌이 등장하는 타이틀이기도 하다(라이벌과의 결혼은 불가능). 행복의 음색은 처음 요리를 만들거나, 일부러 조작하지 않고 방치하는 등의 다양한 경험으로 획득한다.

무적코털 보보보 : 탈출!! 코털 로열

배틀로얄 플레잉 게임 | 1~4인용 | 2블록 | 허드슨 | 2005년 3월 17일 | 6,980엔

GBA 케이블 지원

BOX ART & DISC

▲ 배틀에서 사용 가능한 캐릭터는 40명이며, 각자 원작 기반의 오의 등을 쓸 수 있다. 체력이 무제한이라, 링 아웃시켜야 승리한다.

만화 '무적코털 보보보'가 소재인 액션+RPG. 깜박 속아 감옥섬까지 오게 된 보보보 일행을 탈출시키는 것이 목적인 '스토리 모드'와 최대 4명까지 배틀을 즐기는 '코털 도장', GBA와 연동시키는 '비밀 통신', 오리지널 동영상과 설정자료 등을 담은 '갤러리'를 수록했다.

ONE PIECE 그랜드 배틀! RUSH

3D 대전 액션 | 1~2인용 | 2블록 | 반다이 | 2005년 3월 17일 | 6,800엔

BOX ART & DISC

▲ '데이비 백 파이트'는 가이몬을 상대 골로 옮기는 '그로기 링' 등의 여러 게임으로 겨루는 1인용 모드, 이기면 상대의 서포트 캐릭터를 뺏는다.

「ONE PIECE 그랜드 배틀!」 시리즈의 4번째 작품. 최대 3단계의 러시가 발생하는 오의와, 폭시 해적단과의 '데이비 백 파이트 모드'라는 신규 요소가 있다. 아오키지와 미호크가 숨겨진 캐릭터로 신규 참전했고, 이스트 블루 편의 캐릭터도 부활해 재참전했다.

액션 게임 장르 | 1~2인용 플레이 명수 | 1블록 필요 메모리 카드 용량 | DOLBY SURROUND / DOLBY PRO LOGIC II 돌비 서라운드 / 돌비 프로로직 II 지원 | 480p 프로그레시브 모드 지원

동키 콩가 3 : 한상 가득! 봄노래 50곡

| 리듬 액션 | 1~4인용 | 5블록 | 닌텐도 | 2005년 3월 17일 | 4,500엔(세금 포함) |

◀ 타루콩가로 즐기는 음악 게임 시리즈의 3번째 작품. 주변 사람들도 박수로 연주에 협력(혹은 방해)할 수 있다.

BOX ART & DISC

J-POP·애니메이션·패미컴 게임 등, 다양한 장르에서 엄선한 50곡을 즐길 수 있는 리듬 액션 게임. 수록곡 중엔 이 작품의 신규 장르 '패미컴'의 곡이 가장 많은데, 「동키 콩가」 테마 곡의 패미컴 편곡판부터 「별의 커비 : 꿈의 샘 이야기」·「뱅글뱅글 랜드」·「수수께끼의 무라사메 성」 등의 닌텐도 제작 게임 곡들은 물론, 이 작품의 개발에도 참여

한 남코의 게임 중 「제비우스」·「스카이 키드」 등의 곡도 수록했다. 게임 내의 쇼핑몰에서 구입 가능한 나무통 음색 중에도, 패미컴 게임에서 따온 다양한 음색 세트가 있다. 크랭키 콩이 주는 과제에 도전하는 '트라이얼 모드'와, 음표가 매번 무작위로 바뀌는 '셔플 모드'를 새로운 연주 모드로 추가했다. 계속 연주하다 보면 리듬 바나나 나무가 성장하는 '리듬 바나나 섬'이라

는 보너스 요소도 있다. 참고로 리듬 바나나 나무가 크게 자라면, 나무통 대포로 동키 콩을 발사해 바나나를 수확하는 미니게임도 즐길 수 있게 된다. 그 외의 신규 요소로는 펑키 콩의 등장, 메모리 카드에 「동키 콩가」 1·2편의 세이브 데이터가 있으면 새로운 음색이 추가되는 기능, 함께 플레이하는 타인과 협력해 연주하는 '싱크로 음표' 등이 있다.

▲ 나무통 음색으로는 「팩맨」이나 「스타폭스」의 효과음 등, 장난기가 느껴지는 다양한 사운드를 준비했다.

▲ 초고난이도 악보는 곡마다 가격이 천차만별. 저렴하게 살 수 있는 곡도 있으니, 일단 상점에서 잘 찾아보자.

▲ 스코어를 신경 쓰지 않고 맘대로 연주하는 모드도 있어, 아직 게임을 잘 모르는 유아도 즐길 수 있도록 했다.

금색의 갓슈!! : 우정 태그 배틀 2

| 육성형 대전격투 액션 | 1~2인용 | 2블록 | 반다이 | 2005년 3월 24일 | 6,800엔 |

▲ 스토리 모드는 다음 행선지를 골라 거기서 다른 태그와 만나며 진행한다. 본편에서 벌어들인 포인트로 카드를 잔뜩 사서 수집해보자.

BOX ART & DISC

마물과 인간이 태그를 짜 싸우는 육성＋대전격투 게임 시리즈의 속편. 레이라·빅토림 등, 원작 및 애니메이션의 인기 캐릭터들을 추가

했다. 공중에 뜬 상대를 공격하는 '콤비네이션 점프 어택', 2종류의 방어수단인 '간파'·'배리어블 가드'로 치열한 승부가 더욱 뜨거워진다.

HARDWARE
2001' SOFT
2002' SOFT
2003' SOFT
2004' SOFT
2005' SOFT
2006' SOFT
OVERSEA SOFT
SOFT INDEX

파이어 엠블렘 : 창염의 궤적

| 롤플레잉 시뮬레이션 | 1인용 | 19블록 | 닌텐도 | 2005년 4월 20일 | 6,800엔(세금 포함) |

DOLBY PRO LOGIC II | 480p 프로그레시브 모드 지원 | GBA케이블지원

◀ 용병단장인 아버지를 잃은 청년이 구국의 영웅으로 일어서기까지를 그려낸 장대한 스토리가 전개된다.

BOX ART & DISC

게임큐브로는 유일한 「파이어 엠블렘」 작품. 시리즈 최초의 3D 맵과, 도처에 삽입한 풀보이스 동영상이 특징인 게임이다. 강력한 힘을 지닌 수아족·조익족·용린족 등의 신 종족 '라구즈'가 새로운 유닛으로 등장하며, 자신보다 중량이 가벼운 유닛을 한 칸 밀어낼 수 있는 행동 커맨드 '몸통박치기' 등의 신규 요소도 추가되었다. 유닛 당 캐퍼시티

한도 내에서 스킬을 추가할 수 있는 시스템, 스킬 탈착이 가능한 '거점'의 추가 등 기존 시스템을 새롭게 리뉴얼한 부분도 있고, 클래스 체인지를 자동화해 특정 아이템을 미리 준비할 필요가 없어지는 등 쾌적하게 개선한 부분도 엿보인다. 지침서와 헬프 윈도우로 초보자도 이해하기 쉽게끔 플레이 방법을 명시하면서도, 최고 난이도인 '매니악 모드'를 준비해 상급자도 배려했다. 2회차부터는 캐릭터 성장 방식을 시리즈 전통의 '난수 성장'과, 무기 사

용 횟수의 영향을 받지만 거의 기대치대로 성장하는 '고정 성장' 중에서 고를 수 있는 등, 다회차 플레이 시의 육성도 한결 쉬워졌다. 그 외의 요소로는 게임보이 어드밴스용 소프트 「봉인의 검」·「열화의 검」·「성마의 광석」과의 연동 기능이 있으며, 각 소프트별로 추가 맵과 설정화집이 개방된다.

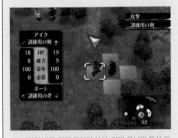

▲ '지침서'를 켜면 무기의 상성, 기마 유닛의 특성 등을 게임 도중에 설명해준다.

▲ 맵 상의 민가를 방문하면 아이템 등을 받는다. 적보다 먼저 도착하면 약탈이 방지되는 이점도 있다.

▲ 유닛 간의 지원대화는 전투가 아니라 거점에서 발생하는 식으로 바꿨다. 함께 출격하면 인연이 깊어진다.

홈 랜드

| 롤플레잉 | 1~2인용 | 29~32블록 | 춘 소프트 | 2005년 4월 29일 | 5,800엔(세금 포함) |

DOLBY SURROUND | 480p 프로그레시브 모드 지원 | 브로드밴드어댑터 지원

BOX ART & DISC

▲ 시나리오는 '오프라인'과 '온라인 한정'으로 나뉜다. 시나리오를 클리어해 획득한 평가 포인트로 마스코트 등을 입수할 수 있다.

온라인 멀티플레이를 지원했던 RPG. 플레이어는 남을 돕는 '퀘스터'가 되어 마스코트 형태로 이세계(네트워크 플레이일 때는 서버가 된 게임

큐브)를 방문하여, 10종류 이상의 짧은 퀘스트를 플레이한다. 손잡은 사람이 늘어날수록 파워 업하는 등의 독특한 시스템이 특징이다.

액션 | 게임 장르   1~2인용 | 플레이 명수   1블록 | 필요 메모리 카드 용량   DOLBY SURROUND / DOLBY PRO LOGIC II | 돌비 서라운드 / 돌비 프로로직 II 지원   480p | 프로그레시브 모드 지원   프로그레시브 모드 지원

NBA 스트리트 V3 : 마리오로 덩크

| 길거리 농구 | 1~4인용 | 15블록 | 일렉트로닉 아츠 | 2005년 5월 26일 | 5,800엔 |

▲ 리얼하게 모델링된 실존 선수와 마리오 등의 SD화된 캐릭터가 같은 코트에서 대결하는, 독특한 분위기의 타이틀이다.

당시 현역이었던 NBA 선수들과 닌텐도의 인기 캐릭터들이 한데 겨루는 이색 게임. 시스템은 전작 「NBA 스트리트」 기반이며, 번잡한 시간 제한과 규칙을 배제한 게임이라 가볍게 즐길 수 있다. 상대를 날려버리는 드리블과 호쾌한 덩크 등, 농구의 상식을 넘은 통쾌한 액션이 재미있다.

메트로이드 프라임 2 : 다크 에코스

| 슈팅 어드벤처 | 1~4인용 | 3블록 | 닌텐도 | 2005년 5월 26일 | 6,800엔(세금 포함) |

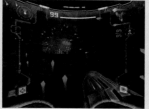
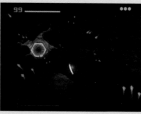

▲ 한 행성의 에너지를 공유하는 별개 차원의 세계, '라이트 에테르'와 '다크 에테르'를 왕래하며 싸운다. 엔딩은 모두 3종류.

사무스의 시점으로 탐색하는 1인칭 어드벤처 게임. '라이트'와 '다크'의 두 세계로 나뉜 행성 '에테르'를 무대로, 빛과 어둠이 테마인 스토리가 전개된다. 적의 속성에 맞춰 효과적인 무기로 전환하는 전략성과, 2종류의 룰로 즐기는 시리즈 최초의 대전 모드 탑재가 주요 특징이다.

킬러 7

| 다중인격액션어드벤처 | 1인용 | 2블록 | 캡콤 | 2005년 6월 9일 | 6,800엔 |

この先は危険だよ 行かない方がいい

▲ 카툰 렌더링을 활용한 그래픽과 꿈틀대는 텍스트로, 특이한 세계관을 표현했다. 스토리가 난해한지라, 이해하기가 쉽지만은 않다.

게임큐브로는 유일한 성인용 등급의 이색작. 살인청부업자 '하만'이 가진 7가지 인격을 전환해 가며, 합중국 전복을 노리는 '쿤 란'이 이끄는 폭주집단 '헤븐 스마일'과 싸운다. 각 인격별로 무기·능력이 다르며, 혈액을 수집해 회복·강화할 수 있다.

꼬마로보!

| 꼬마 액션 어드벤처 | 1인용 | 6~18블록 | 닌텐도 | 2005년 6월 23일 | 5,800엔(세금 포함) |

◀ 1960년대의 미국이 모델인 가상의 가정을 무대로 삼아, 작은 '로보'의 모험이 시작된다.

BOX ART & DISC

「꼬마로보!」 시리즈의 첫 작품으로, 「기프트피아」를 제작했던 스탭들이 개발에 관여한 게임. 키가 10cm인 로봇 '꼬마로보'를 조작해, 로보의 소유자인 샌더슨 가족을 위해 일하는 액션 어드벤처 게임이다. 꼬마로보는 내장 배터리로 움직이므로 초반에는 전원 플러그 근처를 벗어날 수 없으나, 가족에게 기쁨을 주어 '해피'를 모아 꼬마로보 랭킹을 올

리면 배터리 용량이 커진다. 꼬마로보의 목적은 해피를 많이 모아 꼬마로보 랭킹 1위가 되는 것. 해피는 샌더슨 댁의 아빠·엄마 및 딸인 제니를 도와주는 등으로 모을 수 있다. 밤낮 개념이 있어 이에 따라 가족별 소재지와 행동이 달라지며, 같은 행동을 해도 시간대별로 반응하는 캐릭터가 달라지는 경우가 있다. 메인 스토리는 진행기한이 없으므로, 이벤트를 찾으며 원하는 대

로 자유롭게 지내보자. 꼬마로보가 사는 집 안에선, 가족뿐만 아니라 움직이는 장난감들과 교류하거나, 의문의 로보 '스파이더'와 싸우게 되기도 한다. 특정 조건을 충족시키면 방치돼 있던 다마고치를 육성할 수도 있고, '독수리 5형제'의 오마쥬인 '깃쵸맨' 피규어가 집안을 순찰하기도 하는 등, 집안에서 다양한 일이 벌어진다.

▲ 딸의 생일을 핑계로, 기계장난감 애호가인 아빠가 사온 꼬마로보. 꼬마로보는 집에 행복을 가져다줄지?

▲ 배터리 부족 때문에, 처음에는 전원 근처만 겨우 돌아다닐 수 있다. 일단 가까운 곳에서부터 해피를 모으자.

▲ 꼬마눈 모드로 주변을 살피면 새로운 것을 발견할지도 모른다. 아이템 이름도 이 모드로 확인 가능하다.

실황 파워풀 프로야구 12

| 스포츠 | 1~2인용 | 127블록 | 코나미 | 2005년 7월 14일 | 6,980엔 |

BOX ART & DISC

▲ PS2판과 동시 발매됐지만, 게임큐브판은 온라인으로 시합하거나 선수를 다운받는 모드인 '파워프로 통신'이 빠졌다.

2005년 개막 시점의 선수 데이터를 사용한 야구 게임. 응원가 제작 기능, 조작 튜토리얼격인 '야구교실' 모드 등이 신규 요소로 추가되

었다. 2005년 결성된 사회인 야구팀 '이바라키 골든 골즈'와 당시 해당 팀의 감독 하기모토 킨이치가 석세스 모드에 등장해 화제가 되기도 했다.

액션 게임 장르 | 1~2인용 플레이 명수 | 1블록 필요 메모리 카드 용량 | 돌비 서라운드 / 돌비 프로로직 II 지원 | 480p 프로그레시브 모드 지원

댄스 댄스 레볼루션 with 마리오

| 댄스 시뮬레이션 | 1~2인용 | 2블록 | 닌텐도 | 2005년 7월 14일 | 6,800엔 | ※ 매트 컨트롤러 동봉 |

매트 컨트롤러 지원

BOX ART & DISC

▲ 지하와 눈밭 등 여러 스테이지에서 마리오와 함께 춤추자. 미니게임도 있어, 본편처럼 매트 컨트롤러로 플레이 가능하다.

코나미의 음악 게임 「DDR」과 '마리오' 시리즈의 콜라보 작품. 화살표가 겹쳐지는 타이밍에 맞춰 스텝을 밟거나 버튼을 조작해, 댄스 게이지를 유지하며 곡을 마치면 스테이지가 클리어된다. 클래식, 민요, '마리오' 시리즈 BGM의 편곡판 등 곡들의 장르가 다양하며, 숨겨진 곡도 있다.

슈퍼 마리오 스타디움 : 미라클 베이스볼

| 스포츠 | 1~4인용 | 10블록 | 닌텐도 | 2005년 7월 21일 | 5,800엔(세금 포함) |

BOX ART & DISC

▲ 음표 블록 등 '마리오' 시리즈다운 장치가 가득해, 야구장이 모두 개성적이다. 야구 규칙을 섞은 미니게임도 재미있다.

'마리오' 시리즈의 캐릭터들이 주역급부터 조무래기까지 54명이나 등장하는 야구 게임. 구장도 선수도 자유롭게 고르는 '엑시비션', 쿠파팀과의 결전을 목표로 팀 선수를 보충·강화해 가는 '챌린지', 오리지널 야구 게임으로 코인 획득수를 겨루는 '토이 필드' 모드를 수록했다.

로봇

| 액션 어드벤처 | 1인용 | 21블록 | 비벤디 유니버설 게임즈 | 2005년 7월 28일 | 5,800엔 |

BOX ART & DISC

▲ 로봇만이 사는 세계를 종횡무진으로 대모험한다. 점프·슬라이딩을 구사해 고물을 적극적으로 회수하여, 로드니를 강화시키자.

같은 제목 영화가 원작인 3D 액션 어드벤처 게임. 위대한 발명가가 꿈인 로봇 '로드니'를 조작해, 중고 로봇의 '고물'화를 노리는 도시의 지배자 라쳇을 물리치는 게 목적이다. 도중에 얻는 '고물'은 게임 내에서 일종의 돈이므로, 지불하여 아이템 업그레이드나 체력 회복에 쓸 수 있다.

포켓몬 XD : 어둠의 선풍 다크 루기아

| RPG | 1~2,4인용 | 43블록 | 포켓몬 | 2005년 8월 4일 | 5,800엔(세금 포함) |

GBA케이블지원

BOX ART & DISC

▲ 전작까지 있었던 '콜로세움'은 없었으나, 게임보이 어드밴스판 「포켓몬스터」 시리즈와 연동시키면 포켓몬 배틀·교환이 가능하다.

「포켓몬 콜로세움」의 속편으로, 악의 조직 때문에 마음을 닫아버린 다크 포켓몬을 구출하러 모험하는 RPG. 다크 포켓몬은 적 트레이너에게서 스내치해, 다시 마음을 여는 행위인 '리라이브'로 구해낼 수 있다. 효율적인 리라이브를 위한 시설 '리라이브 홀'과 미니게임 등을 추가했다.

소닉 젬즈 컬렉션

480p
프로그레시브 모드 지원

| 액션 | 1~2인용 | 2블록~ | 세가 | 2005년 8월 11일 | 4,800엔 |

BOX ART & DISC

▲ 엑스트라 모드에선 각 타이틀의 설명서를 그대로 디지털해 수록했을 뿐만 아니라, 숨겨진 커맨드와 공략정보 등의 힌트도 볼 수 있다.

「소닉」 시리즈 중심으로 여러 타이틀을 수록한 옴니버스 게임. 수록작은 「소닉 더 파이터즈」·「소닉 더 헤지혹 CD」·「소닉 R」은 물론, 「소닉 어드벤처 DX」에도 수록했었던 게임 기어용 타이틀과 「벡터맨」·「보난자 브라더즈」·「베어 너클」 시리즈까지 총 15개 작품이다.

마다가스카

480p
프로그레시브 모드 지원

| 액션 | 1~2인용 | 3블록 | 반다이 | 2005년 8월 11일 | 4,800엔 |

BOX ART & DISC

▲ 조작 캐릭터는 주인공인 사자·하마·얼룩말·기린이지만, 펭귄을 조작하는 장면도 있어 동물별로 색다른 액션을 즐길 수 있다.

같은 제목의 CG 애니메이션 영화가 원작인 액션 게임. 스핀으로 주변의 물건을 날려버리는 기린 등, 각기 능력이 다른 동물을 조작해 화면에 표시되는 목적을 달성하자. 코인을 모으면, 원숭이 가게에서 비키니·왕관 등의 코스튬과 전차전 등의 여러 미니게임을 즐길 수 있다.

액션 게임 장르 | 1~2인용 플레이 명수 | 1블록 필요 메모리 카드 용량 | DOLBY SURROUND / DOLBY PRO LOGIC II 돌비 서라운드 / 돌비 프로로직 II 지원 | 480p 프로그레시브 모드 지원 프로그레시브 모드 지원

HARDWARE
2001's SOFT
2002's SOFT
2003's SOFT
2004's SOFT
2005's SOFT
2006's SOFT
OVERSEA SOFT
SOFT INDEX

메달 오브 아너 : 유러피언 어썰트

DOLBY PRO LOGIC II | 480P

| 밀리터리 FPS | 1~4인용 | 4블록 | 일렉트로닉 아츠 | 2005년 8월 11일 | 6,800엔 |

▲ 시리즈 통산 3번째 작품. 분대에 지시를 내려 플레이어와 협력하는 전술, 수류탄을 되날려 폭사를 피하는 기술 등의 신규 요소를 도입했다.

제2차 세계대전이 모티브인 FPS. 생나제르 공습, 아르덴 대공세 등 당시 실제로 벌어졌던 전투를 철저히 취재해 게임으로 재현했다. 싱글 모드는 채리엇 작전부터의 4가지 캠페인을 수록했다. 소속 진영·병종에 따라 사용 무기류가 달라지는 멀티플레이 모드도 즐길 수 있다.

파이트 나이트 라운드 2

DOLBY PRO LOGIC II | 480P

| 복싱 | 1~2인용 | 8블록 | 일렉트로닉 아츠 | 2005년 9월 1일 | 5,800엔 |

▲ 인터벌 도중의 선수 치료 등, 권투시합의 면면을 디테일하게 재현했다. PS2로도 나왔지만, 게임큐브판에만 「슈퍼 펀치 아웃!!」이 수록돼 있다.

무하마드 알리, 이밴더 홀리필드 등의 실존 복서들을 3D 그래픽으로 재현한 권투 게임. 좌우 주먹으로 날리는 어퍼컷·훅·스트레이트를 C 스틱으로 궤도를 그려 구사하는 '토탈 복서 컨트롤' 시스템을 탑재하여, 직감적인 조작으로 콤비네이션을 펼쳐 공격할 수 있다.

뷰티풀 죠 : 배틀 카니발

DOLBY SURROUND | 480p

| 파티 배틀 | 1~4인용 | 3블록 | 캡콤 | 2005년 9월 29일 | 5,800엔 |

▲ 배틀 도중에 미니게임식 대결도 삽입되는 등, 정신없는 전개가 특징이다. 퍼즐 조각을 모을수록 사용 가능 캐릭터가 늘어난다.

영화 주연 자리를 놓고, 「뷰티풀 죠」 시리즈의 등장 히어로들이 싸우는 파티 배틀 게임. 피라미 적을 최대한 많이 물리치기, 특정 캐릭터에 많은 대미지 주기 등, 배틀 도중 제시되는 목적을 많이 달성할수록 승리로 이어진다. 1인용 스토리 모드와, 최대 4인까지의 대전 모드를 수록했다.

HARDWARE

2001's SOFT

2002's SOFT

2003's SOFT

2004's SOFT

2005's SOFT

2006's SOFT

OVERSEA SOFT

SOFT INDEX

조이드 : 풀 메탈 크러시

| 대전격투 | 1~2인용 | 3블록 | 토미 | 2005년 10월 27일 | 6,800엔 |

DOLBY SURROUND　480p 프로그레시브 모드 지원

▲ 무라사메 라이거와 합체하면 무라사메 라이거 시노비 커스텀이 되는, 게임 등장 기체 '블레이드 호크'의 모형을 조기구입 특전으로 증정했다.

메카생체 '조이드'를 타고 싸우는 대전격투 게임. 30기체 이상의 조이드와, 당시 최신작 '조이드 제네시스' 등의 애니메이션 시리즈 캐릭터가 등장한다. 제국 소속 정예부대 신병으로서 전쟁에 참여하는 스토리 모드와 1~2인용 대전 모드, 조이드 커스터마이즈 모드를 수록했다.

돌격!! 패미컴 워즈

| 전략 위 액션 | 1인용 | 2블록 | 닌텐도 | 2005년 10월 27일 | 5,800엔(세금 포함) |

DOLBY PRO LOGIC II　480p 프로그레시브 모드 지원

▲ 아군에게 지시를 내리면서, 동시에 아군 유닛 하나를 직접 조작해 적과 싸우는 TPS형 게임. 미션 클리어 후엔 전투 내용을 평가해준다.

웨스턴 프론티어 군의 지휘관이 되어, 다양한 현대 병기를 조작해 미션에 도전하는 전략 위 액션 게임. 유닛은 크게 '병사'·'차량'·'비행' 3종류로 나뉘며, 특히 각 유닛별로 지상전과 공중전의 유·불리 상성이 뚜렷하게 갈리기 때문에, 이를 감안하여 적절하게 전략을 세워야 한다.

목장이야기 : 행복의 노래 for 월드

| 한가로운 생활 게임 | 1~4인용 | 57블록 | 마벨러스 인터랙티브 | 2005년 11월 10일 | 4,800엔 |

DOLBY SURROUND　480p 프로그레시브 모드 지원

▲ 염가로 발매한 밸런스 조정판. 라이벌의 성별은 주인공과 항상 반대이므로, 남녀 어느 쪽으로 플레이하든 라이벌과 결혼이 가능하다.

라이벌과 경쟁하며 목장을 경영하는 시뮬레이션 게임 「목장이야기 : 행복의 노래」(130p)의 컨텐츠를 추가·변경한 타이틀이다. 유저의 요망에 응해 라이벌과의 결혼이 가능해졌으며, 냉장고·가구의 아이템 수납 최대량을 증가시키는 등 밸런스를 조정했고, 버그도 수정했다.

액션　게임 장르　1~2인용　플레이 명수　1블록　필요 메모리 카드 용량　DOLBY SURROUND DOLBY PRO LOGIC II 돌비 서라운드 / 돌비 프로로직 II 지원　480p 프로그레시브 모드 지원　프로그레시브 모드 지원

마리오 파티 7

파티 게임 | 1~8인용 | 6블록 | 닌텐도 | 2005년 11월 10일 | 5,800엔(세금 포함) | ※ 마이크 동봉

DOLBY PRO LOGIC II 프로그레시브 모드 지원 | 480P | 게임큐브마이크 지원

BOX ART & DISC

▲ '하늘에 표적' 등의 신작 미니게임이 88종류나 된다. 캐릭터 전용 아이템 '캡슐'을 도입해, 부끄부끄의 수비가 강해지는 매직 캡슐을 쓸 수 있다.

인기 파티 게임 시리즈 「마리오 파티」의 게임큐브용 마지막 작품. 주사위를 굴려 미니게임 등으로 코인과 스타를 모아 승리를 노리는 보드 게임이다. 컨트롤러 하나를 둘이서 잡는 식으로, 최대 8명까지 즐길 수 있다. 마이크용 게임을 컨트롤러로 즐기도록 설정할 수도 있다.

NARUTO -나루토- : 격투 닌자대전! 4

3D 닌자 대전격투 | 1~4인용 | 2블록 | 토미 | 2005년 11월 21일 | 6,800엔

DOLBY SURROUND | 480P 프로그레시브 모드 지원

BOX ART & DISC

▲ 나루토·사스케·사쿠라 등, 특정 캐릭터끼리 조합하면 특별한 오의를 사용할 수 있다. 스토리는 사스케 탈환 편까지를 다뤘다.

인기 시리즈 제 4탄이자, 게임큐브로는 최종작. 전작의 마이너 체인지 판으로, 소리마을 5인방과 야쿠시 카부토, 호시가키 키사메 등의 캐릭터를 추가했다. 전작의 3 : 3 배틀을 리뉴얼해, 대전 중에도 캐릭터 체인지가 가능하게 했다. 초원, 나뭇잎 병원 옥상 등의 신 스테이지도 등장한다.

ONE PIECE 해적 카니발

파티 게임 | 1~4인용 | 8블록 | 반다이 | 2005년 11월 23일 | 5,800엔

DOLBY SURROUND | 480P 프로그레시브 모드 지원

BOX ART & DISC

▲ PS2판과 동시 발매된 타이틀. 플레이어 캐릭터는 밀짚모자 해적단뿐이지만, 그 외의 여러 캐릭터들도 음성 포함으로 등장한다.

40종류 이상의 게임을 수록한 파티 게임. 짝 맞추기나 배틀로얄 등 다채로운 장르의 미니게임은 물론, 원작에 등장했던 해적단간 대결인 '데이비 백 파이트'를 재현한 중간급 게임, 미니게임이나 카드에 따라 패널을 뺏고 뺏기는 1~4인용 보드 게임을 수록했다.

HARDWARE | 2001's SOFT | 2002's SOFT | 2003's SOFT | 2004's SOFT | 2005's SOFT | 2006's SOFT | OVERSEA SOFT | SOFT INDEX

HARDWARE
2001'S SOFT
2002'S SOFT
2003'S SOFT
2004'S SOFT
2005'S SOFT
2006'S SOFT
OVERSEA SOFT
SOFT INDEX

SSX On Tour with 마리오

스키＆스노보드 액션　1～2인용　7블록　일렉트로닉 아츠　2005년 11월 24일　5,800엔

BOX ART & DISC

▲ 눈길은 물론, 쓰러진 나무나 목재도 타고 달릴 수 있다. 가로막는 다른 스노보더와 스키어를 공격해 밀어내며, 화려한 트릭을 구사하자.

겔렌데에서 몬스터 트릭에 도전하는 레이싱 게임인 「SSX」(스노보드 슈퍼크로스) 시리즈 작품 중 하나. 게임큐브판 한정으로 마리오·루이지·피치 공주도 조작할 수 있으며, 스키 액션도 추가했다. 스코어 어택과 스키 패트롤 따돌리기 등 여러 게임 룰이 있어, 다양한 상황을 즐길 수 있다.

해리 포터와 불의 잔

액션 어드벤처　1～3인용　5블록　일렉트로닉 아츠　2005년 11월 26일　4,800엔

  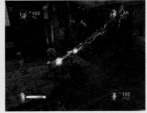

BOX ART & DISC

▲ 소환 마법을 처음부터 쓸 수 있거나, 셋이서 가짜 무디 교수의 수행에 도전하는 전개가 추가되는 등, 원작과 다른 오리지널 요소가 강하다.

3대 마법학교의 대항전에 본의 아니게 말려든 해리 포터의 활약을 그린 같은 제목의 작품이 소재인 게임. 각 스테이지는 해리·헤르미온느·론 셋 중 하나를 골라 조작하게 된다. 나머지 두 명은 서포트 캐릭터로서 동행하므로, 함께 전투하거나 합체 마법을 사용할 수도 있다.

크래시 밴디쿳 : 태그 팀 레이싱

액션＋레이싱　1～4인용　2블록　비벤디 유니버설 게임즈　2005년 12월 1일　6,800엔

BOX ART & DISC

▲ 액션 모드에서 입수하는 코인을 모으면 크래시의 다양한 의상을 구입할 수 있다. 코인은 파워 스톤을 입수할 때도 필요하다.

테마파크를 무대로 삼아 어트랙션과 미니게임, 레이스를 즐기는 타이틀. 5개 지역을 공략해 파워 타이어와 파워 스톤을 모으는 게 목적이다. 대인전도 가능한 레이스 모드에서는 가까운 타 차량과 부딪쳐 합체해, 기총 공격과 차량 조작을 둘이서 분담하며 협력 플레이할 수도 있다.

액션　게임 장르　1～2인용　플레이 명수　1블록　필요 메모리 카드 용량　DOLBY SURROUND／DOLBY PRO LOGIC II　돌비 서라운드／돌비 프로로직 II 지원　480p 프로그레시브 모드 지원　프로그레시브 모드 지원

SD건담 가샤퐁 워즈

| 액션&시뮬레이션게임 | 1~4인용 | 9블록 | 반다이 | 2005년 12월 1일 | 6,800엔 |

▶ 싱글 플레이 모드에서도 대전 모드에서도, 액션과 시뮬레이션의 어느 쪽 스타일로든 즐길 수 있는 게임이다.

BOX ART & DISC

패미컴판 「SD건담 월드 가챠퐁 전사 : 스크램블 워즈」의 시스템을 계승한 액션&시뮬레이션 게임 시리즈의 신작. 맵 상에 모빌슈트를 배치·이동시켜 거점을 점령해가는 '시뮬레이션 파트'와 유닛들이 직접 전투하는 '액션 파트'로 나뉘며, 액션 실력이 좋으면 전황을 유리하게 끌고 갈 수도 있다. '1000번 즐길 수 있는 시뮬레이션 게임'이라는 선

전문구대로, 게임을 구동할 때마다 새로운 메인 맵이 무작위로 조합돼 출현한다. 액션 배틀의 무대인 '배틀필드'도 40종류 이상이나 되며, 150종 이상의 개성적인 모빌슈트가 등장한다. 카드 게임의 덱에 해당하는 '캡슐 박스'에서 보유 중인 유닛을 꺼내 총 코스트 이내로 조합하여 '마이 세트'를 짜게 되며, 처음엔 3대로 시작해 턴이 넘어갈 때마다 무작위로 유닛이 추가된

다. 강한 모빌슈트는 당연히 코스트가 많고, 유닛별로 가위바위보식 속성도 설정돼 있기 때문에, 마이 세트를 잘 구축하는 전략도 세워야 한다. 싱글 플레이용 모드인 '캡슐 워즈'와 '시나리오 게임', 액션 모드로만 미션에 도전하는 '100문제 배틀'을 수록했다. 멀티플레이의 경우, 액션과 시뮬레이션으로 대전하는 각종 대전 모드도 준비했다.

▲ 최대 4인 대전도 가능하다. 각자 좋아하는 모빌슈트를 조종해 싸우다 보면 분위기가 달아오를 터이다.

▲ 전투 시에는 가위바위보 속성의 3가지 공격이 가능하며, 유닛 자체에도 물고 물리는 3대 속성이 설정돼 있다.

▲ 총 14스테이지의 '시나리오 게임'으로 기본 시스템을 배워 클리어하면, 다른 모드로도 플레이가 가능해진다.

BLEACH GC : 황혼을 맞이하는 사신

| 3D 대전격투 | 1~2인용 | 1블록 | 세가 | 2005년 12월 8일 | 5,800엔 |

BOX ART & DISC

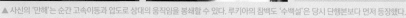
▲ 사신의 '만해'는 순간 고속이동과 압도로 상대의 움직임을 봉쇄할 수 있다. 루키아의 참백도 '수백설'은 당시 단행본보다 먼저 등장했다.

쿠보 타이토 원작의 인기 애니메이션 기반 3D 대전격투 게임. 닌텐도계 게임기로는 2번째 작품이며, 주인공 쿠로사키 이치고를 비롯해 '소

울 소사이어티 편'의 캐릭터 25명이 등장한다. 스토리 모드에서는 이치고·렌지·뱌쿠야의 내면을 그렸다. 사신 최강의 필살기 '만해'로 승기를 잡자.

HARDWARE

2001's SOFT

2002's SOFT

2003's SOFT

2004's SOFT

2005's SOFT

2006's SOFT

OVERSEA SOFT

SOFT INDEX

HARDWARE
2001's SOFT
2002's SOFT
2003's SOFT
2004's SOFT
2005's SOFT
2006's SOFT
OVERSEA SOFT
SOFT INDEX

전설의 퀴즈왕 결정전

퀴즈 게임 | 1~4인용 | 6블록 | 닌텐도 | 2005년 12월 8일 | 5,800엔(세금 포함) | ※ 게임큐브 마이크 동봉

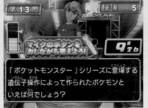

BOX ART & DISC

▲ 퀴즈 장르가 다양하며, 닌텐도의 인기 게임 관련 문제도 다수 출제된다. 혼자 즐겨도 재미있으니, CPU를 상대로 지식을 겨뤄보자.

세상에 퀴즈 게임은 많지만, 이 게임은 소프트에 마이크를 동봉해 플레이어가 '음성'으로 답한다는 진기한 시스템을 도입한 획기적인 작품이다. 수천 문제나 되는 퀴즈와 여러 퀴즈 프로를 통과하면, 타이틀명이기도 한 '전설의 퀴즈왕 결정전'에 출전 가능하다. 다양한 퀴즈에 도전해보자.

금색의 갓슈!! : 고! 고! 마물 파이트!!

액션 | 1~4인용 | 2블록 | 반다이 | 2005년 12월 15일 | 5,800엔

BOX ART & DISC

▲ 16마리의 마물과, 나오미 등의 어시스트 캐릭터가 등장하는 작품. 오리지널 스토리를 즐기는 모드와 대전, 갤러리를 수록했다.

마물과 인간이 태그를 이뤄, 총 4명이 난전하는 배틀 게임. 공격 등으로 포인트를 가장 많이 획득한 플레이어가 승자다. 배틀 도중 다양한 효과의 아이템이 등장하며, 슬롯머신에 마물이 맞춰지면 파워 업되는 등 전황이 크게 변화하는 요소도 있다. 스테이지에도 각종 장치가 풍부하다.

섀도우 더 헤지혹

3D 액션게임 | 1~2인용 | 2블록~ | 세가 | 2005년 12월 15일 | 6,800엔

BOX ART & DISC

▲ 공략한 미션에 따라 시나리오가 분기되는 멀티 엔딩 시스템을 채용했고, 기존 작품에 있던 액션 외에 무기와 탈것도 사용 가능해졌다.

「소닉 더 헤지혹」의 스핀오프 작품. 소닉의 라이벌인 '섀도우 더 헤지혹'이 자신의 기억을 되찾으러 카오스 에메랄드를 수색하는 3D 액션 게임. '히어로 게이지'와 '다크 게이지'를 모으면 고속 이동 기술 '카오스 컨트롤'과 적을 일소하는 '카오스 블래스트'를 발동 가능하다.

액션 게임 장르 | 1~2인용 플레이 명수 | 1블록 필요 메모리 카드 용량 | DOLBY SURROUND / DOLBY PRO LOGIC II 돌비 서라운드 / 돌비 프로로직 II 지원 | 480p 프로그레시브 모드 지원

실황 파워풀 프로야구 12 결정판

DOLBY PRO LOGIC II · 480p 프로그레시브 오드 지원

| 스포츠 | 1~2인용 | 123블록 | 코나미 | 2005년 12월 15일 | 6,980엔 |

▲ 「파워프로 군 포켓 1·2」와 「파워프로 군 포켓 7」은 물론, 닌텐도 DS용 「파워프로 군 포켓 8」·「파워포켓 코시엔」의 패스워드도 통한다.

원작(134p)의 밸런스 조정·버그 수정·시나리오 추가판. 선수 데이터도 2005년 페넌트레이스 종료 시점으로 갱신했다. 석세스 모드의 무

대인 도시는 원작의 경우 무작위 요소가 강했지만, 이번엔 '시설 건설 희망' 등으로 플레이어가 어느 정도 발전에 개입할 수 있도록 개선했다.

치킨 리틀

DOLBY SURROUND · 480p 프로그레시브/오드 지원

| 액션 | 1~2인용 | 39블록 | D3 퍼블리셔 | 2005년 12월 15일 | 5,800엔 |

▲ 스테이지 상에 흩어져 있는 카드를 모으면 상점에서 총 6종의 미니게임을 얻을 수 있다. 본편은 1인용이지만, 미니게임 중엔 2인용도 있다.

치킨 리틀을 조작하는 3D 액션 게임. 기본적으로는 2단 점프와 요요 공격을 활용해 목적 달성을 노리는 게임이지만, 스포츠에 참가하는 스

테이지와 스페이스 시뮬레이터를 조종하는 슈팅 스테이지도 존재한다. 스토리 도중엔 원작 영화의 분위기를 재현한 동영상도 나온다.

니드 포 스피드 : 모스트 원티드

DOLBY SURROUND · 480p 프로그레시브 오드 지원

| 스트리트 카 레이싱 | 1~2인용 | 9블록 | 일렉트로닉 아츠 | 2005년 12월 22일 | 6,800엔 |

▲ 경찰차를 따돌리고 도주하는 것이 게임의 중요 시스템이다. 과제에 도전하는 '챌린지'는 상금 벌이부터 도주까지 다양하게 준비했다.

계략에 걸려 빼앗긴 애차를 되찾기 위해, 스트리트 레이서의 1인자를 노리는 레이싱 게임. 경찰의 추적도를 나타내는 '히트 레벨'은 경찰차

에 쫓기는 시간이 길어질수록 오르고, 차량의 외관이나 차량 자체를 바꾸면 내려간다. 경찰차를 대량 파괴하며 도주하는 코스 연출도 있다.

HARDWARE

2001'S SOFT

2002'S SOFT

2003'S SOFT

2004'S SOFT

2005'S SOFT

2006'S SOFT

OVERSEA SOFT

SOFT INDEX

2006

2006년에 발매된 게임큐브용 타이틀은 11종으로서, 이를 끝으로 5년에 걸친 일본 게임큐브 소프트 라인업이 막을 내리게 되었다. 그래도 이 해에는 후계기인 Wii(22p)가 발매되었고, Wii는 게임큐브용 소프트도 구동 가능했기에 이제까지 구입했던 게임큐브 소프트들을 그대로 계속 즐길 수 있었다.

이 해의 주목 타이틀로는 원로배우 오오타키 히데지를 기용한 이색 핀볼 게임 「오오다마」, 인기 RPG의 속편인 「바텐 카이토스 Ⅱ : 시작의 날개와 신들의 후계자」, Wii와 동시 발매된 「젤다의 전설 황혼의 공주」가 있다.

 ## 슈퍼 마리오 스트라이커즈

파이팅 사커 | 1~4인용 | 5블록 | 닌텐도 | 2006년 1월 19일 | 5,800엔(세금 포함)

▲ '버섯'·'스타'·'등껍질' 등의 아이템을 사용해, 파워 업하거나 상대를 방해할 수 있다. 쿠파가 난입해 시합을 엉망으로 만들기도 한다.

'마리오' 시리즈의 캐릭터들이 1팀 5인제로 대전하는 풋살식 축구 게임. 아이템 공격과 필살 슛 '슈퍼 스트라이크'에, 격투기를 방불케 하는 러프 플레이까지 작렬하는 완전 무규칙 파이팅 사커. 4명까지 동시 플레이 가능하며, 전원이 한 팀으로 단결하여 CPU와 대전할 수도 있다.

 ## 인크레더블 : 언더마이너의 침공

액션 | 1~2인용 | 10블록 | 세가 | 2006년 2월 9일 | 5,800엔

▲ 파워 캐릭터인 Mr.인크레더블과, 얼음을 조작하는 프로즌의 특성을 활용하자. 프로즌은 적을 일시 마비시키거나 얼음다리를 만들 수 있다.

2004년 발매됐던 「인크레더블」의 속편. 전작처럼 3D 액션 어드벤처 게임이며, 스토리는 영화판의 마지막 장면부터 시작한다. 특징은 'Mr. 인크레더블'과 동료 '프로즌'이 함께 싸운다는 것으로, 1인 플레이일 땐 플레이어와 CPU가 양쪽을 나눠 조작하며 교대도 자유롭게 할 수 있다.

액션 게임 장르 | 1~2인용 플레이 명수 | 1블록 필요 메모리 카드 용량 | DOLBY SURROUND / DOLBY PRO LOGIC Ⅱ 돌비 서라운드 / 돌비 프로로직 Ⅱ 지원 | 480p 프로그레시브 모드 지원 프로그레시브 모드 지원

소닉 라이더즈

3D 본격 레이싱　1~4인용　15블록　세가　2006년 2월 23일　5,800엔

DOLBY PRO LOGIC II | 480p 프로그레시브 모드 지원

BOX ART & DISC

▲ 레이스 대회의 개최자는 시리즈 전통의 악역인 '닥터 에그맨'. 대회에서는 라이벌인 '바빌론 도적단'의 캐릭터들로 플레이할 수도 있다.

음속의 귀공자 '소닉'을 비롯해, 친숙한 캐릭터들이 등장하는 3D 레이싱 게임. 이번 작품의 소닉 일행은 '익스트림 기어'라 불리는 공중

부상 보드에 탑승해, 비행 시 축적되는 에어(공기)를 방출하며 이동한다. 비행에 필요한 에어는 보충하거나, 라이벌에게서 빼앗을 수도 있다.

오오다마 [大玉]

인해전술 공성 액션　1인용　3블록　닌텐도　2006년 4월 13일　6,800엔(세금 포함)　※ 마이크·홀더 동봉

DOLBY SURROUND | 480p 프로그레시브 모드 지원 | 게임큐브마이크 지원

◀ 목표는 숙적 '카라스마루 겐신', 적의 대부대를 오오다마로 박살내며, 11+α곳의 전장을 지배하라!

BOX ART & DISC

이색 게임 「시맨」의 디자이너인 사이토 유타카가 개발을 주도하고, 원로배우 오오타키 히데지가 대신 '히데지' 역 및 나레이션을 맡은, 일본 전국시대가 배경인 이색 핀볼 게임. 플레이어는 전국시대의 야마노우치 가문 당주가 되어, 가보인 초대형 구슬 '오오다마'로 적 병사를 해치우거나 생포하며, 조종 부대에 명령해 적진 내의 골문까지 조종(釣鐘)을

운반해야 한다. 적병들도 필사적으로 조종의 진입을 막으므로, 적절한 명령과 원군 투입의 타이밍이 매우 중요하다. 오오다마를 아군에 맞추면 병사의 신뢰가 떨어져 명령을 잘 듣지 않게 된다. 전투를 계속 이겨, 최종적으로 부친의 원수 '카라스마루 겐신'을 물리치는 게 목적이다. 명령은 소프트에 동봉된 '오오다마이크'에 직접 음성으로 내려야 한다. '전진'·'후퇴'·'오른쪽'·'왼쪽' 등의 단어로 명령하며, '비기'로 취급되므로 게임 내에서 습득해야 사용 가능

하다. 개발 도중 나레이션의 적임자가 오오타키뿐이라 하여 사이토가 직필로 편지를 써 섭외했다는 에피소드와, 여닫이식 금병풍 스타일로 맵을 그린 설명서, 칠기를 흉내낸 게임 패키지 등, 디자이너의 철학이 가득 담긴 타이틀이다. 플레이에 필수적인 오오다마이크와 홀더를 동봉했고, 특전으로 게임 내용을 설명하는 '히데지의 책'을 증정했다.

▲ 일본화 화가 야마구치 아키라가 그린 '합전도'를, 설명서뿐만 아니라 맵 선택화면에도 사용했다.

▲ 조종에는, 게임 내에서 무사도의 원류를 소개하는 '任我無心 天在降臨 遵義通命'을 줄인 '任天道'란 한자가 장식돼 있다.

▲ 오오다마를 튕겨 종을 울리고, 오두막을 박살내고, 병사를 찌부러뜨린다. 묘한 파괴의 미학을 맛보는 카오스한 게임이다.

HARDWARE

2001'S SOFT

2002'S SOFT

2003'S SOFT

2004'S SOFT

2005'S SOFT

2006'S SOFT

OVERSEA SOFT

SOFT INDEX

바텐 카이토스 II : 시작의 날개와 신들의 후계자

RPG　　1인용　　6블록　　닌텐도　　2006년 2월 23일　　6,800엔(세금 포함)

BOX ART & DISC

「바텐 카이토스 : 끝없는 날개와 잃어버린 바다」(104p)의 속편. 전작의 20년 후가 무대이며, 정령이 깃든 소년 '사기'를 주인공으로 삼아 세계 각지에서 일어나는 이변의 비밀을 밝힌다는 스토리. 시나리오 담당을 전작의 카토 마사토가 아니라 후일 「제노블레이드」의 디렉터가 되는 코지마 코우로 변경해, 전작과는 다른 맛과 놀라움이 있는 스토

전작과는 20년 후를 무대로, 마음속에 자신과는 별개의 의식을 지닌 캐릭터들도 다수 등장한다. 전작의 소년이 활약한다는 스토리다.

리가 일품이다. 이야기는 주인공이 지내는 현재의 시간축과 꿈속을 번갈아가며 진행된다. 플레이어는 주인공의 내면에 있는 또 하나의 의식 '정령'이 되어 스토리에 개입한다. 전작의 20년 후가 무대인지라, 같은 장소라도 풍경과 맵이 전작과는 미묘하게 다른 것도 특징이다. 작품의 핵심인 '매그너스'는 종류를 줄였지만 수집 요소는 건재하며, 이번에는 일반적인 획득방법 외에

도 각 대륙에 존재하는 '매그너스 트레이더'와 거래하여 입수할 수도 있다. 전투 시스템은 릴레이 콤보와 EX 콤보를 도입해 쾌감을 강화하는 등, 많은 개량을 가했다. 전작의 장점을 계승하면서도 높은 완성도를 유지한 작품으로, 시나리오나 전투가 전형적인 기존 RPG에 질린 게이머라면 더욱 재미있게 즐길 수 있을 게임이라 하겠다.

▲ 과거와 현재, 찬반이 갈리는 기계화 정책 등, 두 세력이 대립하는 장면들이 스토리 전반에 깔려 있다.

▲ 플레이어는 주인공 '사기'에 깃든 정령으로서 스토리에 관여한다. 중요한 순간마다 플레이어에게 선택을 요구하기도 한다.

▲ 전작에는 없었던 전체공격을 일부 필살기에 도입했다. 콤보 조합에 따라서는 더욱 강력한 공격이 가능하다.

실황 파워풀 메이저리그

스포츠　　1~2인용　　158블록　　코나미 디지털 엔터테인먼트　　2006년 5월 11일　　6,980엔

BOX ART & DISC

▲ 당시 메이저리그에 재적하여 활약하던 유명 일본인 선수인 노모 히데오·마츠이 히데키·이치로 등도 게임 내에 등장한다.

코나미의 간판 야구 게임 시리즈 「실황 파워풀 프로야구」의 메이저리그판. 실존 유명 선수들이 다수 실명으로 등록되어, 2.5등신의 귀

여운 모습으로 대활약한다. 석세스 모드에선 주인공 '파워메이저 군'이 되어, 설립 1년차 팀을 어엿한 메이저리그 활약 팀으로 성장시켜야 한다.

액션　게임 장르　　1~2인용　플레이 명수　　1블록　필요 메모리 카드 용량　　　DOLBY SURROUND / DOLBY PRO LOGIC II　돌비 서라운드 / 돌비 프로로직 II 지원　　480p 프로그레시브 모드 지원　프로그레시브 모드 지원

라디르기 제네릭

슈팅 | 1인용 | 2블록 | 마일스톤 | 2006년 5월 25일 | 5,800엔

480p 프로그레시브 모드 지원

BOX ART & DISC

▲ 아케이드판「라디르기」에 추가 요소를 가미한 이식작. 게임 중 종종 표시되는 메시지 중엔 공략 힌트가 다수 있으니 놓치지 말자.

카툰 셰이딩(애니메이션 풍 영상처리)을 사용해 독특한 세계관을 표현한 종스크롤 슈팅 게임. 플레이어는 여고생 '시즈루'를 조작해, 공중 샷과 지근거리 공격 '소드'의 두 가지 공격으로 게임을 진행한다. 일정 시간 공격하지 않으면 실드가 발동해, 일부 적탄을 막아준다.

얼티밋 스파이더맨

3D 액션 | 1인용 | 15블록 | 타이토 | 2006년 6월 29일 | 6,800엔

480p 프로그레시브 모드 지원

BOX ART & DISC

▲ 거미줄을 활용하는 이동·공격은 물론, 숨겨진 통로 탐색 등의 파고들기 요소도 가득하다. 베놈의 어나더 스토리로 연결되는 복선도 재미있다.

마블 코믹스의 히어로 '스파이더맨'이 모티브인 액션 게임. CG 동영상과 코믹스 풍 컷신도 삽입했으며, 같은 제목 만화의 핵심 각본가가 집필한 스토리가 전개된다. 주인공 피터(스파이더맨)의 소꿉친구 에디가 모체인 베놈도 조작 가능해, 두 명의 시점으로 게임을 진행하게 된다.

카

레이싱 | 1-2인용 | 8블록 | THQ 재팬 | 2006년 7월 6일 | 5,800엔

480p 프로그레시브 모드 지원

BOX ART & DISC

▲ 등장하는 차들의 표정이 풍부해 레이스가 재미있고, 실수하면 비명도 지른다. 그들이 무사히 골인하도록 코스를 제대로 공략하자.

2005년 개봉된 디즈니·픽사의 영화 '카'가 소재인 3D 레이싱 게임. 주인공 '라이트닝 맥퀸'을 비롯해, 표정이 풍부하고 애교가 넘치는 유니크한 친구들과 함께 온로드·오프로드 레이스를 즐겨보자. 목장에서 트랙터를 일으키는 미니게임 등도 즐길 수 있다.

HARDWARE | 2001'S SOFT | 2002'S SOFT | 2003'S SOFT | 2004'S SOFT | 2005'S SOFT | 2006'S SOFT | OVERSEA SOFT | SOFT INDEX

GBA케이블지원 | 모뎀어댑터지원 | 브로드밴드어댑터 지원 | SD카드 어댑터 지원 | 타루콩가 지원 | 게임큐브 마이크 지원 | 매트 컨트롤러 지원 | 지원 주변기기

147

HARDWARE

2001's SOFT

2002's SOFT

2003's SOFT

2004's SOFT

2005's SOFT

2006's SOFT

OVERSEA SOFT

SOFT INDEX

배틀 스타디움 D.O.N

파티 액션 | 1~4인용 | 2블록 | 반다이남코 게임스 | 2006년 7월 20일 | 6,800엔

BOX ART & DISC

▲ 기술 게이지가 빨간 선을 넘으면, 발동 시 컷인 연출이 나오는 강력한 초필살기를 쓸 수 있다. 상대의 체력을 단숨에 날릴 찬스다.

주간 '소년 점프'의 인기 만화 3작품의 등장 캐릭터들이 배틀을 펼치는 파티 액션 게임. 공격으로 상대의 체력을 흡수 가능한 게 특징이며, 시간 종료 시 체력이 가장 많은 플레이어가 승리하게 된다. 체력이 바닥나도 종료 전까지는 계속 조작되니, 체력을 다시 빼앗아 역전을 노리자.

젤다의 전설 황혼의 공주

액션 어드벤처 | 1인용 | 4블록 | 닌텐도 | 2006년 12월 2일 | 6,800엔(세금 포함)

◀역대 시리즈의 핵심 요소를 모두 답습한 작품으로서, 시리즈의 상징이라 할만한 왕도적인 타이틀이다.

BOX ART & DISC

초대 「젤다의 전설」이 발매된 지 20년 만에 등장하여, 시리즈의 전환점이 된 타이틀. 2002년 발매했던 「바람의 지휘봉」과 달리, 그래픽이 닌텐도 64로 발매된 「시간의 오카리나」 쪽을 답습한 리얼 풍으로 되돌아왔다. 「시간의 오카리나」의 7년 후를 무대로, 주인공 '링크'가 '미드나'라는 마물과 함께 트라이포스를 둘러싼 싸움에 임한다는 스토리로서, 시리즈 굴지의 던전 수와 맵 넓이를 자랑한다. 특징은 링크가 늑대로 변신하는 '울프 링크'와, '기마전' 시스템의 채용이다. 링크는 '어둠의 세계'라는 영역에 들어오면 강제로 늑대 형태가 되며, 영역 내에서 특정 이벤트를 클리어해야 원래대로 돌아온다. 늑대 상태일 때는 이동속도가 빨라지는 등 일부 능력이 향상되지만, 특정 아이템을 사용할 수 없고 인간과 대화가 불가능한 등의 제약이 있다. 기마전의 경우 말에 탄 상태로 상당히 자유도 높은 전투를 즐길 수 있으며, 기마전에 특화한 이벤트도 준비했다. 그밖에 전투 시 '필살기'라 불리는 검술을 습득할 수도 있고, 루어낚시 등의 미니게임까지 있는 등, 수많은 신규 요소와 개량이 가득하다. 난이도도 적절히 맞춰, 누구나 부담 없이 즐길 수 있는 왕도적인 게임이다.

▲ 애니메이션 풍에서 리얼 풍으로 회귀한 그래픽은, 게임큐브용 게임들 중에서도 역대급으로 아름답다.

▲ 새총·활·부메랑 등의 원거리용 도구도 사용 가능하다. 갈고리 삿을 멀리 있는 물건을 끌어당길 수도 있다.

▲ 달리면서 검으로 공격하거나, 폭탄 운반 도중에 자세를 바꿀 수도 있는 등, 더욱 세밀한 액션이 가능해졌다.

액션 게임 장르 | 1~2인용 플레이 명수 | 1블록 필요 메모리 카드 용량 | 돌비 서라운드 / 돌비 프로로직 II 지원 | 480p 프로그레시브 모드 지원

CHAPTER 3

닌텐도 게임큐브
서양 소프트 카탈로그

GAMECUBE OVERSEAS SOFTWARE CATALOGUE

NINTENDO
GAMECUBE
NINTENDO GAMECUBE PERFECT CATALOGUE 퍼펙트 카탈로그

HARDWARE

2001'S SOFT

2002'S SOFT

2003'S SOFT

2004'S SOFT

2005'S SOFT

2006'S SOFT

OVERSEA SOFT

SOFT INDEX

해설 닌텐도 게임큐브의 소프트 개발에 얽힌 이야기
COMMENTARY OF NINTENDO GAMECUBE #3

카탈로그 스펙과 실효 스펙의 격차로 고뇌하던 소프트 개발사들

'하드웨어 제조사가 공표한 스펙을 믿고 기대하며 제품을 샀는데, 상상하던 만큼의 물건이 아니었다'……. 이는 가전·자동차·PC 등등, 어떤 상품군에도 잘 들어맞는 익숙한 화제가 아닐까 싶다. 게임의 세계에서도 기대하고 샀으나 결국 실망한 경험이 있을 터인데, 개인차는 있겠으나 누구든 맛보았을 씁쓸한 추억이리라 생각한다.

다만 게임을 구매하는 소비자 입장이라면 실망하는 이유 중 대부분은 '게임이 재미없어서'이지 하드웨어 스펙 때문은 아니겠으나, 실은 게임의 세계에도 카탈로그 스펙과 실제 표현능력의 격차라는 현실에 냉가슴을 앓는 사람들이 있다. 바로 '게임 개발자'다.

게임 개발자는 새로운 게임기가 발표되고 나면, 함께 공개된 카탈로그 스펙 수치와 기술 데모를 보며 '이 게임기로는 무엇을 할 수 있을까?', '이 게임기라면 꼭 만들고 싶었던 그 아이디어가 구현될지도 몰라!' 등등의 몽상을 시작한다. 이렇게 부풀어오는 상상 이야말로 게임 개발의 원동력이며, 특히 차세대 게임기가 발표되는 시기는 게임을 즐기는 유저 쪽과는 다른 측면에서 강한 열망이 피어오르는 순간인 것이다. 그런 상상이 최대치까지 부푼 시점에서, 실제로 개발기재가 회사에 도착해 직접 다뤄보니 카탈로그 스펙에 한참 못 미치더라는 현실에 직면했을 때의 그 낙담이 어느 정도일지는, 군이 말할 필요가 없으리라.

이러한 '발표 스펙과 실제 스펙의 격차'는, 플레이스테이션 세대를 시작으로 3D 중심의 하드웨어가 정착되면서 두드러지기 시작했다. BG(배경그림) 와 스프라이트로 구성되는 2D 하드웨어는 'BG가 최대 몇 장, 스프라이트는 최대 몇 개'라는 식으로 표현의 한계를 구체적인 숫자로 제시하기에, 개발자가 사전에 예상한 바에서 크게 어긋나지 않았다. 하지만 3D 하드웨어는 프레임 버퍼 기반이라 '1프레임 내에 다 띄울 수 있다면 오브젝트는 얼마든지 표시 가능'이라는 식이므로, 개발자가 표현의 한계를 감각적으로 이해하기 어려운 구조가 되어버렸다. 사실 이 책의 하드웨어 해설 코너에서 (2D 게임기 편에는 있었던) 화면 표시 개념도를 생략한 이유도, 2D 세대의 게임기에 비해 표현성능을 도식화하기가 어려웠기 때문이다.

이야기가 다소 옆길로 샜으나, 개발 경험이 어느 정도 쌓인 베테랑 크리에이터라면 모를까, 이전까지 게임을 개발해본 적이 없었던 신규 참여 개발사가 퀄리티 낮은 게임을 내놓고 마는 경우가 많았던 원인이 바로 여기에 있었다. 신규 게임기에 소프트를 투입하는 국면마다, 소프트 개발사들은 크던 작던 비슷한 고충을 겪곤 했다.

소프트 개발사가 기꺼이 개발하고 싶어지는 하드웨어

이 '카탈로그 스펙과 실효 스펙의 낙차'라는 문제가 닌텐도계 게임기 중에서 가장 크게 표출되었던 사례가, 바로 닌텐도 64였다. 닌텐도 64는 같은 세대 타사의 라이벌 두 기종이 모두 32비트 CPU였던 가운데 한발 앞서 과감히 64비트 CPU를 채용했고, Z버퍼와 환경 매핑까지 지원하는 등, 당시 수준에서는 압도적인 하이스펙 머신이었다. 이것 자체는 찬사받아 마땅하다. 문제는, 이 게임기의 성능을 남김없이 뽑아낸 개발사가 극히 일부에 지나지 않았다는 점이다.

당시 시점에서는 완전히 미지의 하드웨어였던 닌텐도 64가 발매된 1996년은, 아직 3D가 영상기술로서는 과도기였던 시대이기도 했다. 3D 영상을 효과적으로 제작하기 위한 경험도 지식도 개발사 내에 변변치 않던 상황이었으니, 일단 먼저 실기를 만져보며 직접 연구하는 일부터 시작할 수밖에 없었다. 게임 하나 개발하려고, 총 개발기간 중 반절 가까이를 기초연구에 소비해버린 회사가 적지 않을 정도였다. 그리하여 결과적으로 모든 개발사가 일정 수준 이상의 게임을 만들 수 있었더라면 좋았겠으나, 다소 가혹하게 표현하자면 '이 게임은 닌텐도 64만큼의 성능이 아니면 절대 만들 수 없다'라고 할만한 타이틀은 극히 적었던 게 현실이 아니었던가. 이것이, 8p의 해설에서 언급했던 '닌텐도 64에서 가장 반성할 점'이자, 그 차세대기를 개발하면서 반드시 해소해야만 했던 과제였다.

그렇다면, 구체적으로 어떤 대책을 취해야 하는가. 닌텐도가 도출한 해답은, '개발자에게 높은 만족도를 주는 하드웨어와 개발환경을 제공하는 것' 이었다. 유저의 만족도를 올리려면 일단 고품질의 소프트 라인업이 필요하고, 그러려면 '소프트 개발사가 기꺼이 개발하고 싶어지는 하드웨어를 먼저 제공해야만 한다'라고 생각한 것이다.

이를 위해 내건 구호가 '수치 제일주의 · 스펙 제일주의와의 결별'로서, 선전하기엔 좋지만 현실적인 성능과는 동떨어진 피크(최대치) 성능보다, 실제로 게임에서 사용되는 실효 스펙을 우선시했다. 이를 위해 세운 구체적인 목표는 연산성능 면에서는 닌텐도 64의 10배, 그래픽 성능 면에서는 100배였고, 이만큼의 수준이 당연히 일반적인 게임 구동 시에 발휘되어야만 했다.

이뿐만 아니라 게임 개발을 보조해주는 개발환경의 개선에도 주력해, 「슈퍼 동키 콩」 「반조와 카주이의 대모험」의 레어 사 및 「메트로이드 프라임」의 레트로 스튜디오 사와 전략적 파트너십을 체결하여, 소프트 개발사

의 눈높이에서 무엇을 어떻게 개선해야 개발 효율이 향상될지를 철저하게 협의하였다.

또한, 닌텐도 64용 게임을 개발하려면 한 대에 1,000~2,000만 엔이나 드는 실리콘 그래픽스 사(SGI)의 워크스테이션이 필요했으나(이는 SGI가 닌텐도 64의 설계를 주도한 회사였기에 정치적 요인으로 결정된 것이기도 했다), 게임큐브에서는 그 1/10 이하 가격의 저가 워크스테이션을 개발기재로 채택하여 개발환경의 문턱을 대거 끌어내렸다. 닌텐도 64의 경우 개발사 수를 조절하기 위해 고가 기자재의 구입을 의무화시켜 의도적으로 진입장벽을 높인 측면이 어느 정도 있었으나, 그 반작용으로 소프트 발매 라인업의 심각한 빈곤을 초래했다. 이를 반성하는 의미에서,

게임큐브에서는 문턱을 크게 낮춘 것이다.

이뿐만 아니라, 닌텐도는 돌비 서라운드 · 돌비 프로로직 II 사용 라이선스의 포괄계약을 돌비 재팬과 체결하여, 게임큐브로 게임을 개발하는 회사라면 이를 게임에 무상으로 적용할 수 있도록 하였다. 이렇듯 소프트 개발사들을 위한 다양한 혜택을 아낌없이 제시해, 단순한 고성능을 넘어서서 말 그대로 '소프트 개발사가 개발하고 싶어지는 게임기'로 인식될 만큼 풍부한 서비스를 제공했다.

그 결과, 게임큐브는 개발사 · 개발자들로부터 절대적인 호평과 신뢰를 얻는 데 성공해, 닌텐도 64 때와는 정반대로 수많은 서드파티들을 모을 수 있었다.

멀티플랫폼 환영, 유력 소프트의 개발 러브콜

이미 서술한 대로, 거액의 개발비가 소요되는 현재의 게임 개발에서 여러 게임기로 동일 타이틀을 이식 발매해 개발비를 회수하는 '멀티플랫폼 전략'은 지극히 당연한 일이 되었다. 어떤 기종이 멀티플랫폼 발매의 대상이 되려면, '하드웨어 스펙이 타 기종에 비해 극단적으로 뒤떨어지지 않을 것', '개발자원(소스 코드 · 데이터 등)의 공유가 가능할 것', '단기간에 개발할 수 있도록 기술정보가 사전에 충분히 축적 또는 공개되어 있을 것', 이 세 가지를 충족해야만 한다.

닌텐도 64는 이 조건이 만족되지 않아 멀티플랫폼의 선택지에 들어가지 못하는 쓸쓸한 경험을 했었기에(오히려 독자적인 소수정예 타이틀로 라인업을 제한한다는, 시대를 역행하는 발상을 전개했었다), 게임큐브에서는 방침을 완전히 뒤집었다. 개발환경을 정비하고 적극적으로 공개함으로써, 역으로 멀티플랫폼 전개를 권장한다는 방침을 세운 것이다. 이를 통해 '같은 타이틀이라도, 게임큐브라면 더 뛰어난 퀄리티의 소프트로 만들 수 있다'는 점을 증명하여, 유저와 소프트 개발자에 게임큐브

의 우위성을 어필하는 전략으로 경쟁에 나섰다.

또한 게임큐브 당시의 닌텐도는 과거와는 달리 극히 이례적이게도, 유력 소프트 제작사들을 대상으로 소프트 공급을 위한 영업활동을 적극 감행했다. 귀사의 인기 게임 타이틀을 게임큐브에도 발매해 달라고, 다양한 루트를 통해 개발사와 유력 크리에이터에 접촉하여 권유한 것이다.

구체적인 사례로는, 「메탈기어 솔리드」의 게임큐브판 리메이크 발매를 타진했을 때 코나미는 코지마 히데오가 너무 바빠 여력이 없다는 이유로 거절했었으나(이 당시엔 플레이스테이션 2로 「메탈기어 솔리드 3」를 개발 중이었다), 미야모토 시게루가 직접 「이터널 다크니

스」로 유명했던 캐나다의 개발사인 실리콘 나이츠를 연결해주어 「메탈기어 솔리드 : 더 트윈 스네이크스」의 발매로 결실을 맺었다는 에피소드가 있다. 이처럼 개발사가 직접 개발 · 발매할 수 없는 상황이라면 닌텐도가 개발회사를 소개해주기도 하고, 닌텐도가 직접 발매해주기도 하는 등, 그야말로 온갖 정성을 다했다.

이러한 소프트 공급 영업은 나름의 효과를 발휘해, 남코와의 콜라보로 탄생한 「동키 콩가」와, 코나미와의 콜라보 작품인 「댄스 댄스 레볼루션 with 마리오」처럼, 이전까지의 닌텐도 게임에선 드물었던 타사와의 적극적인 협업이라는 새로운 전개를 만들어낸 밑바탕이 되었다.

타 개발사와의 콜라보레이션으로 탄생한 새로운 발상의 소프트가, 게임큐브를 통해 다수 발매되었다.

HARDWARE

2001'S SOFT

2002'S SOFT

2003'S SOFT

2004'S SOFT

2005'S SOFT

2006'S SOFT

OVERSEA SOFT

SOFT INDEX

HARDWARE

2001's SOFT

2002's SOFT

2003's SOFT

2004's SOFT

2005's SOFT

2006's SOFT

OVERSEA SOFT

SOFT INDEX

Donald Duck : Goin' Quackers

| 액션 | 1인용 | 6블록 | Ubisoft | 2002년 3월 25일 |

▲ 캐릭터의 액션이 도널드의 감정에 따라 다채롭게 변화한다. 아이템을 모으면 도널드가 새로운 옷을 얻고, 해당 옷에 연관된 액션도 추가된다.

심플한 조작으로 즐기는 3D 액션 어드벤처 게임. 디즈니의 인기 캐릭터 '도널드 덕'을 디테일하고 멋지게 묘사했다. 공포의 마법사 멀록의

마수로부터 사랑하는 데이지를 구해내자. 도널드의 기본 액션은 점프와 공격이지만, 진행 도중 다양한 스페셜 무브도 획득하게 된다.

Pac-Man Fever

| 파티 게임 | 1~4인용 | 10블록 | Namco | 2002년 9월 3일 |

▲ 등장하는 캐릭터는 전부 3D로 묘사했으며, 주인공 '팩맨'에 맞춰 SD화했다. 최대 4명까지 동시에 플레이 가능하다.

6명의 남코 캐릭터가 등장하는 파티 & 미니게임 모음집. 2가지 모드로 30종류 이상의 게임을 플레이할 수 있다. 열대·우주·중세 스테이지

중 하나를 골라, 라이벌보다 먼저 골인해 보자. 「팩맨」·「철권」·「소울 칼리버」·「릿지 레이서」에서 온 캐릭터들이 대활약한다.

Robotech : Battlecry

| 3D 슈팅 | 1~2인용 | 1블록~ | TDK Mediactive | 2002년 10월 11일 |

▲ 주인공 '잭 아처'는 '로보텍'의 오리지널 캐릭터다. 조종 기체인 VF-1R은 VF-1의 개량형으로, 두부에 레이저포 3문을 장비했다.

미국에서 TV로 방영했던 애니메이션 '로보텍'에 등장하는 가변 전투기 VF-1R를 조종해 싸우는 3D 슈팅 게임. '초시공요새 마크로스'의

번안인 '마크로스 사가'의 중반 이후를 그렸으며, 원작의 사건과 평행으로 진행된다. 린 민메이와 리사 헤이즈(하야세 미사), 로이 포커가 등장한다.

| 액션 | 게임 장르 | 1~2인용 | 플레이 명수 | 1블록 | 필요 메모리 카드 용량 | DOLBY SURROUND DOLBY PRO LOGIC II | 돌비 서라운드 / 돌비 프로로직 II 지원 | 480p | 프로그레시브 모드 지원 |

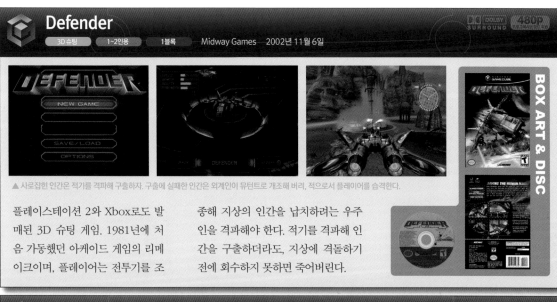

Defender

3D 슈팅 | 1~2인용 | 1블록 | Midway Games | 2002년 11월 6일

▲ 사로잡힌 인간은 적기를 격파해 구출하자. 구출에 실패한 인간은 외계인이 뮤턴트로 개조해 버려, 적으로서 플레이어를 습격한다.

플레이스테이션 2와 Xbox로도 발매된 3D 슈팅 게임. 1981년에 처음 가동했던 아케이드 게임의 리메이크이며, 플레이어는 전투기를 조종해 지상의 인간을 납치하려는 우주인을 격파해야 한다. 적기를 격파해 인간을 구출하더라도, 지상에 격돌하기 전에 회수하지 못하면 죽어버린다.

007 : Nightfire

액션 슈팅 | 1~4인용 | 2블록 | EA Games | 2002년 11월 18일

▲ '007'의 필수요소인 본드 카와 최첨단 첩보도구들도 등장한다. 4명까지 대전 가능한 멀티플레이 모드도 마련했다.

영화 '007' 시리즈를 원작으로 삼은 액션 슈팅 게임. 영화에는 없는 이 작품만의 오리지널 시나리오다. 영국의 첩보원 '007' 제임스 본드가 되어, 하달받은 미션을 완수해내자. 총 12스테이지 규모이며, 각각 3D 슈팅과 드라이빙 액션 두 종류로 구성되어 있다.

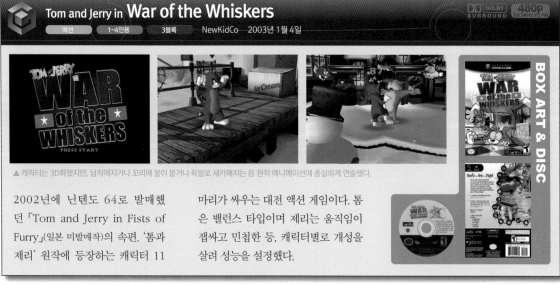

Tom and Jerry in War of the Whiskers

액션 | 1~4인용 | 3블록 | NewKidCo | 2003년 1월 4일

▲ 캐릭터는 3D화했지만, 납작해지거나 꼬리에 불이 붙거나 폭발로 새카매지는 등 원작 애니메이션에 충실하게 연출했다.

2002년에 닌텐도 64로 발매했던 「Tom and Jerry in Fists of Furry」(일본 미발매작)의 속편. '톰과 제리' 원작에 등장하는 캐릭터 11마리가 싸우는 대전 액션 게임이다. 톰은 밸런스 타입이며 제리는 움직임이 잽싸고 민첩한 등, 캐릭터별로 개성을 살려 성능을 설정했다.

HARDWARE

2001's SOFT

2002's SOFT

2003's SOFT

2004's SOFT

2005's SOFT

2006's SOFT

OVERSEA SOFT

SOFT INDEX

Dakar 2 : The World's Ultimate Rally

레이싱 | 1~2인용 | 7블록 | Acclaim Entertainment | 2003년 3월 25일

BOX ART & DISC

▲ 파리-다카르의 가혹한 레이스를 재현하기 위해, 전체를 12개 코스로 나눴다. 차량은 각 코스의 특성에 맞춰 자유롭게 개조 가능하다.

세계에서 가장 가혹한 레이스로 유명한 파리-다카르 랠리가 테마인 레이싱 게임. 차량은 SUV·트럭·바이크 중에서 고른다. 장기간에 걸친 레이스라 도중에 차량이 파손되기도 한다. 플레이어는 레이스뿐만 아니라 타임을 유지하며 계속 달릴지, 멈추고 수리할지도 선택해야 한다.

The Legend of Zelda : Collector's Edition

액션 어드벤처 | 1인용 | 36블록 | Nintendo | 2003년 11월 14일

BOX ART & DISC

▲ 수록작들은 모두 해상도를 향상시켜 화면이 깔끔해졌다. 단, 게임큐브의 성능을 살린 튜닝 등은 없이, 기본적으로 원작을 그대로 이식했다.

닌텐도의 역대 「젤다의 전설」 시리즈를 디스크 1장으로 합본한 옴니버스 소프트. 수록작은 「젤다의 전설」·「링크의 모험」·「시간의 오카리나」·「무쥬라의 가면」·「바람의 지휘봉」으로 총 5작품이다(단, 「바람의 지휘봉」은 체험판·스페셜 무비뿐). 각 작품별로 명장면집도 수록했다.

Prince of Persia : The Sands of Time

액션 | 1인용 | 15블록 | Ubisoft | 2003년 11월 18일

BOX ART & DISC

▲ 디테일한 그래픽으로, 게임의 무대인 중동의 느낌을 잘 구현했다. 스토리 초반에 얻는 단검의 힘을 사용하면 시간을 되감을 수 있게 된다.

1990년 발매한 액션 게임 「페르시아의 왕자」를 3D화했다. 주인공 '페르시아의 왕자'와 인도의 공주 '파라'가 몬스터화한 사람들을 구하려 '시간의 모래'를 찾는다는 스토리다. 특징은 왕자의 액션으로, 벽을 차고 뛰어올라가거나 봉을 잡고 건너뛰는 등 아크로바틱하게 움직인다.

액션 게임 장르 | 1~2인용 플레이 명수 | 1블록 필요 메모리 카드 용량 | 돌비 서라운드 / 돌비 프로로직 II 지원 | 480p 프로그레시브 모드 지원

I-Ninja

액션 / 1인용 / 5블록 — Namco — 2003년 12월 4일

▲ 특징은 닌자가 보여주는 다채로운 액션. 중력을 무시한 2단 점프와 공중에서 검을 휘두르는 공격은 물론, 스테이지의 환경을 이용할 수도 있다.

SD화된 닌자가 활약하는 3D 액션 어드벤처 게임. 주인공 '닌자'가 되어, 악의 황제 '오도르'와 싸워 '센세이'를 구출하자. 가는 길목에는 다양한 적들이 기다리고 있다. 게임에 삽입된 CG와 동영상은 영화 '아나스타샤' 등으로 유명한 애니메이터인 돈 블루스와 게리 골드먼이 제작했다.

Beyond Good & Evil

 액션 / 1인용 / 20블록 — Ubisoft — 2003년 12월 11일

▲ 사진 촬영 모드가 있는 것이 특징. 특종사진을 찍어 기사화하면 여론이 레지스탕스에 유리해진다. 행성 힐리스를 외계인에게서 해방시키자.

저널리스트가 되어, 특종사진을 촬영해 여론을 움직이는 3D 액션 어드벤처 게임. 외계인이 침략했는데 반격조차 시도하지 않는 정부의 비밀을 주인공 '제이드'가 밝혀낸다는 스토리다. 스텔스 액션과 퍼즐 풀이를 융합시킨 게임으로, 퍼즐을 풀려면 NPC 캐릭터의 협력을 얻어야 한다.

Midway Arcade Treasures

 버라이어티 / 1~4인용 / 4블록 — Midway Games — 2003년 12월 18일

▲ 당시엔 아타리 사가 미드웨이 사의 산하였기에, 「페이퍼보이」・「램파트」 등 아타리의 명작 타이틀도 다수 들어가 있다.

미드웨이 게임즈 사의 게임 32종을 합본한 옴니버스 작품. 1985년 출시했던 4인 동시 플레이 액션 게임 「건틀릿」, 천재 마크 서니가 개발에 참여했던 「마블 매드니스」, 패널을 가로・세로・대각선으로 맞춰 없애는 「클랙스」 등, 세계적으로 유명한 타이틀도 수록됐다.

HARDWARE
2001's SOFT
2002's SOFT
2003's SOFT
2004's SOFT
2005's SOFT
2006's SOFT
OVERSEA SOFT
SOFT INDEX

Freestyle Street Soccer

스포츠 | 1~4인용 | 10블록 | Acclaim Entertainment | 2004년 3월 5일

DOLBY PRO LOGIC II | 480p 프로그레시브 모드 지원

BOX ART & DISC

▲ 룰은 매우 심플하나, 폭력적인 플레이도 가능하다. 펀치·킥은 기본이고, 시합장의 물건들을 상대에게 던져버릴 수도 있다.

뒷골목이나 공터 등에서 경기를 펼치는 4 : 4 축구 게임. 등장하는 16개 팀은 전부 스트리트 갱들로 구성했으며, 실존 프로 선수 등은 등장하지 않는다. 게임 모드로는 원하는 팀을 골라 싸우는 '프리스타일 매치'와, 각 팀과 차례대로 대결하는 '스트리트 챌린지'가 있다.

Shrek 2

액션 | 1~4인용 | 2블록 | Activision | 2004년 4월 28일

DOLBY PRO LOGIC II | 480p 프로그레시브 모드 지원

BOX ART & DISC

▲ 원작 영화의 명장면은 물론, 영화엔 나오지 않은 게임 오리지널 캐릭터도 등장한다. 최대 4명까지 동시 플레이도 가능하다.

드림웍스가 제작한 3D 애니메이션 영화를 게임화했다. 영화의 스토리를 그대로 따라가는 액션 게임이다. 슈렉·피오나·동키와 '장화신은 고양이'를 번갈아 사용하며 스테이지 클리어를 노리자. 게임 내에서 특정 목표를 달성하면 '스냅샷'이라는 기념사진을 입수하게 된다.

Mega Man Anniversary Collection

액션 | 1~2인용 | 1블록 | Capcom | 2004년 6월 22일

DOLBY SURROUND | 480p 프로그레시브 모드 지원

BOX ART & DISC

▲ 자동 저장이라, 표시되는 패스워드를 적어둘 필요는 없다. 숨겨진 요소인 애니메이션은 미국에서 유료채널로 방영했던 컨텐츠다.

북미판 「록맨」의 1~8편을 모두 수록한 앤솔로지 작품. 시크릿 컨텐츠로, 아케이드판 「록맨 더 파워 배틀」과 「록맨 2 더 파워 파이터즈」도 수록했다. 아케이드판 게임들과 북미 오리지널 애니메이션 등의 숨겨진 컨텐츠는 게임을 클리어하다 보면 차례대로 개방된다.

액션 게임 장르 | 1~2인용 플레이 명수 | 1블록 필요 메모리 카드 용량 | DOLBY SURROUND DOLBY PRO LOGIC II 돌비 서라운드 / 돌비 프로로직 II 지원 | 480p 프로그레시브 모드 지원 프로그레시브 모드 지원

Intellivision Lives!

버라이어티 1~6인용 2블록 Crave Entertainment 2004년 11월 4일

▲ 게임은 물론, 당시 북미에서 방영했던 인텔리비전의 TV 광고 등도 수록했다. 게임을 진행하다 보면 차례대로 개방된다.

마텔 사가 미국에서 1979년 처음 발매했던 가정용 게임기 '인텔리비전'의 게임을 60종 이상 수록한 옴니버스 작품. 인텔리비전은 기본 컨트롤러의 디자인이 꽤 특이했기에, 조작계도 각 게임별로 차이가 있다. 수록된 게임 중에는 당시 미발매로 끝난 타이틀도 몇 가지 있다.

Metroid Prime 2 : Echoes Bonus Disc

데이터베이스 1~4인용 3블록 Nintendo 2004년 11월 15일

▲ 데모 외에도 역대 「메트로이드」 시리즈의 연대기와, 본편의 세계관을 설정한 컨셉 아트를 슬라이드쇼 형식으로 수록했다.

2004년 발매한 「메트로이드 프라임 2」의 판촉용 디스크. 게임 본편의 데모와 트레일러는 물론 프리뷰 등도 수록해, 유저가 작품의 세계관을 미리 체험해볼 수 있었다. 참고로 「다크 에코즈」는 일본판에만 사용된 부제목이며, 서양에서는 「에코즈」(ECHOES)로 통일했다.

Call of Duty : Finest Hour

FPS 1인용 5블록 Activision 2004년 11월 16일

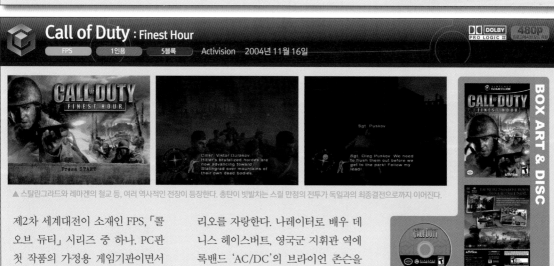

▲ 스탈린그라드와 레마겐의 철교 등, 여러 역사적인 전장이 등장한다. 총탄이 빗발치는 스릴 만점의 전투가 독일과의 최종결전으로까지 이어진다.

제2차 세계대전이 소재인 FPS, 「콜 오브 듀티」 시리즈 중 하나. PC판 첫 작품의 가정용 게임기판이면서도, 뛰어난 완성도와 독자적인 시나리오를 자랑한다. 나레이터로 배우 데니스 헤이스버트, 영국군 지휘관 역에 록밴드 'AC/DC'의 브라이언 존슨을 기용한 것으로도 유명하다.

HARDWARE

2001's SOFT

2002's SOFT

2003's SOFT

2004's SOFT

2005's SOFT

2006's SOFT

OVERSEA SOFT

SOFT INDEX

Cabela's Big Game Hunter : 2005 Adventures

액션 | 1인용 | 5블록 | Activision | 2004년 12월 9일

BOX ART & DISC

▲ 무대로 삼은 곳의 모티브는 전부 실존하는 지역이다. 곰 등 인간에 적대적인 동물은 물론, 사슴 등의 비적대적인 동물도 있다.

미국의 사냥용품 회사 '카벨라스 (Cabela's)'의 브랜드를 붙인 헌팅 게임. 플레이어는 삼림·습지·사막 등 6곳의 스테이지에서 거물 사냥 감을 노린다. 사용 가능한 무기로는 조준경을 장착한 볼트 액션 라이플과 산탄총, 권총, 활 등이 있으며, 돈만 있으면 자유롭게 골라 살 수 있다.

Mortal Kombat : Deception

대전격투 | 1~2인용 | 58블록 | Midway Games | 2005년 3월 1일

BOX ART & DISC

▲ 일반적인 대전은 물론 어드벤처 게임 풍의 「컨퀘스트」, 캐릭터를 체스말로 만든 '체스 컴뱃' 등 미니게임도 충실하다.

잔혹한 묘사가 특징인 대전격투 게임의 제6탄. 기본 조작은 전작 「데들리 얼라이언스」를 답습했지만, 시리즈의 상징인 페이탈리티는 각 캐릭터별 2개로 되돌렸다. 이번 작품만의 특징으로서, 상대에 페이탈리티를 당하기 전에 먼저 자결할 수 있는 '하라키리' 시스템을 추가했다.

TimeSplitters : Future Perfect

FPS | 1~4인용 | 7블록 | EA Games | 2005년 3월 21일

BOX ART & DISC

▲ 주인공이 인류를 위기에서 구하려, 1914년의 스코틀랜드부터 2401년의 로봇 전쟁까지를 거치며 '타임 크리스탈'을 쫓는다는 스토리다.

근미래를 무대로, 외계인 '타임 스플리터'와 인류의 싸움을 그린 FPS. 시리즈 제3탄에 해당하며, 전작의 시스템을 개량해 일반적인 FPS에 가까운 조작계가 되었다. 스토리 모드 외에도 협력 모드, 챌린지 모드, 아케이드 모드를 수록했다. 캠페인은 총 13스테이지로 구성했다.

Dragon Ball Z : Sagas

액션 | 1~2인용 | 9블록 | Atari — 2005년 3월 22일

▲ 시스템은 전형적이고 난이도도 낮은 편이다. 애니메이션을 풍부하게 삽입해, '드래곤볼 Z'의 스토리를 충실히 따라갈 수 있다.

토리야마 아키라 원작의 대히트 애니메이션 '드래곤볼 Z'가 테마인 3D 액션 게임. 스토리는 원작의 '사이어인 편'부터 '인조인간 편'까지 수록했고, 오프닝은 원작의 도입부터 게임 시작 시점까지를 압축해 구성했다. 전투 신의 화려한 이펙트 연출 등, 볼거리가 가득한 타이틀이다.

Hello Kitty : Roller Rescue

액션 | 1인용 | 4블록 | Empire Interactive / Namco — 2005년 8월 16일

▲ 3D 그래픽으로 그려진 키티가 마법의 스틱을 들고 날뛴다. 폼폼푸린·마이멜로디 등의 친근한 산리오 캐릭터들도 다수 등장한다.

미국 남코가 발매한 타이틀. 헬로 키티를 조작해 산리오 타운을 악의 블록 군대에게서 지켜내는 액션 게임이다. 완전히 3D화된 세계에서 키티와 산리오 캐릭터들이 대모험을 전개한다. 게임 진행도에 따라 키티가 입는 새로운 의상과 무비 클립, 사운드 트랙 등이 개방된다.

Namco Museum 50th Anniversary

버라이어티 | 1~2인용 | 4블록 | Namco — 2005년 8월 30일

▲ 수록작은 「팩맨」, 「제비우스」, 「갤럭시안」 등 16종류. 모두 1980년대에 오락실을 석권했던 명작들뿐이다.

남코 창립 50주년을 기념해 나온 특별판. 일본에서 PS2로 발매된 「남코 뮤지엄 : 아케이드 HITS!」의 북미판에 해당한다. 숨겨진 타이틀인 「팩매니아」와 「갤러그 '88」은 특정 게임에서 조건을 만족시키면 개방된다. '뮤직'에는 80년대에 유행했던 팝송 5곡을 수록했다.

HARDWARE
2001'S SOFT
2002'S SOFT
2003'S SOFT
2004'S SOFT
2005'S SOFT
2006'S SOFT
OVERSEA SOFT
SOFT INDEX

HARDWARE

2001'S SOFT

2002'S SOFT

2003'S SOFT

2004'S SOFT

2005'S SOFT

2006'S SOFT

OVERSEA SOFT

SOFT INDEX

Bratz : Rock Angelz

| 어드벤처 | 1인용 | 19블록 | THQ | 2005년 10월 5일 |

▲ 미니게임은 스탠드에서 스무디를 믹스하거나, 잡지 레이아웃을 짜거나, 편집자용 옷을 고르는 등, 주로 패션에 관련된 내용이다.

미국 MGA사가 2000년대에 판매했던 장난감 패션 인형이 활약하는 3D 어드벤처 게임. 멋쟁이 소녀들 'Bratz', 즉 제이드·사샤·클로이· 야스민이 하이패션 잡지를 만들기 위해 특종을 찾는다는 스토리다. 총 9장으로 구성했으며, 어드벤처 게임과 미니게임을 교대로 진행한다.

Lego Star Wars : The Video Game

| 액션 | 1~2인용 | 3블록 | Eidos Interactive | 2005년 10월 25일 |

▲ 캐릭터는 물론, 탈것도 모두 레고로 조립했다. 얼핏 개그성 게임 같지만, 영화의 명장면 등은 놀랍도록 충실하게 재현했다.

덴마크의 장난감 제작사 '레고'의 블록으로 영화 '스타워즈'의 내용을 재현한 액션 게임. '에피소드 I : 보이지 않는 위험'·'에피소드 II : 클론의 습격'·'에피소드 III : 시스의 복수'의 스토리를 그대로 재현한다. BGM과 효과음 역시, 영화 본편과 동일한 사운드를 사용했다.

Karaoke Revolution : Party

| 노래방+댄스 | 1~8인용 | 23블록 | Konami | 2005년 11월 8일 | ※ 게임큐브 마이크 동봉 |

| 게임큐브마이크 지원 | 매트 컨트롤러 지원 |

▲ 게임 모드로는 싱글 모드와 멀티 모드 2종류를 수록했다. 신 기능으로, 「댄스 댄스 레볼루션」용 컨트롤러도 사용 가능해졌다.

일반적인 노래방처럼, 화면에 표시되는 가사를 보며 노래를 부르는 음악 게임. 당시 인기였던 팝송 등 50곡을 수록해, 게임큐브가 실용적인 노래방 기기로 변모한다. 게임큐브 마이크를 연결하고 노래를 부르면, 게임 내에서 리듬과 피치를 분석해 퍼포먼스를 표시해준다.

액션 게임 장르　1~2인용 플레이 명수　1블록 필요 메모리 카드 용량　DOLBY SURROUND / DOLBY PRO LOGIC II　돌비 서라운드 / 돌비 프로로직 II 지원　480p 프로그래시브 모드 지원　프로그레시브 모드 지원

Peter Jackson's King Kong : The Official Game of the Movie

| 액션 | 1인용 | 30블록 | Ubisoft 2005년 11월 1일 |

DOLBY PRO LOGIC II · 480P

BOX ART & DISC

▲ 영화판에서는 삭제됐던 공룡들이 게임에서 부활해 적으로 등장한다. 영화판과 동일한 할리우드 스타들이 게임 내의 캐릭터 음성을 연기했다.

'반지의 제왕' 3부작의 감독, 피터 잭슨이 영화와 동시 진행하여 시나리오·감수를 맡은 공식 게임판. 인간 '잭 드리스콜'을 조작하여 해골섬에서 탈출하는 모드와, 킹콩이 되어 인간 여성을 지키는 모드 2종류를 수록했다. 종족을 뛰어넘는 러브 스토리를 그린 작품이다.

American Chopper 2 : Full Throttle

| 레이싱 | 1인용 | 1블록 | Activision 2005년 11월 29일 |

DOLBY PRO LOGIC II · 480P

BOX ART & DISC

▲ 플레이어는 시니어·주니어·마이클·비니 4명 중 하나를 골라 플레이한다. 실존하는 캐릭터를 매우 뛰어난 퀄리티로 잘 재현했다.

디스커버리 채널에서 방영했던 같은 제목의 인기 프로가 소재인 타이틀. 프로에 동일하게, 튜털 부자가 경영하는 바이크샵 '오렌지 카운티 초퍼즈'를 무대로 삼아 오리지널 바이크를 개발하게 된다. 미션 등도 있으며, 제작한 초퍼를 타고 아이템을 모으거나 레이스할 수도 있다.

Mega Man X Collection

| 액션 | 1~2인용 | 4블록 | Capcom 2006년 1월 10일 |

DOLBY SURROUND · 480P

BOX ART & DISC

▲ 게임을 클리어하다 보면 추가 콘텐츠가 개방된다. 수록 콘텐츠 중엔 아트워크, 사운드트랙, 게임의 힌트 등도 있다.

미국에서 발매된 「록맨 X」(북미 타이틀명은 「MEGA MAN X」) 시리즈 7작품을 합본한 옴니버스 작품. 수록 타이틀 중, 카 레이싱 게임인 「MEGA MAN : Battle & Chase」는 당시 북미에선 발매되지 않았다. 「록맨 X」1~3편은 애니메이션 영상을 새로 추가했다.

HARDWARE
2001'S SOFT
2002'S SOFT
2003'S SOFT
2004'S SOFT
2005'S SOFT
2006'S SOFT
OVERSEA SOFT
SOFT INDEX

닌텐도 게임큐브
전 세계 소프트 리스트

이 페이지에서는 일본 및 북미·유럽·호주에서 각각 발매된 닌텐도 게임큐브용 소프트를 통합해 리스트화하여 게재했다. 각국의 사정에 따라 타이틀명을 변경해 발매한 경우나, 판매사 (퍼블리셔)가 다른 케이스도 적지 않다. 이런 타이틀의 경우에는 주석을 붙여 해설했다.

또한, 발매일은 지면 관계상 각 지역의 발매일을 개별적으로 기재하기가 어려운 탓에, '가장 먼저 발매된 지역의 발매년월일' 기준으로 적어두었다. 아무쪼록 독자의 양해를 바란다.

발매일	페이지	일본 타이틀명	일본 외 지역 타이틀명	발매사	일본	북미	유럽	호주
2001.9.14	44	웨이브 레이스 : 블루 스톰	Wave Race: Blue Storm	닌텐도	■	■	■	
2001.9.14	44	슈퍼 몽키 볼	Super Monkey Ball	세가	■	■	■	
2001.9.14	45	루이지 맨션	Luigi's Mansion	닌텐도	■	■	■	■
2001.10.26	46	피크민	Pikmin	닌텐도	■	■	■	
2001.11.15	45	FIFA 2002 : 로드 투 FIFA 월드컵	FIFA Soccer 2002	일렉트로닉아츠스퀘어 ※주1	■	■		
2001.11.18	54	크레이지 택시	Crazy Taxi	세가 ※주3	■	■	■	
2001.11.18	52	스타워즈 : 로그 스쿼드론 II	Star Wars Rogue Squadron II: Rogue Leader	일렉트로닉 아츠 스퀘어	■	■		
2001.11.18	88	토니 호크의 프로 스케이터 3	Tony Hawk's Pro Skater 3	석세스	■	■		
2001.11.18			All-Star Baseball 2002	Acclaim Sports		■		
2001.11.18			Batman: Vengeance	Ubisoft		■	■	
2001.11.18			Dave Mirra Freestyle BMX 2	Acclaim Max Sports		■	■	
2001.11.18			Disney's Tarzan: Untamed ※주2	Ubisoft		■	■	
2001.11.18			Madden NFL 2002	EA Sports		■		
2001.11.18			NHL Hitz 20-02	Midway Games		■	■	
2001.11.21	47	대난투 스매시브라더스 DX	Super Smash Bros. Melee	닌텐도	■	■	■	
2001.11.27	51	익스트림 G3	Extreme-G3	어클레임 재팬	■	■	■	
2001.12.2	48	SSX 트리키	SSX Tricky	일렉트로닉 아츠 스퀘어	■	■	■	
2001.12.7	46	유니버설 스튜디오 재팬 어드벤처	Universal Studios Theme Parks Adventure	켐코	■	■	■	
2001.12.14	47	동물의 숲+	Animal Crossing	닌텐도	■	■		
2001.12.14			NFL Quarterback Club 2002	Acclaim Sports		■		
2001.12.17			The Simpsons: Road Rage	Electronic Arts		■	■	■
2001.12.20	48	소닉 어드벤처 2 배틀	Sonic Adventure 2: Battle	세가	■	■		
2002.1.7			Cel Damage	EA Games		■	■	
2002.1.13	53	NBA 코트사이드 2002	NBA Courtside 2002	닌텐도	■	■		
2002.1.31	49	하이퍼 스포츠 2002 WINTER	ESPN International Winter Sports 2002 ※주4	코나미	■	■		
2002.2.4			Dark Summit	THQ		■		
2002.2.14	49	버추어 스트라이커 3 ver.2002	Virtua Striker 2002	세가	■	■		
2002.2.17	51	NBA 스트리트	NBA Street	일렉트로닉 아츠 스퀘어	■	■		
2002.2.18	60	에이틴 휠러	18 Wheeler: American Pro Trucker	어클레임 재팬	■	■		
2002.2.18			Smashing Drive	Namco		■		
2002.2.21	50	동물 대장	Cubivore: Survival of the Fittest	닌텐도 ※주5	■	■		
2002.2.25	58	올스타 베이스볼 2003	All-Star Baseball 2003	어클레임 재팬	■	■		
2002.2.27			Jeremy McGrath Supercross World	Acclaim Max Sports		■	■	
2002.3.6			Gauntlet: Dark Legacy	Midway Games		■	■	
2002.3.11			Spy Hunter	Midway Games		■	■	
2002.3.13			James Bond 007 in... Agent Under Fire	EA Games		■	■	
2002.3.14	50	거인 도신	Doshin the Giant	닌텐도	■		■	
2002.3.14	50	실황 월드 사커 2002		코나미	■			
2002.3.14			International Superstar Soccer 2	Konami			■	
2002.3.18	62	세가 사커 슬램	Sega Soccer Slam	세가	■	■	■	
2002.3.18	53	블러디 로어 익스트림	Bloody Roar: Primal Fury	허드슨 ※주6	■	■	■	

162

발매일	페이지	일본 타이틀명	일본 외 지역 타이틀명	발매사	일본	북미	유럽	호주
2002.3.18			Home Run King	Sega		■		
2002.3.18			NFL Blitz 20-02	Midway Games		■		
2002.3.19			Pac-Man World 2	Namco		■	■	
2002.3.20	51	GROOVE ADVENTURE RAVE : 파이팅 라이브	Rave Master	코나미	■	■		
2002.3.20			NBA 2K2	Sega		■		
2002.3.22	52	바이오하자드	Resident Evil	캡콤	■	■	■	
2002.3.25	152		Donald Duck: Goin' Quackers ※주7	Ubisoft		■	■	
2002.3.25			ESPN MLS ExtraTime 2002	Konami		■		
2002.3.29	53	배틀봉신	Mystic Heroes	코에이	■	■	■	
2002.3.30			Driven	BAM! Entertainment		■		
2002.4.15	76	스파이더맨	Spider-Man	캡콤	■	■	■	
2002.4.25	54	룬	Lost Kingdoms	프롬 소프트웨어	■	■		
2002.4.29			Burnout	Acclaim Entertainment		■		
2002.4.30	54	2002 FIFA 월드컵	2002 FIFA World Cup	일렉트로닉아츠스퀘어 ※주1	■	■	■	
2002.5.5	63	주 큐브	ZooCube	어클레임 재팬	■	■	■	
2002.5.27			Legends of Wrestling	Acclaim Entertainment		■		
2002.6.3	55	봄버맨 제네레이션	Bomberman Generation	허드슨 ※주8 ※주9	■	■	■	
2002.6.9	60	레슬매니아 X8	WWE WrestleMania X8	유크스	■	■	■	
2002.6.22			F1 2002	EA Sports		■	■	
2002.6.23	72	테트리스 월드	Tetris Worlds	석세스	■	■	■	
2002.6.24	64	이터널 다크니스 : 초대받은 13인	Eternal Darkness: Sanity's Requiem	닌텐도	■	■	■	
2002.6.24			RedCard 20-03	Midway Games		■	■	
2002.6.25			MX Superfly	THQ		■		
2002.7.4	55	CAPCOM VS. SNK 2 EO : 밀리어네어 파이팅 2001	Capcom vs. SNK 2 EO ※주10	캡콤	■	■	■	
2002.7.18	55	실황 파워풀 프로야구 9		코나미	■			
2002.7.18	56	디즈니 스포츠 : 사커	Disney Sports Soccer ※주11	코나미	■	■	■	
2002.7.19	56	MUTSU와 노호혼		토미	■			
2002.7.19	57	슈퍼 마리오 선샤인	Super Mario Sunshine	닌텐도	■	■	■	■
2002.7.19	56	비치 스파이커즈	Beach Spikers	세가	■	■	■	
2002.7.20			NCAA Football 2003	EA Sports		■		
2002.7.26	57	신기세계 에볼루시아	Evolution Worlds	ESP ※주12	■	■	■	
2002.7.29	59	UFC 2 탭아웃 : 파이널 스펙	Ultimate Fighting Championship: Throwdown	캡콤 ※주13 ※주14	■	■	■	
2002.7.31			Aggressive Inline	AKA Acclaim		■	■	
2002.8.1	58	디즈니의 매지컬 파크	Disney's Party	허드슨 ※주15	■	■	■	
2002.8.7			Smuggler's Run: Warzones	Rockstar Games		■		
2002.8.9	58	키와메 마작DX II : The 4th MONDO21 Cup Competition		아테나	■			
2002.8.9	59	미키 마우스의 신비한 거울	Disney's Magical Mirror Starring Mickey Mouse	닌텐도	■	■	■	
2002.8.12			Madden NFL 2003	EA Sports		■		
2002.8.12			NFL Blitz 20-03	Midway Games		■		
2002.8.21			NFL 2K3	Sega		■		
2002.8.25	65	슈퍼 몽키 볼 2	Super Monkey Ball 2	세가	■	■	■	
2002.8.29	59	WTA 투어 테니스 : 프로 에볼루션	WTA Tour Tennis ※주16	코나미	■	■	■	
2002.8.31			Turok: Evolution	Acclaim Entertainment		■	■	
2002.9.3			MLB Slugfest 20-03	Midway Games		■		
2002.9.3	152		Pac-Man Fever	Namco		■		
2002.9.5			Freekstyle	EA Sports BIG		■	■	
2002.9.6	60	조이드 버서스		토미	■			
2002.9.9			NCAA College Football 2K3	Sega		■		
2002.9.10			Ty the Tasmanian Tiger	EA Games		■	■	
2002.9.11			The Scorpion King: Rise of the Akkadian	Vivendi Universal Games		■	■	
2002.9.12	63	에그매니아 : 집어서! 돌려서! 냅다 끼우는 퍼~즐!!	Egg Mania: Eggstreme Madness ※주17	켐코	■	■	■	
2002.9.12	61	캡틴 츠바사 : 황금세대의 도전		코나미	■			
2002.9.12	61	판타지 스타 온라인 EPISODE I & II	Phantasy Star Online Episode I & II	세가	■	■	■	
2002.9.13			Big Air Freestyle	Infogrames		■	■	

※주1 : 일본 외 지역 발매사는 EA Sports
※주2 : 유럽판 타이틀명은 Disney's Tarzan: Freeride
※주3 : 일본 외 지역 발매사는 Acclaim Entertainment
※주4 : 유럽판 타이틀명은 ESPN International Winter Sports
※주5 : 북미판 발매사는 Atlus
※주6 : 일본 외 지역 발매사는 Activision
※주7 : 유럽판 타이틀명은 Donald Duck: Quack Attack
※주8 : 북미판 발매사는 Majesco Entertainment
※주9 : 유럽판 발매사는 Vivendi Universal Games
※주10 : 유럽판 타이틀명은 Capcom vs. SNK 2 EO: Millionaire Fighting 2001
※주11 : 유럽판 타이틀명은 Disney Sports: Football
※주12 : 일본 외 지역 발매사는 Ubisoft
※주13 : 북미판 발매사는 Crave Entertainment
※주14 : 유럽판 발매사는 Ubisoft
※주15 : 일본 외 지역 발매사는 Electronic Arts
※주16 : 유럽판 타이틀명은 Pro Tennis WTA Tour
※주17 : 유럽판 타이틀명은 Eggo Mania

발매일	페이지	일본 타이틀명	일본 외 지역 타이틀명	발매사	일본 북미 유럽 호주
2002.9.13			Worms Blast	Ubisoft	■ ■
2002.9.14			Monsters, Inc. Scream Arena	THQ	■ ■
2002.9.16			Kelly Slater's Pro Surfer	Activision O2	■ ■
2002.9.16			NHL Hitz 20-03	Midway Games	■ ■
2002.9.16			Scooby-Doo! Night of 100 Frights	THQ	■ ■
2002.9.17	102	크래시 밴디쿳 4 : 작렬! 마신 파워	Crash Bandicoot: The Wrath of Cortex ※주18	코나미	■ ■ ■
2002.9.19	62	디즈니 스포츠 : 스케이트보딩	Disney Sports Skateboarding	코나미	■ ■
2002.9.19			NASCAR Thunder 2003	EA Sports	■
2002.9.22	63	스타폭스 어드벤처	Star Fox Adventures	닌텐도	■ ■ ■ ■
2002.9.24			Rayman Arena	Ubisoft	■
2002.9.24			Rocket Power: Beach Bandits	THQ	■
2002.9.26	62	영세명인 VI		코나미	■
2002.9.30			Need for Speed: Hot Pursuit 2	EA Games	■ ■
2002.9.30			NHL 2003	EA Sports	■ ■
2002.10.1			Largo Winch: Empire Under Threat	Ubisoft	■
2002.10.4			Pro Rally	Ubisoft	■
2002.10.4			Taz: Wanted	Infogrames	■ ■
2002.10.7			NBA 2K3	Sega	■
2002.10.8	69	고질라 괴수대난투	Godzilla: Destroy All Monsters Melee	아타리	■ ■
2002.10.8			Mat Hoffman's Pro BMX 2	Activision O2	■ ■
2002.10.8			NBA Live 2003	EA Sports	■ ■
2002.10.9			Knockout Kings 2003	EA Sports	■
2002.10.9			Namco Museum	Namco	■
2002.10.10			Backyard Football	Infogrames	■
2002.10.11	152		Robotech: Battlecry	TDK Mediactive	■ ■
2002.10.15			BloodRayne	Vivendi Universal Games	■ ■
2002.10.15			Casper: Spirit Dimensions	TDK Mediactive	■ ■
2002.10.15			X-Men: Next Dimension	Activision	■ ■
2002.10.16			TimeSplitters 2	Eidos Interactive	■ ■
2002.10.18			Speed Challenge: Jacques Villeneuve's Racing Vision	Ubisoft	■
2002.10.21	65	마리오 파티 4	Mario Party 4	닌텐도	■ ■ ■
2002.10.23	67	와! 와! 골프	Swingerz Golf ※주19	에이도스 인터랙티브	■ ■ ■
2002.10.23			Tony Hawk's Pro Skater 4	Activision	■ ■
2002.10.24	73	탑건 : 에이스 오브 더 스카이	Top Gun: Combat Zones	타이터스 재팬	■ ■ ■
2002.10.25	64	풀 엣지		미디어카이트	■
2002.10.27			Tiger Woods PGA Tour 2003	EA Sports	■ ■
2002.10.28	79	스타워즈 : 클론 전쟁	Star Wars: The Clone Wars	일렉트로닉 아츠	■ ■ ■
2002.10.29			4x4 EVO 2	Vivendi Universal Games	■
2002.10.29			Outlaw Golf	Simon & Schuster	■
2002.10.31			Shrek Extra Large	TDK Mediactive	■
2002.11.1	68	FIFA 2003 : 유럽 사커	FIFA Soccer 2003 ※주20	일렉트로닉 아츠 스퀘어	■ ■ ■
2002.11.1	65	From TV animation ONE PIECE : 트레저 배틀!		반다이	■
2002.11.3			Zapper: One Wicked Cricket	Infogrames	■ ■
2002.11.6	153		Defender ※주21	Midway Games	■ ■
2002.11.8			Spyro: Enter the Dragonfly	Vivendi Universal Games	■ ■
2002.11.10	70	소닉 메가 컬렉션	Sonic Mega Collection	세가	■ ■ ■
2002.11.10	66	바이오하자드 0	Resident Evil Zero	캡콤	■ ■ ■
2002.11.10			Medal of Honor: Frontline	EA Games	■ ■
2002.11.12			Hot Wheels Velocity X	THQ	■ ■
2002.11.12			Whirl Tour	Crave Entertainment	■ ■
2002.11.13			Wreckless: The Yakuza Missions	Activision	■ ■
2002.11.14	67	해리 포터와 비밀의 방	Harry Potter and the Chamber of Secrets	일렉트로닉 아츠 스퀘어	■ ■ ■
2002.11.15			Die Hard: Vendetta	Vivendi Universal Games	■ ■
2002.11.16			Darkened Skye	Simon & Schuster	■ ■
2002.11.17	68	에볼루션 스케이트보딩	Evolution Skateboarding	코나미	■ ■ ■
2002.11.17	77	메트로이드 프라임	Metroid Prime	닌텐도	■ ■ ■
2002.11.17			Mortal Kombat: Deadly Alliance	Midway Games	■ ■
2002.11.17			Rocky	Rage Software ※주14	■ ■
2002.11.18			Baldur's Gate: Dark Alliance	Interplay Entertainment	■ ■
2002.11.18			Hunter: The Reckoning	Interplay Entertainment	■ ■

발매일	페이지	일본 타이틀명	일본 외 지역 타이틀명	발매사	일본	북미	유럽	호주
2002.11.18	153		James Bond 007: NightFire	EA Games		■	■	
2002.11.19			Minority Report: Everybody Runs	Activision		■	■	
2002.11.20	92	모노폴리 : 노려랏!! 대부호 인생!	Monopoly Party	토미　　　※주22	■	■	■	
2002.11.20			Star Wars Jedi Knight II: Jedi Outcast	LucasArts		■	■	
2002.11.21	66	머슬 챔피언 : 근육 섬의 결전		코나미	■			
2002.11.22	66	근육맨 II세 : 신세대초인 VS 전설초인	Ultimate Muscle: Legends vs. New Generation	반다이	■	■		
2002.11.24			BMX XXX	AKA Acclaim		■	■	
2002.11.25			Dead to Rights	Namco		■	■	
2002.11.26			Legends of Wrestling II	Acclaim Entertainment		■	■	
2002.11.26			Reign of Fire	BAM! Entertainment		■	■	
2002.11.27			NASCAR: Dirt to Daytona	Infogrames		■		
2002.11.27			Rugrats: Royal Ransom	THQ		■	■	
2002.11.28			Street Hoops	Activision		■		
2002.11.28			The Legend of Zelda: Ocarina of Time / Master Quest	Nintendo		■	■	
2002.11.29			Disney's PK: Out of the Shadows　※주23	Ubisoft		■	■	
2002.12.2			NCAA College Basketball 2K3	Sega		■		
2002.12.5	67	모모타로 전철 11 : 블랙 봄비 출현! 편		허드슨	■			
2002.12.5	68	유희왕 펄스바운드 킹덤 : 허구에 갇혀버린 왕국	Yu-Gi-Oh! The Falsebound Kingdom	코나미	■	■	■	
2002.12.6	85	프로거	Frogger Beyond	코나미	■	■	■	
2002.12.6			Monster Jam: Maximum Destruction	Ubisoft		■	■	
2002.12.6			Nickelodeon Party Blast	Infogrames		■	■	
2002.12.7			Star Wars: Bounty Hunter	LucasArts		■	■	
2002.12.8	70	디즈니 스포츠 : 아메리칸 풋볼	Disney Sports Football	코나미	■	■		
2002.12.9			Blood Omen 2	Eidos Interactive		■	■	
2002.12.11			NHL 2K3	Sega		■		
2002.12.13	69	젤다의 전설 바람의 지휘봉	The Legend of Zelda: The Wind Waker	닌텐도	■	■	■	■
2002.12.15			The Powerpuff Girls: Relish Rampage - Pickled Edition	BAM! Entertainment		■	■	
2002.12.17			Dr. Muto	Midway Games		■		
2002.12.17			Jimmy Neutron: Boy Genius	THQ		■	■	
2002.12.18			SpongeBob SquarePants: Revenge of the Flying Dutchman	THQ		■	■	
2002.12.19	70	실황 파워풀 프로야구 9 결정판		코나미	■			
2002.12.19	71	쵸로Q!	Road Trip: The Arcade Edition　※주25	타카라　　※주26 ※주27	■	■	■	
2002.12.19	71	디즈니 스포츠 : 바스켓볼	Disney Sports Basketball	코나미	■	■		
2002.12.19	71	탑블레이드 V : 열투! 마그네 태그배틀!	Beyblade VForce: Super Tournament Battle	타카라　　　※주24	■	■		
2002.12.19	72	봄버맨 제터즈	Bomberman Jetters	허드슨　　　※주8	■	■		
2002.12.20	72	미스터 드릴러 드릴랜드		남코	■			
2002.12.22			Dragon's Lair 3D: Return to the Lair　※주28	Encore Software　※주29		■	■	
2002.12.26	73	이터널 알카디아 레전드	Skies of Arcadia Legends	세가	■	■		
2002.12.29			Fire Blade	Midway Games		■	■	
2002.12.31	77	반지의 제왕 : 두 개의 탑	The Lord of the Rings: The Two Towers ※주30	일렉트로닉 아츠 스퀘어	■	■	■	
2003.1.1			Top Angler: Real Bass Fishing	Xicat Interactive		■		
2003.1.3			Super Bubble Pop	Jaleco		■		
2003.1.4	153		Tom and Jerry: War of the Whiskers	NewKidCo		■		
2003.1.9	74	스페이스 레이더스	Space Raiders	타이토　　　※주31	■	■		
2003.1.9			The Sum of All Fears	Ubisoft		■	■	
2003.1.15	75	바이오하자드 3 : LAST ESCAPE	Resident Evil 3: Nemesis	캡콤	■	■		
2003.1.16	74	이카루가	Ikaruga	아타리	■	■	■	
2003.1.16	75	바이오하자드 2	Resident Evil 2	캡콤	■	■	■	
2003.1.17			Micro Machines	Infogrames			■	
2003.1.22			ATV: Quad Power Racing 2	AKA Acclaim		■	■	
2003.1.26			Black & Bruised	Mejesco Entertainment ※주32		■	■	
2003.1.30	75	월드 사커 위닝 일레븐 6 : 파이널 에볼루션		코나미	■			
2003.1.31			Summoner: A Goddess Reborn	THQ		■	■	
2003.2.6	76	제네레이션 오브 카오스 익시드 : 어둠의 황녀 로제		아이디어 팩토리	■			
2003.2.7	76	닌텐도 퍼즐 컬렉션		닌텐도	■			

※주18 : 일본 외 지역 발매사는 Vivendi Universal Interactive Publishing
※주19 : 유럽판 타이틀명은 Ace Golf
※주20 : 유럽판 타이틀명은 FIFA Football 2003
※주21 : 유럽판 타이틀명은 Defender: For All Mankind
※주22 : 일본 외 지역 발매사는 Infogrames
※주23 : 유럽판 타이틀명은 Disney's Donald Duck: PK
※주24 : 일본 외 지역 발매사는 Atari
※주25 : 유럽판 타이틀명은 Gadget Racers
※주26 : 북미판 발매사는 Conspiracy Entertainment
※주27 : 유럽판 발매사는 Zoo Digital Publishing
※주28 : 유럽판 타이틀명은 Dragon's Lair 3D: Special Edition
※주29 : 유럽판 발매사는 THQ
※주30 : 유럽판 타이틀명은 Lord of the Rings: The Two Towers
※주31 : 북미판 발매사는 Mastiff
※주32 : 유럽판 발매사는 Vivendi Universal Games

HARDWARE
2001'S SOFT
2002'S SOFT
2003'S SOFT
2004'S SOFT
2005'S SOFT
2006'S SOFT
OVERSEA SOFT
SOFT INDEX

발매일	페이지	일본 타이틀명	일본 외 지역 타이틀명	발매사	일본	북미	유럽	호주
2003.2.7			Men in Black II: Alien Escape	Infogrames		■	■	
2003.2.7			Rally Championship	Encore Software		■	■	
2003.2.9			Tom Clancy's Ghost Recon	Ubisoft		■	■	
2003.2.10			Vexx	Acclaim Entertainment		■	■	
2003.2.12	78	슈퍼 퍼즐 보블 올스타즈	Bust-a-Move 3000　※주33	타이토　※주34	■		■	
2003.2.14			Mary-Kate and Ashley: Sweet 16 – Licensed to Drive	Club Acclaim		■		
2003.2.21			Rayman 3: Hoodlum Havoc	Ubisoft		■	■	
2003.2.23			All-Star Baseball 2004	Acclaim sports		■	■	
2003.2.25			Evolution Snowboarding	Konami		■	■	
2003.3.6	78	제로 파이터 격추전기		글로벌 A 엔터테인먼트	■			
2003.3.6	78	록맨 EXE : 트랜스 미션	Mega Man Network Transmission	캡콤	■	■		
2003.3.14			International Superstar Soccer 3	Konami			■	
2003.3.16			MLB Slugfest 20-04	Midway Games		■		
2003.3.17			WWE Crush Hour	THQ		■	■	
2003.3.18			TransWorld Surf: Next Wave	Infogrames		■		
2003.3.19			Piglet's Big Game	Gotham Games		■		
2003.3.20	79	THE BASEBALL 2003 배틀볼 파크 선언: 퍼펙트 플레이 프로야구		코나미	■			
2003.3.20	79	히카루의 바둑 3		코나미	■			
2003.3.21	80	배트맨 : 다크 투모로우	Batman: Dark Tomorrow	켐코	■	■		
2003.3.25	111	더 심즈	The Sims	일렉트로닉 아츠	■	■		
2003.3.25			Army Men: Air Combat - The Elite Missions	The 3DO Company		■		
2003.3.25	154		Dakar 2: The World's Ultimate Rally	Acclaim Entertainment		■	■	
2003.3.25			Superman: Shadow of Apokolips	Infogrames		■		
2003.3.27	81	P.N.03	P.N.03	캡콤	■	■	■	
2003.3.27	80	워리어 블레이드 : 라스턴 vs 바바리안 편		타이토	■			
2003.3.27	80	소울 칼리버 II	Soulcalibur II	남코	■	■	■	
2003.3.28	81	샤먼킹 : 소울 파이트		반다이	■			
2003.3.31			Backyard Baseball	Infogrames		■		
2003.3.31			Def Jam Vendetta	EA Sports BIG		■		
2003.3.31			Red Faction II	THQ		■	■	
2003.4.9			Burnout 2: Point of Impact	Acclaim Entertainment		■	■	
2003.4.10	81	도카폰 DX : 세상에 도깨비가 온통 한가득		아스믹 에이스 엔터테인먼트	■			
2003.4.10			Tom Clancy's Splinter Cell	Ubisoft		■	■	
2003.4.11	82	NARUTO -나루토- : 격투 닌자대전!	Naruto: Clash of Ninja	토미	■	■		
2003.4.14			X2: Wolverine's Revenge　※주35	Activision		■	■	
2003.4.17			Conflict: Desert Storm	Gotham Games　※주36		■	■	
2003.4.17			Tube Slider	Interchannel		■		
2003.4.24	83	시코쿠 순례 체험 게임 : 순례자 ~발심의 도장(아와노쿠니)편~		핀 체인지	■			
2003.4.25	82	기프트피아		닌텐도	■			
2003.4.25			Gladius	LucasArts　※주37		■	■	
2003.4.28			NBA Street Vol. 2	EA Sports BIG		■	■	
2003.4.29			City Racer	Ubisoft			■	
2003.5.1	83	SPECIAL 인생게임		타카라	■			
2003.5.10			Butt-Ugly Martians: Zoom or Doom	Vivendi Universal Publishing			■	
2003.5.12	105	니모를 찾아서	Finding Nemo	유크스	■	■	■	
2003.5.14	85	ENTER THE MATRIX	Enter the Matrix	반다이　※주38	■	■	■	
2003.5.21	84	룬 II : 코르텐의 열쇠의 비밀	Lost Kingdoms II	프롬소프트웨어	■	■	■	
2003.5.27			Hulk	Vivendi Universal Publishing		■	■	
2003.5.28			Speed Kings	Acclaim Entertainment		■	■	
2003.5.30	83	패밀리 스타디움 2003		남코	■			
2003.5.30	84	포켓몬 박스 : 루비 & 사파이어	Pokémon Box: Ruby and Sapphire	닌텐도	■	■	■	
2003.5.30	85	마법의 펌프킨 : 앤과 그레그의 대모험	Spirits & Spells　※주39	MTO　※주40 ※주41	■	■	■	
2003.5.30			Nintendo GameCube Preview Disc	Nintendo		■		
2003.5.30			Shrek: Super Party	TDK Mediactive		■	■	
2003.6.2			Cubix Robots for Everyone: Showdown	The 3DO Company		■		
2003.6.18	86	소닉 어드벤처 DX	Sonic Adventure DX: Director's Cut	세가	■	■	■	
2003.6.19			Hitman 2: Silent Assassin	Eidos Interactive		■	■	
2003.6.20	86	GT CUBE		MTO	■			
2003.6.20	116	와리오월드	Wario World	닌텐도	■	■	■	
2003.6.25	89	V-RALLY 3	V-Rally 3	인포그람 재팬	■		■	

발매일	페이지	일본 타이틀명	일본 외 지역 타이틀명	발매사	일본	북미	유럽	호주
2003.6.26	87	뷰티풀 죠	Viewtiful Joe	캡콤	■	■	■	
2003.6.27	87	동물의 숲 e+		닌텐도	■			
2003.6.27			F1 Career Challenge	EA Sports				■
2003.6.30			SX Superstar	AKA Acclaim		■	■	
2003.7.3	88	아우토 모델리스타 U.S.-tuned	Auto Modellista	캡콤	■	■		
2003.7.8	117	크래시 밴디쿳 : 폭주! 니트로 카트	Crash Nitro Kart	코나미　　　　※주42	■	■	■	
2003.7.9			Charlie's Angels	Ubisoft		■		
2003.7.10	88	허드슨 셀렉션 Vol.1 : 큐빅 로드 러너		허드슨	■			
2003.7.10	89	허드슨 셀렉션 Vol.2 : 스타 솔저		허드슨	■			
2003.7.11	90	커비의 에어라이드	Kirby Air Ride	닌텐도	■	■	■	
2003.7.11	89	개골개골 킹 DX	Ribbit King	반다이	■	■	■	
2003.7.16			NCAA Football 2004	EA Sports		■		
2003.7.17	90	실황 파워풀 프로야구 10		코나미	■			
2003.7.17	91	세발자전거 히어로		반프레스토	■			
2003.7.17			The Italian Job	Eidos Interactive		■	■	
2003.7.18	91	도라에몽 : 모두 함께 즐기자! 미니도랜드		에포크 사	■			
2003.7.18	91	포켓몬 채널 : 피카츄와 함께	Pokémon Channel	닌텐도	■	■	■	
2003.7.23			Aquaman: Battle for Atlantis	TDK Mediactive		■		
2003.7.23			Dinotopia: The Sunstone Odyssey	TDK Mediactive		■		
2003.7.25	92	F-ZERO GX	F-Zero GX	닌텐도	■	■	■	
2003.7.29	95	마리오 골프 패밀리 투어	Mario Golf: Toadstool Tour	닌텐도	■	■	■	
2003.7.31	92	봄버맨 랜드 2 : 게임 사상 최대의 테마파크		허드슨	■			
2003.7.31	93	루팡 3세 : 바다로 사라진 비보		아스믹 에이스 엔터테인먼트	■			
2003.8.7	93	바이오하자드 코드 : 베로니카 완전판	Resident Evil Code: Veronica X	캡콤	■	■	■	
2003.8.7	93	바이오하자드 컬렉터즈 박스		캡콤	■			
2003.8.8	94	드래건 드라이브 : 디마스터즈 샷		반다이	■			
2003.8.8	94	파이널 판타지 크리스탈 크로니클	Final Fantasy Crystal Chronicles	스퀘어 에닉스	■	■	■	
2003.8.8			Freaky Flyers	Midway Games		■		
2003.8.12			Madden NFL 2004	EA Sports		■	■	
2003.8.16			Big Mutha Truckers	Empire Interactive			■	
2003.8.28			Buffy the Vampire Slayer: Chaos Bleeds	Vivendi Universal Games		■	■	
2003.8.28			Taxi 3PAL	Ubisoft			■	
2003.8.29	94	테일즈 오브 심포니아	Tales of Symphonia	남코	■	■	■	
2003.9.4			Disney's Extreme Skate Adventure	Activision		■	■	
2003.9.5	95	조이드 버서스 II	Zoids: Battle Legends	토미　　　　※주43	■	■		
2003.9.8	98	레슬매니아 XIX	WWE WrestleMania XIX	유크스	■	■		
2003.9.11	95	격투 프로야구 : 미즈시마 신지 올스타즈 VS 프로야구		세가	■			
2003.9.12	96	목장이야기 : 원더풀 라이프	Harvest Moon: A Wonderful Life	마벨러스 인터랙티브 ※주44 ※주45	■	■	■	
2003.9.12			Freestyle MetalX	Midway Games		■		
2003.9.16			Drome Racers	Electronic Arts　　※주46		■	■	
2003.9.16			The Simpsons: Hit & Run	Vivendi Universal Games		■	■	
2003.9.22			NHL 2004	EA Sports		■	■	
2003.9.22			Tiger Woods PGA Tour 2004	EA Sports		■	■	
2003.9.23	97	자이언트 에그 : 빌리 해처의 대모험	Billy Hatcher and the Giant Egg	세가	■	■	■	
2003.9.25	96	천외마경 II : MANJI MARU		허드슨	■			
2003.9.25			NHL Hitz Pro	Midway Games		■		
2003.9.26			Freedom Fighters	EA Games		■	■	
2003.9.28			Grooverider: Slot Car Thunder	Encore Software		■		
2003.10.1			RoadKill	Midway Games		■		
2003.10.3	96	천재 비트 군 : 글라몬 배틀		타이토	■			
2003.10.3			Wallace & Gromit in Project Zoo	BAM! Entertainment		■	■	
2003.10.14			The Haunted Mansion	TDK Mediactive		■	■	
2003.10.15	99	스타워즈 : 로그 스쿼드론 III	Star Wars Rogue Squadron III: Rebel Strike	일렉트로닉 아츠	■	■	■	
2003.10.15			NBA Live 2004	EA Sports		■	■	
2003.10.15			Tak and the Power of Juju	THQ		■	■	

※주33 : 유럽판 타이틀명은 Super Bust-a-Move All-Stars
※주34 : 북미판·유럽판 발매사는 Ubisoft
※주35 : 유럽판 타이틀명은 X-Men 2: Wolverine's Revenge
※주36 : 유럽판 발매사는 SCi
※주37 : 유럽판 발매사는 Activision
※주38 : 북미판·유럽판의 발매사는 Infogrames
※주39 : 유럽판 타이틀명은 Castleween
※주40 : 북미판 발매사는 DreamCatcher Interactive
※주41 : 유럽판 발매사는 Wanadoo
※주42 : 일본 외 지역 발매사는 Vivendi Universal Games
※주43 : 북미판 발매사는 Atari
※주44 : 북미판 발매사는 Natsume
※주45 : 유럽판 발매사는 Ubisoft
※주46 : 유럽판 발매사는 Lego Interactive

HARDWARE
2001'S SOFT
2002'S SOFT
2003'S SOFT
2004'S SOFT
2005'S SOFT
2006'S SOFT
OVERSEA SOFT
SOFT INDEX

발매일	페이지	일본 타이틀명	일본 외 지역 타이틀명	발매사	일본	북미	유럽	호주
2003.10.16			The Adventures of Jimmy Neutron Boy Genius: Jet Fusion	THQ		■	■	
2003.10.17	97	모여라!! 메이드 인 와리오	WarioWare, Inc.: Mega Party Game$	닌텐도	■	■	■	
2003.10.20	106	SSX 3	SSX 3	일렉트로닉 아츠	■	■	■	
2003.10.20			Bionicle	Electronic Arts ※주46		■	■	
2003.10.24	98	식신의 성 II		키즈스테이션	■			
2003.10.24			FIFA Soccer 2004 ※주47	EA Sports		■	■	
2003.10.27			Tony Hawk's Underground	Activision		■	■	
2003.10.28	101	드래곤볼Z	Dragon Ball Z: Budokai	반다이 ※주43	■	■	■	
2003.10.28	99	해리 포터 : 퀴디치 월드컵	Harry Potter: Quidditch World Cup	일렉트로닉 아츠	■	■	■	
2003.10.28			Star Wars Rogue Squadron III: Rebel Strike Preview Disc	LucasArts		■		
2003.10.29	112	로그 옵스	Rogue Ops	켐코	■	■		
2003.10.31			Frogger's Adventures: The Rescue	Konami		■		
2003.10.31			Hot Wheels World Race ※주49	THQ		■		
2003.10.31			SpongeBob SquarePants: Battle for Bikini Bottom	THQ		■	■	
2003.10.31			Teenage Mutant Ninja Turtles	Konami		■		
2003.10.31			Worms 3D	Acclaim Entertainment ※주50		■	■	
2003.11.3			The Fairly OddParents: Breakin' Da Rules	THQ		■		
2003.11.3			True Crime: Streets of LA	Activision		■	■	
2003.11.5	110	반지의 제왕 : 왕의 귀환	The Lord of the Rings: The Return of the King ※주51	일렉트로닉 아츠	■	■	■	
2003.11.7	98	마리오 카트 더블 대시!!	Mario Kart: Double Dash	닌텐도	■	■	■	■
2003.11.10	102	마리오 파티 5	Mario Party 5	닌텐도	■	■	■	
2003.11.10			Sphinx and the Cursed Mummy	THQ		■	■	
2003.11.11	104	메달 오브 아너 : 라이징 선	Medal of Honor: Rising Sun	일렉트로닉 아츠	■	■	■	
2003.11.11			Batman: Rise of Sin Tzu	Ubisoft		■	■	
2003.11.11			Muppets Party Cruise	TDK Mediactive		■		
2003.11.11			The Hobbit	Vivendi Universal Games		■	■	
2003.11.14	154		The Legend of Zelda: Collector's Edition	Nintendo		■		
2003.11.17	109	니드 포 스피드 언더그라운드	Need for Speed: Underground	일렉트로닉 아츠	■	■	■	
2003.11.18			Go! Go! Hypergrind	Atlus Co.		■		
2003.11.18			Metal Arms: Glitch in the System	Vivendi Universal Games		■	■	
2003.11.18	154		Prince of Persia: The Sands of Time	Ubisoft		■	■	
2003.11.18			Tonka: Rescue Patrol	TDK Mediactive		■		
2003.11.21	99	포켓몬 콜로세움	Pokémon Colosseum	닌텐도	■	■	■	
2003.11.21			Pokémon Colosseum Bonus Disc	Nintendo		■		
2003.11.21			Spawn: Armageddon	Namco ※주53		■	■	
2003.11.24			Looney Tunes: Back in Action	Electronic Arts		■	■	
2003.11.24			XGRA: Extreme-G Racing Association	Acclaim Entertainment		■	■	
2003.11.24			XIII	Ubisoft		■	■	
2003.11.26			BlowOut	Majesco Entertainment		■		
2003.11.27	100	R:RACING EVOLUTION	R: Racing Evolution ※주52	남코 ※주53	■	■	■	
2003.11.27	100	가챠 포스	Gotcha Force	캡콤	■	■		
2003.11.27	101	판타지 스타 온라인 EPISODE I & II plus	Phantasy Star Online Episode I & II Plus	세가	■	■		
2003.11.27	101	판타지 스타 온라인 EPISODE III : 카드 레볼루션	Phantasy Star Online Episode III: C.A.R.D. Revolution	세가	■	■	■	
2003.11.28	111	텐 에이티 : 실버 스톰	1080° Avalanche	닌텐도	■	■	■	
2003.11.28	102	메다로트 BRAVE	Medabots Infinity	나츠메	■	■		
2003.11.30	103	미키&미니 : 트릭&체이스	Disney's Hide & Sneak	캡콤	■	■		
2003.12.2			NFL Blitz Pro	Midway Games		■		
2003.12.2			Pac-Man Vs.	Namco		■	■	
2003.12.4	103	허드슨 셀렉션 Vol.3 : PC원인		허드슨	■			
2003.12.4	103	NARUTO –나루토– : 격투 닌자대전! 2	Naruto: Clash of Ninja 2 ※주54	토미 ※주55	■			
2003.12.4	155		I-Ninja	Namco		■		
2003.12.5	104	바텐 카이토스 : 끝없는 날개와 잃어버린 바다	Baten Kaitos: Eternal Wings and the Lost Ocean	남코	■	■	■	
2003.12.5				Namco		■		
2003.12.9	105	해리 포터와 마법사의 돌	Harry Potter and the Sorcerer's Stone ※주56	일렉트로닉 아츠	■	■	■	
2003.12.10			Monster 4x4: Masters of Metal	Ubisoft		■		
2003.12.11	106	ONE PIECE 그랜드 배틀! 3		반다이	■			
2003.12.11	105	더비츠쿠 3 : 더비 경주마를 만들자!		세가	■			
2003.12.11	106	모모타로 전철 12 : 서일본 편도 있습니다~!		허드슨	■			
2003.12.11	155		Beyond Good & Evil	Ubisoft		■	■	
2003.12.12	107	동키 콩가	Donkey Konga	닌텐도	■	■	■	

발매일	페이지	일본 타이틀명	일본 외 지역 타이틀명	발매사	일본	북미	유럽	호주
2003.12.12			Judge Dredd: Dredd Vs. Death	BAM! Entertainment ※주9		■	■	
2003.12.15			The Sims Bustin' Out	EA Games		■	■	
2003.12.16			Goblin Commander: Unleash the Horde	Jaleco Entertainment		■	■	
2003.12.18	107	실황 파워풀 프로야구 10 초결정판 : 2003 메모리얼		코나미	■			
2003.12.18	108	듀얼 마스터즈 : 열투! 배틀 아레나		타카라	■			
2003.12.18	108	드림 믹스 TV : 월드 파이터즈		허드슨	■			
2003.12.18	109	허드슨 셀렉션 Vol.4 : 타카하시 명인의 모험도		허드슨	■			
2003.12.18	108	뷰티풀 죠 리바이벌		캡콤	■			
2003.12.18	155		Midway Arcade Treasures	Midway Games		■		
2003.12.30	109	소닉 히어로즈	Sonic Heroes	세가	■	■	■	
2004.1.7			Conflict: Desert Storm II - Back to Baghdad ※주57	Gotham Games ※주58		■	■	
2004.1.14			NFL Street	EA Sports		■		
2004.1.15	110	카이쥬의 섬 : 어메이징 아일랜드	Amazing Island	세가	■	■		
2004.1.23	111	학원도시 바라누아르 로지즈		아이디어 팩토리	■			
2004.2.11	112	007 에브리씽 오아 나씽	James Bond 007: Everything or Nothing	일렉트로닉 아츠	■	■	■	
2004.2.18			Pitfall: The Lost Expedition	Activision		■	■	
2004.2.27	115	뿌요뿌요 피버	Puyo Pop Fever	세가	■	■	■	
2004.3.2			Scooby Doo: Mystery Mayhem	THQ		■	■	
2004.3.4	113	커스텀 로보 : 배틀 레볼루션	Custom Robo	닌텐도	■	■		
2004.3.4	112	로보캅 : 새로운 위기		타이터스 재팬	■			
2004.3.5			Carmen Sandiego: The Secret of the Stolen Drums	BAM! Entertainment		■	■	
2004.3.5	156		Freestyle Street Soccer ※주59	Acclaim Entertainment		■	■	
2004.3.9	112	메탈기어 솔리드 : 더 트윈 스네이크스	Metal Gear Solid: The Twin Snakes	코나미	■	■	■	
2004.3.9			MVP Baseball 2004	EA Sports		■		
2004.3.11				Konami				
2004.3.15			MaxPlay Classic Games Volume 1	CodeJunkies			■	
2004.3.15			Pool Paradise	Ignition Entertainment			■	
2004.3.18	114	기동전사 건담 : 전사들의 궤적		반다이	■			
2004.3.18	114	젤다의 전설 : 4개의 검+	The Legend of Zelda: Four Swords Adventures	닌텐도	■	■	■	
2004.3.19			Knights of the Temple: Infernal Crusade	TDK Mediactive			■	
2004.3.23	115	미션 임파서블 : Operation Surma	Mission: Impossible - Operation Surma	아타리	■	■	■	
2004.3.24			Samurai Jack: The Shadow of Aku	Sega		■	■	
2004.4.8			Mercedes-Benz World Racing	TDK Mediactive		■	■	
2004.4.12			Serious Sam: The Next Encounter	Global Star Software		■		
2004.4.28	156		Shrek 2	Activision		■	■	
2004.4.29	115	피크민 2	Pikmin 2	닌텐도	■	■	■	■
2004.5.10			Future Tactics: The Uprising	Crave Entertainment ※주60		■	■	
2004.5.29	116	해리 포터와 아즈카반의 죄수	Harry Potter and the Prisoner of Azkaban	일렉트로닉 아츠	■	■	■	
2004.6.17	116	레전드 오브 골퍼		세타	■			
2004.6.17			Tom Clancy's Rainbow Six 3: Raven Shield	Ubisoft		■		
2004.6.18			Asterix & Obelix XXL	Atari Europe			■	
2004.6.22	156		Mega Man Anniversary Collection	Capcom		■		
2004.6.28			Spider-Man 2	Activision		■	■	
2004.7.1	117	동키 콩가 2 : 히트송 퍼레이드	Donkey Konga 2	닌텐도	■	■		
2004.7.8	117	무적뱅커 크로켓! : 뱅 킹을 위기에서 구하라		코나미	■			
2004.7.8	118	목장이야기 : 원더풀 라이프 for 걸	Harvest Moon: Another Wonderful Life	마벨러스 인터랙티브	■	■		
2004.7.15	118	실황 파워풀 프로야구 11		코나미	■			
2004.7.15			NCAA Football 2005	EA Sports		■		
2004.7.20			Catwoman	EA Games		■		
2004.7.20			Tom Clancy's Splinter Cell: Pandora	Ubisoft		■	■	
2004.7.22	119	페이퍼 마리오 RPG	Paper Mario: The Thousand-Year Door	닌텐도	■	■	■	
2004.7.29	118	신세기 GPX 사이버 포뮬러 : Road To The EVOLUTION		선라이즈 인터랙티브	■			
2004.7.29	120	록맨 X : 커맨드 미션	Mega Man X: Command Mission	캡콤	■	■	■	
2004.7.29			Lotus Challenge	Ignition Entertainment			■	
2004.8.5	120	금색의 갓슈!! : 우정의 태그 배틀 Full Power		반다이	■			

※주47 : 유럽판 타이틀명은 FIFA Football 2004
※주48 : 북미판·호주판 발매사는 Atari
※주49 : 유럽판 타이틀명은 Hot Wheels Highway 35 World Race
※주50 : 유럽판 발매사는 Sega
※주51 : 유럽판 타이틀명은 Lord of the Rings: The Return of the King
※주52 : 유럽판 타이틀명은 R: Racing
※주53 : 유럽판 발매사는 Electronic Arts
※주54 : 유럽판 타이틀명은 Naruto: Clash of Ninja
※주55 : 일본 외 지역 발매사는 D3 Publisher
※주56 : 유럽판 타이틀명은 Harry Potter and the Philosopher's Stone
※주57 : 유럽판 타이틀명은 Conflict: Desert Storm II
※주58 : 유럽판 발매사는 SCi
※주59 : 유럽판 타이틀명은 Urban Freestyle Soccer
※주60 : 유럽판 발매사는 JoWooD Productions

발매일	페이지	일본 타이틀명	일본 외 지역 타이틀명	발매사	일본	북미	유럽	호주
2004.8.9			Madden NFL 2005	EA Sports		■	■	
2004.8.21			Army Men: Sarge's War	Global Star Software		■		
2004.8.24			Starsky & Hutch	Empire Interactive		■	■	
2004.8.26	120	버추어 파이터 사이버 제네레이션 : 저지먼트 식스의 야망	Virtua Quest	세가	■	■		
2004.8.30	127	WWE 데이 오브 레커닝	WWE Day of Reckoning	유크스	■	■	■	
2004.8.31			Street Racing Syndicate	Namco		■	■	
2004.9.3			Second Sight	Codemasters		■		
2004.9.4			NASCAR 2005: Chase for the Cup	EA Sports		■		
2004.9.6	127	터미네이터 3 : 더 리뎀션	Terminator 3: The Redemption	아타리	■	■		
2004.9.6	119	디지몬 배틀 크로니클	Digimon Rumble Arena 2	반다이	■	■		
2004.9.8			The Fairly OddParents: Shadow Showdown	THQ		■		
2004.9.14			Bad Boys: Miami Takedown ※주61	Crave Entertainment ※주62		■		
2004.9.14			Power Rangers: Dino Thunder	THQ		■		
2004.9.20			Def Jam: Fight for NY	EA Games		■		
2004.9.20			NHL 2005	EA Sports		■		
2004.9.20			Tiger Woods PGA Tour 2005	EA Sports		■		
2004.9.21			X-Men Legends	Activision		■		
2004.9.27	129	샤크	Shark Tale	타이토	■	■	■	
2004.9.28			NBA Live 2005	EA Sports		■		
2004.9.30	121	조이드 버서스 Ⅲ		토미	■			
2004.10.4			Tony Hawk's Underground 2	Activision		■	■	
2004.10.5			Trigger Man	Crave Entertainment		■		
2004.10.8			FIFA Soccer 2005 ※주63	EA Sports		■		
2004.10.11			Midway Arcade Treasures 2	Midway Games		■		
2004.10.11			Tak 2: The Staff of Dreams	THQ		■		
2004.10.12			Ty the Tasmanian Tiger 2: Bush Rescue	EA Games		■	■	
2004.10.13			The Adventures of Jimmy Neutron Boy Genius: Attack of the Twonkies	THQ		■	■	
2004.10.14	121	쿠루링 스쿼시!		닌텐도	■			
2004.10.19			Teenage Mutant Ninja Turtles 2: Battle Nexus	Konami		■	■	
2004.10.28	122	마리오 테니스 GC	Mario Power Tennis	닌텐도	■	■		
2004.10.28			The SpongeBob SquarePants Movie	THQ		■		
2004.10.31	123	인크레더블	The Incredibles	D3 퍼블리셔	■	■		
2004.11.2	125	반지의 제왕 : 가운데땅 제 3시대	The Lord of the Rings: The Third Age	일렉트로닉 아츠	■	■		
2004.11.2			Army Men RTS: Real Time Strategy	The 3DO Company		■		
2004.11.2			The Polar Express	THQ		■	■	
2004.11.3			Spyro: A Hero's Tail	Vivendi Universal Games		■	■	
2004.11.4	157		Intellivision Lives!	Crave Entertainment		■		
2004.11.9	127	The Urbz : 심즈 인 더 시티	The Urbz: Sims in the City	일렉트로닉 아츠	■	■		
2004.11.10			Lemony Snicket's A Series of Unfortunate Events	Activision		■	■	
2004.11.15	125	니드 포 스피드 언더그라운드 2	Need for Speed: Underground 2	일렉트로닉 아츠	■	■		
2004.11.15	133	메트로이드 프라임 2 : 다크 에코즈	Metroid Prime 2: Echoes	닌텐도	■	■		
2004.11.15	157		Metroid Prime 2: Echoes Bonus Disc	Nintendo		■		
2004.11.16	157		Call of Duty: Finest Hour	Activision		■	■	
2004.11.17			Scaler	Global Star Software		■		
2004.11.18	124	뷰티풀 죠 2 : 블랙 필름의 수수께끼	Viewtiful Joe 2	캡콤	■	■		
2004.11.18	121	마리오 파티 6	Mario Party 6	닌텐도	■	■		
2004.11.18			King Arthur	Konami		■	■	
2004.11.20	122	NARUTO -나루토- : 격투 닌자대전! 3		토미	■			
2004.11.22	126	골든아이 : 다크 에이전트	GoldenEye: Rogue Agent	일렉트로닉 아츠	■	■		
2004.11.22			MC Groovz Dance Craze	Mad Catz		■		
2004.11.23			Alien Hominid	O3 Entertainment		■		
2004.11.30			Prince of Persia: Warrior Within	Ubisoft		■	■	
2004.12.9	123	기동전사 건담 : 건담 vs. Z건담		반다이	■			
2004.12.9	158		Cabela's Big Game Hunter 2005 Adventures	Activision		■		
2004.12.10			Cocoto Platform Jumper	BigBen Interactive			■	
2004.12.15			Dragon Ball Z: Budokai 2	Bandai ※주43		■	■	
2004.12.16	123	실황 파워풀 프로야구 11 초결정판		코나미	■			
2004.12.16	124	슈퍼로봇대전 GC		반프레스토	■			
2004.12.16	124	동키 콩 정글 비트	Donkey Kong Jungle Beat	닌텐도	■	■	■	
2004.12.22	125	바이오하자드 : 더블 피처		캡콤	■			

170

발매일	페이지	일본 타이틀명	일본 외 지역 타이틀명	발매사	일본	북미	유럽	호주
2004.12.22			NFL Street 2	EA Sports		■	■	
2005.1.6	126	디지몬 월드 X	Digimon World 4	반다이	■	■		
2005.1.11	128	바이오하자드 4	Resident Evil 4	캡콤	■	■	■	
2005.2.4			UEFA Champions League 2004-2005	EA Sports			■	
2005.2.8	133	NBA 스트리트 V3 : 마리오로 덩크	NBA Street V3	일렉트로닉 아츠	■	■	■	
2005.2.8			Winnie the Pooh's Rumbly Tumbly Adventure	Ubisoft		■	■	
2005.2.14	129	스타폭스 어설트	Star Fox: Assault	닌텐도	■	■	■	
2005.2.22			FIFA Street	EA Sports BIG		■	■	
2005.2.22			MVP Baseball 2005	EA Sports		■		
2005.2.24	128	카오스 필드 : 익스팬디드	Chaos Field	마일스톤	■	■		
2005.2.24	135	로봇	Robots	비벤디 유니버설 게임즈 ※주64	■	■	■	
2005.2.28	137	파이트 나이트 라운드 2	Fight Night Round 2	일렉트로닉 아츠	■	■		
2005.3.1	158		Mortal Kombat: Deception	Midway Games		■		■
2005.3.3	130	목장이야기 : 행복의 노래		마벨러스 인터랙티브	■	■		
2005.3.4			Neighbours from Hell	JoWooD Productions			■	
2005.3.15			Tom Clancy's Ghost Recon 2	Ubisoft		■	■	
2005.3.16			TMNT: Mutant Melee	Konami		■	■	
2005.3.17	130	ONE PIECE 그랜드 배틀! RUSH	One Piece: Grand Battle! Rush	반다이	■	■		
2005.3.17	131	동키 콩가 3 : 한상 가득! 봄 노래 50곡		닌텐도	■			
2005.3.18	130	무적코털 보보보 : 탈출!! 코털 로열		허드슨	■			
2005.3.20			Pinball Hall of Fame: The Gottlieb Collection	Crave Entertainment		■		
2005.3.20			Strike Force Bowling	Crave Entertainment		■		
2005.3.21	158		TimeSplitters: Future Perfect	EA Games		■	■	
2005.3.22	159		Dragon Ball Z: Sagas	Atari		■		
2005.3.24	131	금색의 갓슈!! : 우정 태그 배틀 2	Zatch Bell! Mamodo Battles	반다이	■	■		
2005.3.31			Tom Clancy's Splinter Cell: Chaos Theory	Ubisoft		■	■	
2005.4.15			Conan	TDK Mediactive		■	■	
2005.4.15			Kao the Kangaroo Round 2	Atari ※주65		■	■	
2005.4.20	132	파이어 엠블렘 : 창염의 궤적	Fire Emblem: Path of Radiance	닌텐도	■	■	■	
2005.4.22			Cocoto Kart Racer	BigBen Interactive			■	
2005.4.29	132	홈 랜드		춘 소프트	■			
2005.5.24	136	마다가스카	Madagascar	반다이 ※주6	■	■	■	
2005.5.27			Animaniacs: The Great Edgar Hunt	Ignition Entertainment		■	■	
2005.6.7	137	메달 오브 아너 : 유러피언 어썰트	Medal of Honor: European Assault	일렉트로닉 아츠	■	■	■	
2005.6.9	133	킬러7	Killer7	캡콤	■	■	■	■
2005.6.14			Batman Begins	Electronic Arts		■	■	
2005.6.23	134	꼬마로보!	Chibi-Robo!	닌텐도	■	■	■	
2005.6.27			Fantastic 4 ※주66	Activision		■	■	
2005.7.11			Charlie and the Chocolate Factory	Global Star Software		■	■	
2005.7.14	135	댄스 댄스 레볼루션 with 마리오	Dance Dance Revolution Mario Mix ※주67	닌텐도	■	■	■	
2005.7.14	134	실황 파워풀 프로야구 12		코나미	■			
2005.7.21	135	슈퍼 마리오 스타디움 : 미라클 베이스볼	Mario Superstar Baseball	닌텐도	■	■	■	
2005.8.5	136	포켓몬 XD : 어둠의 선풍 다크 루기아	Pokémon XD: Gale of Darkness	포켓몬	■	■	■	
2005.8.8			Madden NFL 06	EA Sports		■		
2005.8.11	136	소닉 젬즈 컬렉션	Sonic Gems Collection	세가	■	■	■	
2005.8.15			Geist	Nintendo		■	■	
2005.8.16	159		Hello Kitty: Roller Rescue	Empire interactive		■	■	
2005.8.23			The Incredible Hulk: Ultimate Destruction	Vivendi Universal Games		■	■	
2005.8.29			WWE Day of Reckoning 2	THQ		■	■	
2005.8.30	159		Namco Museum 50th Anniversary	Namco ※주53		■	■	
2005.9.6			NHL 06	EA Sports		■	■	
2005.9.12			Scooby-Doo! Unmasked	THQ		■	■	
2005.9.13			Cabela's Outdoor Adventures	Activision		■		
2005.9.14			World Series of Poker	Activision		■		
2005.9.19	138	돌격!! 패미컴 워즈	Battalion Wars	닌텐도	■	■	■	■

HARDWARE
2001'S SOFT
2002'S SOFT
2003'S SOFT
2004'S SOFT
2005'S SOFT
2006'S SOFT
OVERSEA SOFT
SOFT INDEX

발매일	페이지	일본 타이틀명	일본 외 지역 타이틀명	발매사	일본	북미	유럽	호주
2005.9.19			Tak: The Great Juju Challenge	THQ		■	■	
2005.9.20			Mark Davis Pro Bass Challenge	Natsume		■		
2005.9.20			Marvel Nemesis: Rise of the Imperfects	Electronic Arts		■	■	
2005.9.20			Tiger Woods PGA Tour 06	EA Sports		■	■	
2005.9.20			X-Men Legends II: Rise of Apocalypse	Activision		■	■	
2005.9.21	147	얼티밋 스파이더맨	Ultimate Spider-Man	타이토 ※주6	■	■	■	
2005.9.26			NBA Live 06	EA Sports		■	■	
2005.9.27			Frogger: Ancient Shadow	Konami		■		
2005.9.27			Tom Clancy's Rainbow Six: Lockdown	Ubisoft		■	■	
2005.9.29	137	뷰티풀 죠 : 배틀 카니발	Viewtiful Joe: Red Hot Rumble	캡콤	■	■	■	
2005.9.30			FIFA Soccer 06 ※주68	EA Sports		■	■	
2005.10.5	160		Bratz: Rock Angelz	THQ		■	■	
2005.10.7			Spartan: Total Warrior	Sega		■	■	
2005.10.11	140	SSX On Tour with 마리오	SSX on Tour	일렉트로닉 아츠	■	■	■	
2005.10.11			Codename: Kids Next Door – Operation: V.I.D.E.O.G.A.M.E.	Global Star Software		■		
2005.10.12			Ty the Tasmanian Tiger 3: Night of the Quinkan	Activision		■		
2005.10.13			Dora the Explorer: Journey to the Purple Planet	Global Star Software		■		
2005.10.18			Tony Hawk's American Wasteland	Activision		■	■	
2005.10.19	140	크래시 밴디쿳 : 태그 팀 레이싱	Crash Tag Team Racing	비벤디 유니버셜 게임즈	■	■	■	
2005.10.20	143	치킨 리틀	Chicken Little	D3 퍼블리셔	■	■	■	
2005.10.21			SpongeBob SquarePants: Lights, Camera, Pants!	THQ		■	■	
2005.10.24			The Sims 2	Electronic Arts		■	■	
2005.10.25	160		Lego Star Wars: The Video Game	TT Games Publishing ※주69		■	■	
2005.10.25			Shrek SuperSlam	Activision		■	■	
2005.10.26			Midway Arcade Treasures 3	Midway Games		■		
2005.10.27	138	조이드 풀 메탈 크러시		토미	■			
2005.10.27			Nicktoons Unite! ※주70	THQ		■	■	
2005.11.1	144	인크레더블 : 언더마이너의 침공	The Incredibles: Rise of the Underminer	세가	■	■	■	
2005.11.1			Call of Duty 2: Big Red One	Activision		■	■	
2005.11.1			Teenage Mutant Ninja Turtles 3: Mutant Nightmare	Konami		■		
2005.11.3			Ed, Edd n Eddy: The Mis-Edventures	Midway Games		■		
2005.11.7	139	마리오 파티 7	Mario Party 7	닌텐도	■	■	■	
2005.11.8	140	해리 포터와 불의 잔	Harry Potter and the Goblet of Fire	일렉트로닉 아츠	■	■	■	
2005.11.8			GUN	Activision		■	■	
2005.11.8	160		Karaoke Revolution Party	Konami		■		
2005.11.8			Sea World: Shamu's Deep Sea Adventures	Activision		■	■	
2005.11.10	138	목장이야기 : 행복의 노래 for 월드	Harvest Moon: Magical Melody	마벨러스 인터랙티브	■	■		
2005.11.14			The Chronicles of Narnia: The Lion, the Witch and the Wardrobe	Buena Vista Games		■	■	
2005.11.15	142	섀도우 더 헤지혹	Shadow the Hedgehog	세가	■	■	■	
2005.11.15	143	니드 포 스피드 : 모스트 원티드	Need for Speed: Most Wanted	일렉트로닉 아츠	■	■	■	
2005.11.15			From Russia with Love	Electronic Arts		■	■	
2005.11.15			True Crime: New York City	Activision		■	■	
2005.11.16			Cabela's Dangerous Hunts 2	Activision		■	■	
2005.11.17			Pac-Man World 3	Namco ※주53		■	■	
2005.11.17	161		Peter Jackson's King Kong: The Official Game of the Movie	Ubisoft		■	■	
2005.11.18	144	슈퍼 마리오 스트라이커즈	Super Mario Strikers ※주71	닌텐도	■	■	■	■
2005.11.21	139	NARUTO -나루토- : 격투 닌자대전! 4		토미	■			
2005.11.23	139	ONE PIECE 해적 카니발	One Piece: Pirates' Carnival	반다이	■	■		
2005.11.29	161		American Chopper 2: Full Throttle	Activision		■		
2005.12.1	141	BLEACH GC : 황혼을 맞이하는 사신		세가	■			
2005.12.1			Prince of Persia: The Two Thrones	Ubisoft		■	■	
2005.12.8	141	SD건담 가샤퐁 워즈		반다이	■			
2005.12.8	142	전설의 퀴즈왕 결정전		닌텐도	■			
2005.12.15	142	금색의 갓슈!! 고! 고! 마물 파이트!!		반다이	■			
2005.12.15	143	실황 파워풀 프로야구 12 결정판		코나미	■			
2006.1.10	161		Mega Man X Collection	Capcom		■		
2006.2.1			Curious George	Namco		■		
2006.2.21	145	소닉 라이더즈	Sonic Riders	세가	■	■	■	
2006.2.23	146	바텐 카이토스 II : 시작의 날개와 신들의 후계자	Baten Kaitos Origins	닌텐도	■	■		
2006.2.28			FIFA Street 2	EA Sports BIG		■	■	

발매일	페이지	일본 타이틀명	일본 외 지역 타이틀명	발매사	일본	북미	유럽	호주
2006.3.14			Ice Age 2: The Meltdown	Vivendi Universal Games		■	■	
2006.3.31	145	오오다마	Odama ※주72	닌텐도	■	■	■	
2006.4.3			Backyard Baseball 2007	Atari		■		
2006.4.7			Cocoto Funfair	BigBen Interactive			■	
2006.4.24			2006 FIFA World Cup	EA Sports		■	■	
2006.4.24			Rampage: Total Destruction	Midway Games		■		
2006.5.9			Over the Hedge	Activision		■	■	
2006.5.11	146	실황 파워풀 메이저리그		코나미 디지털엔터테인먼트	■			
2006.5.16			X-Men: The Official Game	Activision		■	■	
2006.5.24			Teen Titans	THQ		■	■	
2006.5.25	147	라디르기 제네릭		마일스톤	■			
2006.6.12			Major League Baseball 2K6	2K Sports		■		
2006.6.16			Franklin: A Birthday SurprisePAL	The Game Factory			■	
2006.7.6	147	카	Cars	THQ 재팬	■	■	■	
2006.7.14			Super Monkey Ball Adventure	Sega		■	■	
2006.7.18			Monster House	THQ		■	■	
2006.7.20	148	배틀 스타디움 D.O.N		반다이남코 게임스	■			
2006.7.24			The Ant Bully	Midway Games		■		
2006.8.1			Barnyard	THQ		■	■	
2006.8.22			Madden NFL 07	EA Sports		■		
2006.8.22			Pac-Man World Rally	Namco Bandai Games		■		
2006.8.29			One Piece: Grand Adventure	Namco Bandai Games		■		
2006.9.11			Lego Star Wars II: The Original Trilogy	LucasArts		■	■	
2006.9.18			Bratz: Forever Diamondz	THQ		■	■	
2006.9.19			Open Season	Ubisoft		■	■	
2006.9.25			The Grim Adventures of Billy & Mandy	Midway Games		■		
2006.9.29			FIFA Soccer 07 ※주73	EA Sports		■	■	
2006.10.10			Avatar: The Last Airbender ※주74	THQ		■	■	
2006.10.10			The Legend of Spyro: A New Beginning	Vivendi Games		■	■	
2006.10.16			SpongeBob SquarePants: Creature from the Krusty Krab	THQ		■	■	
2006.10.17			The Sims 2: Pets	Electronic Arts		■	■	
2006.10.24			Flushed Away	D3 Publisher		■	■	
2006.10.24			Nicktoons: Battle for Volcano Island	THQ		■		
2006.10.26			Tom Clancy's Splinter Cell: Double Agent	Ubisoft		■	■	
2006.10.31			Need for Speed: Carbon	Electronic Arts		■	■	
2006.11.14			Bionicle Heroes	Eidos Interactive		■		
2006.11.14			Happy Feet	Midway Games		■	■	
2006.11.14			Tomb Raider: Legend	Eidos Interactive		■	■	
2006.11.21			Shrek Smash n' Crash Racing	Activision		■		
2006.12.2	148	젤다의 전설 황혼의 공주	The Legend of Zelda: Twilight Princess	닌텐도	■	■	■	■
2006.12.12			Zatch Bell! Mamodo Fury	Bandai ※주75		■		
2007.3.20			TMNT	Ubisoft		■	■	
2007.3.27			Meet the Robinsons	Disney Interactive Studios		■		
2007.6.1			Surf's Up	Ubisoft		■		
2007.6.26			Ratatouille	THQ		■	■	
2007.8.14			Madden NFL 08	EA Sports		■		

※주68 : 유럽판 타이틀명은 FIFA 06
※주69 : 유럽판 발매사는 Eidos Interactive
※주70 : 유럽판 타이틀명은 SpongeBob SquarePants & Friends: Unite!
※주71 : 유럽판 타이틀명은 Mario Smash Football
※주72 : 유럽판 타이틀명은 Yoot Saito's Odama
※주73 : 유럽판 타이틀명은 FIFA 07
※주74 : 유럽판 타이틀명은 Avatar: The Legend of Aang
※주75 : 북미판 발매사는 Namco Bandai Games

HARDWARE
2001'S SOFT
2002'S SOFT
2003'S SOFT
2004'S SOFT
2005'S SOFT
2006'S SOFT
OVERSEA SOFT
SOFT INDEX

일본 발매 닌텐도 게임큐브 소프트 색인

이 페이지는 일본에서 발매된 닌텐도 게임큐브용 소프트 총 276개 타이틀을 가나다순으로 정렬한 색인이다.

이 책에 수록한 해당 게재 페이지도 소개하였으므로, 당시 갖고 있었던 게임을 회고한다거나, 컬렉션 수집을 위해 타이틀을 조사한다거나…… 등등의 이유로 추억의 게임을 찾는 데 참고자료로 활용해준다면 감사하겠다.

HARDWARE

2001's SOFT

2002's SOFT

2003's SOFT

2004's SOFT

2005's SOFT

2006's SOFT

OVERSEA SOFT

SOFT INDEX

CHAPTER 4

한국의
닌텐도 게임큐브 이야기

GAMECUBE KOREAN CATALOGUE

NINTENDO
GAMECUBE
NINTENDO GAMECUBE PERFECT CATALOGUE 퍼펙트 카탈로그

HARDWARE

2001's SOFT
2002's SOFT
2003's SOFT
2004's SOFT
2005's SOFT
2006's SOFT
OVERSEA SOFT
SOFT INDEX

해설 한국의 닌텐도 게임큐브 이야기
COMMENTARY OF NINTENDO GAMECUBE #4

대원씨아이에 의한, 닌텐도 게임큐브의 국내 정규 유통 전개

제 4장은 원서인 일본판에는 없는 한국어판의 독자적인 추가 지면으로서, 원서 감수인 마에다 히로유키 씨의 허락 하에 한국어판 역자가 추가 집필하였음을 먼저 밝혀둔다.

대원C&A(현 대원미디어)의 자회사로서 만화·잡지·애니메이션 등 일본 미디어·캐릭터 라이선스 서비스 사업을 다년간 해온 대원씨아이는 1998년 11월 '조이툰 소프트'라는 브랜드로 게임사업부를 신설, 닌텐도와의 정식 계약을 거쳐 2000년 12월부터 게임보이 컬러의 소량 수입유통을 시작하면서 닌텐도 게임기의 한국 정식 유통사업을 개시했다. 이 시점부터 이미 대원씨아이 게임사업부(이하 대원씨아이)는 후일의 게임보이 어드밴스(이하 GBA) 및

닌텐도 게임큐브(이하 게임큐브)(※) 유통까지도 시야에 두고 있었으므로, 게임보이 컬러는 어디까지나 초기의 소량 수입 판매에 그쳤다. 대원씨아이는 이후 2002년 1월 7일부터 한국판 GBA를 첫 시판하였고, 같은 해 12월 14일 한국판 게임큐브의 시판도 개시하며 본격적으로 활동하게 된다(초기 본체 가격이 226,000원이었다).

사실상 일본판 소프트의 수입발매 위주로 진행됐던 GBA에 비해, 게임큐브 쪽은 주로 북미판 소프트 기반(디스크는 한국판으로 별도 제작)으로 발매되었는데, 기기 자체는 일본판과 동일한 지역코드였으므로 한국판 게임큐브에서 일본판 소프트를 구동하는 것도 가능했다. 일본판 소프트웨어가 활발하

게 병행수입 유통되던 당시 국내 사정도 어느 정도 감안한 것이 아니었나 추측된다.

이후 대원씨아이는 게임보이 어드밴스 SP(2003년 3월 14일), 게임보이 플레이어(2003년 4월), 닌텐도 DS(2004년 12월 29일), 게임보이 미크로(2005년 12월 20일), 게임보이 어드밴스 SP 백라이트 버전(2006년 4월 8일; 해외판 수입발매), 닌텐도 DS Lite(2006년 7월 20일)에 이르기까지 당시 닌텐도가 전개하던 주요 하드웨어들을 한국에도 꾸준히 발매하여, 4년여에 걸쳐 닌텐도의 한국 공식 판매대행사로 활동하며 2000년대 국내 비디오 게임 시장을 개척하였다.

(※) 엄밀히 하자면, 대원씨아이가 국내 정식 발매한 게임큐브의 정확한 제품명은 '닌텐도 게임 큐브'다. 하지만 대원씨아이조차도 당시 '게임큐브' 표기를 혼용했고, 이미 오랜 세월에 걸쳐 '닌텐도 게임큐브'로 통용되어 굳어졌으니만큼, 본서에서도 '닌텐도 게임큐브'로 통일해 표기한다.

▲ 한국 발매판 닌텐도 게임큐브의 외장 패키지. 초기엔 보라·검정의 2색 컬러로 본체를 출시했다(은색과 오렌지색은 후일 추가). 한국 전용 220V 사양으로 AC 어댑터를 대체한 것을 제외하면, 본체 자체는 일본판(JPN)과 완전 동일하다. 다만 정식 발매 소프트의 경우, 2004년 초까지는 영문판 기준으로 발매했다.

▲ 월간 GAMER'Z 2003년 1월호에 실린, 대원씨아이의 닌텐도 게임큐브 관련 광고. 이미 일본에서 발매됐던 충분히 알려진 이후라서인지, 하드웨어 광고 없이 동시발매 소프트웨어 광고만 실은 것이 이채롭다. 참고로 이 시점에서 PS2는 한국 출시 1주년을 앞두고 있었고, Xbox는 거의 엇비슷한 2002년 12월 23일 한국에 정식 출시되었다.

▲ 「젤다의 전설 바람의 지휘봉」 한국 발매판의 커버 뒷면(당시 국내 발매 명칭은 「젤다의 전설 바람의 택트」였다). 외장 커버와 매뉴얼 등은 국내판으로 제작했으나, 담긴 데이터 자체는 영문판이다. 디스크 지역코드는 일본과 동일하므로 일본판에서도 구동된다.

싱글 로케이션 등으로 분투했으나, '판매대행사'의 한계는 넘지 못하다

게임큐브가 국내 출시된 2002년 12월 시점은 이미 타 콘솔 플랫폼 경쟁사, 즉 PS2의 소니컴퓨터엔터테인먼트코리아(현 소니인터랙티브엔터테인먼트코리아)와 Xbox의 한국마이크로소프트(실제 유통은 세중그룹 계열사였던 세중게임박스가 담당)가 활동하고 있던 시기였다. 반면 닌텐도는, 이 당시에는 한국을 비롯한 아시아 국가들에 지사 형태로 직접 진출하지 않고 현지 판매대행사를 통해 B2B 형태로 간접 대응하는 사업모델을 고수하고 있었다. 이렇다 보니 한국지사가 직접 활동하며 적극적으로 해외 인기 게임의 한글화 발매 체제를 확립했던 PS2·Xbox에 비해, 단순한 판매대행사 입장이어서 독자적인 한글화 추진이 여의치 않았던 대원

씨아이는 계속 비교당할 수밖에 없었다(게임큐브의 경우, 끝내 대원씨아이는 한글화 소프트를 단 한 종도 내지 않았고, 타 서드파티 작품 2종의 한글화 사례만 남겼다).

대원씨아이 내부적으로도, 악조건 하에서도 말기에 6종의 한글화 소프트가 나오는 등 나름대로의 입지를 확보한 GBA에 비해, 병행수입품으로도 충분히 국내 수요가 충족되었고 일본판 소프트의 선호도가 압도적으로 높았던 게임큐브 쪽은 아무래도 부진을 면치 못했던 것이 아닌가 추측된다. 이를 타개하기 위해서인지, 2003년 5월부터 이른바 '싱글 로케이션'이라 하여 오락실 외의 일반사업장(문방구·슈퍼·PC방 등)을 대상으로 동전 투입식 게임큐브 내장 캐비닛을 판매해 서비스토록 하는 '업소용 게임큐브' 사업을

전개하는 등의 자구책을 시도하기도 하였다.

하지만 이후 닌텐도 DS의 대두와 한국닌텐도의 진출 등으로 시장상황이 급변하였고, 2006년 7월의 한국닌텐도 설립 이후부터는 닌텐도 제품의 판매권한도 한국닌텐도가 인계받아, 이를 기점으로 대원씨아이의 게임큐브 유통은 사실상 명맥이 끊기게 된다. 후일인 2008년 4월 26일 한국닌텐도는 Wii를 한국에 정식 출시하지만, 한국판 Wii는 결국 게임큐브 호환기능이 삭제되어 게임큐브를 애호하던 한국 유저들에게는 매우 안타까운 결과로 남았다.

이후 대원씨아이는 대원미디어로 사명을 변경하고 닌텐도와 파트너십 관계를 유지하여, 2021년 현재도 대원미디어 게임사업부가 한국닌텐도 제품의 국내 유통권을 배분받아 사업을 지속하고 있다.

◀ 「젤다의 전설 바람의 지휘봉」의 한국판(왼쪽)과 일본판(오른쪽) 디스크 전면. 게임큐브 소프트의 디스크 전면 프린팅은 세계 공통으로 2도 인쇄였기에, 이 제약 하에서 다양한 배색과 디자인으로 나름의 멋을 부린 것이 특징이다. 하지만 한국 발매판의 경우 당시 심의기관이었던 영상물등급위원회의 '매체 표면에도 등급 마크를 인쇄해야 한다'는 규정을 준수해야 했기에, 배색을 '등급 마크 바탕색+흑색'으로 고정할 수밖에 없었다. 이 때문인지 한국판 디스크는 일본과 달리 로고와 심의 마크만으로 단조롭게 디자인되어, 당시 유저들의 불만을 사기도 하였다.

▲ 「젤다의 전설 바람의 지휘봉」 국내 발매 시 예약특전으로 제공했던 대원씨아이의 '업소용 닌텐도 게임큐브' 싱글 로케이션 사업 관련 홍보전단지. 내장된 본체 및 컨트롤러는 오렌지색을 사용했으며, 초 오렌지색 게임큐브 본체는 싱글 로케이션 전용으로만 공급되었으나, 후일 일반판매로 전환). 실제 완성된 캐비닛의 사진도 함께 실려 있다.

▲ 2003년 5월부터 전개했던 대원씨아이의 '업소용 닌텐도 게임큐브' 싱글 로케이션 사업 관련 홍보전단지. 내장된 본체 및 컨트롤러는 오렌지색을 사용했으며(당시 오렌지색 게임큐브 본체는 싱글 로케이션 전용으로만 공급되었으나, 후일 일반판매로 전환). 실제 완성된 캐비닛의 사진도 함께 실려 있다.

▲ 한국 발매판 게임큐브는 기기 자체로는 일본판 그대로이나, 각종 안내 스티커 등은 한국용으로 새로 붙여 넣었다. 당연히 메인 메뉴 out 역시 일본판 사양이며, 일본판 소프트도 구동할 수 있기에, 역으로, 일본 게임큐브에서의 국내 정식발매 소프트 구동도 가능하다. 메모리 카드, 컨트롤러, 게임보이 플레이어 등의 주변기기도 국내 정식 발매되었다.

179

HARDWARE

2001's SOFT

2002's SOFT

2003's SOFT

2004's SOFT

2005's SOFT

2006's SOFT

OVERSEA SOFT

SOFT INDEX

한국에 발매된 닌텐도 게임큐브 공식 한글화 소프트들을 한데 모은

한국에 발매된 닌텐도 게임큐브 공식 한글화 소프트들을 한데 모은

닌텐도 게임큐브
한글화 소프트 카탈로그

이 페이지에서는, 한국에 정규 발매된 닌텐도 게임큐브 소프트 중 한글화로 발매된 '한글판' 소프트 총 2타이틀을 카탈로그 형식으로 소개한다.

게임큐브의 경우 플랫폼 홀더인 대우씨아이 측에서는 한글화 작품이 전혀 없고 2종 모두가 서드파티 발매작이며, 그나마도 모두 PS2 등과의 멀티

플랫폼 발매 과정에서 파생된 부산물이었다는 특징이 있다. 게임큐브 오리지널 직품의 한글화가 좀 더 있었더라면 싶어 아쉬울 따름이다.

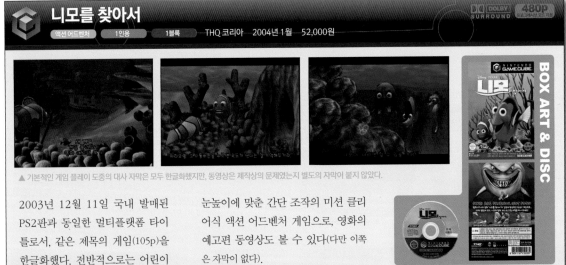

니모를 찾아서

| 액션 어드벤처 | 1인용 | 1블록 | THQ 코리아 | 2004년 1월 | 52,000원 |

BOX ART & DISC

▲ 기본적인 게임 플레이 도중의 대사 자막은 모두 한글화했지만, 동영상은 제작상의 문제였는지 별도의 자막이 붙지 않았다.

2003년 12월 11일 국내 발매된 PS2판과 동일한 멀티플랫폼 타이틀로서, 같은 제목의 게임(105p)을 한글화했다. 전반적으로는 어린이 눈높이에 맞춘 간단 조작의 미션 클리어식 액션 어드벤처 게임으로, 영화의 예고편 동영상도 볼 수 있다(다만 이쪽은 자막이 없다).

스페이스 레이더스

| 슈팅 | 1~2인용 | 1블록 | 엠드림 | 2004년 2월 12일 | 가격 미상 |

BOX ART & DISC

▲ 스토리 무비도 거의 대사가 없다시피 하고 게임의 장르 자체도 슈팅인지라, 애써 해놓은 자막 한글화의 의미도 그리 크지 않다.

마찬가지로, 2003년 5월 23일 국내 발매된 PS2판과 동일한 멀티플랫폼 타이틀인 같은 제목 게임(74p)의 한글판. 갑자기 지구를 침략한 우주생물체에 총 하나만 쥐고 단신으로 전투하는 고정화면 슈팅 게임이며, 남녀 3명 중에서 플레이어 캐릭터를 선택하여 진행한다.

액션　　게임 장르　　1~2인용　　플레이 명수　　1블록　　필요 메모리 카드 용량　　DOLBY SURROUND / DOLBY PRO LOGIC II　돌비 서라운드 / 돌비 프로로직 II 지원　　480p 프로그레시브 모드 지원　　프로그레시브 모드 지원

한국 발매 닌텐도 게임큐브 소프트를 표로 게재

닌텐도 게임큐브
한국 정식발매 소프트 리스트

이 페이지에서는 2002~2005년까지 대원씨아이 등의 국내 회사들이 닌텐도 게임큐브용으로 한국에 정규 발매한 소프트 총 28개 타이틀을 발매시기 순으로 정렬해 리스트화하였다. 본서에 이미 소개된 타이틀의 경우 해당 게재 페이지와 타이틀명도 함께 기재해 두었다.

본 리스트는 역자가 보유한 게임잡지 및 웹 아카이브 형태로 발굴한 대원씨아이 게임사업부의 당시 홈페이지 정보, 네이버 카페 '추억의 게임 여행'에서 취합된 사진 및 자료 등을 기초로 하여, 실물 및 사진이 남아있는 소프트 데이터를 최대한 보강하여 다듬었다. 다만 시간과 자료의 한계로 누락이나 오류가 있을 수 있으며 리스트의 정확성을 완전히 담보하지는 못하므로, 이 점은 너른 양해를 구하고자 한다. 또한 국내 유통사가 심의를 거쳐 최소한의 리패키징과 설명서 동봉으로 정규 발매한 소프트를 수록 기준으로 삼았으므로, 병행수입 소프트 등은 목록에 수록하지 않았다.

- 본 리스트의 소프트명 표기는 실제 패키지 표기 혹은 대원씨아이 게임사업부 홈페이지의 표기 기준이다.
- 국내 발매 시기는 최대한 근사치를 기재하려 노력했으나, 당시 소프트 발매 특성상 불명확한 부분이 많기 때문에 대부분이 추정치이며, 발매 순서 등이 실제와 다를 수 있다.
- '본서 소개 정보' 란의 푸른색 문자는 본서에 소개되지 않은 타이틀의 영문 원제이다.
- 기본적으로 거의 대부분의 소프트는 대원씨아이 발매의 영문판이며, 타사 발매품·일본어판·한글판 등의 일부 소프트는 비고에 기재해 두었다.

발매일(추정)	소프트명	가격	본서 소개 정보	비고
2002.12.14	슈퍼 마리오 선샤인	63,000원	슈퍼 마리오 선샤인(57p)	
2002.12.14	대난투 스매시 브라더스 DX	63,000원	대난투 스매시브라더스DX(47p)	
2002.12.14	마리오 파티 4	63,000원	마리오 파티 4(65p)	
2003.2.14	와! 와! 골프	62,000원	와! 와! 골프(67p)	
2003.2.14	이터널 다크니스	미상	이터널 다크니스 : 초대받은 13인(64p)	
2003.2.27	메트로이드 프라임	62,000원	메트로이드 프라임(77p)	
2003.4.16	젤다의 전설 바람의 택트	미상	젤다의 전설 바람의 지휘봉(69p)	
2003.4.16	젤다의 전설 시간의 오카리나	비매품		'바람의 택트' 예약특전
2003.5.26	슈퍼퍼즐버블 올스타	미상	슈퍼 퍼즐 보블 올스타즈(78p)	엠드림 발매
2003.5.26	타임 스플리터스 2	미상	TimeSplitters 2	
2003.6.27	와리오월드	미상	와리오월드(116p)	
2003.9.26	마리오골프 토드스툴투어	미상	마리오 골프 패밀리 투어(95p)	
2003.10.16	엔터 더 매트릭스	미상	엔터 더 매트릭스(85p)	아타리코리아 발매
2003.12.20	마리오 파티 5	미상	마리오 파티 5(102p)	
2003.12.20	마리오카트 더블대시!!	미상	마리오 카트 더블 대시!!(98p)	
2004.1.5	레슬매니아 19	52,000원	레슬매니아 XIX(98p)	THQ코리아 발매
2004.1.	니모를 찾아서	52,000원	니모를 찾아서(105p, 180p)	THQ코리아 발매, 한글화
2004.2.12	스페이스 레이더스	미상	스페이스 레이더스(74p, 180p)	엠드림 발매, 한글화
2004.3.6	카비 에어라이드	–	커비의 에어라이드(90p)	
2004.3.6	에프제로 GX	–	F-ZERO GX(92p)	
2004.3.12	1080 애벌랜츠	–	텐 에이티 : 실버 스톰(111p)	
2004.3.29	원시소년 탁과 마법사 주주	미상	Tak and the Power of Juju	THQ코리아 발매
2004.3.31	커스텀로보 배틀레볼루션	–	커스텀 로보 : 배틀 레볼루션(113p)	일본어판
2004.4.12	젤다의 전설 4개의 검+	–	젤다의 전설 : 4개의 검+(114p)	일본어판, GBA 케이블 동봉
2004.5.25	피크민 2	–	피크민 2(115p)	일본어판
2004.12.	디지몬 배틀 크로니클	–	디지몬 배틀 크로니클(119p)	일본어판
2005.2.	스타폭스 어설트	–	스타폭스 어설트(129p)	일본어판
2005.4.	파이어 엠블렘 창염의궤적	–	파이어 엠블렘 : 창염의 궤적(132p)	일본어판

※ 2004년부터의 대원씨아이 발매 소프트는 오픈 프라이스화되어 가격 정보가 없음.

HARDWARE
2001'S SOFT
2002'S SOFT
2003'S SOFT
2004'S SOFT
2005'S SOFT
2006'S SOFT
OVERSEA SOFT
SOFT INDEX

닌텐도 게임큐브
퍼펙트 카탈로그

1판 1쇄 | 2021년 07월 26일
감　　수 | 마에다 히로유키, 조기현
옮 긴 이 | 김경문
발 행 인 | 김인태
발 행 처 | 삼호미디어
등　　록 | 1993년 10월 12일 제21-494호
주　　소 | 서울특별시 서초구 강남대로 545-21 거림빌딩 4층
　　　　　www.samhomedia.com
전　　화 | (02)544-9456(영업부) (02)544-9457(편집기획부)
팩　　스 | (02)512-3593
ISBN 978-89-7849-642-1 (13690)

Copyright 2021 by SAMHO MEDIA PUBLISHING CO.